ネル・ノディングズ

人生の意味を問う教室

知性的な信仰あるいは不信仰のための教育

井藤元・小木曽由佳
［訳］

春風社

目次

凡例

一、引用文中の著者による補足は角括弧（［　］）、本文中の訳者による補足は亀甲括弧（〔　〕）にて示す。

二、著者による原注は当該頁の傍注とし、訳者による訳注は章ごとに番号（＊印と算用数字）を振り、巻末にまとめて示す。

三、引用文のうち邦訳文献の存在するものは、巻末の引用文献の当該原著の後に挙げ、訳出において適宜参照した。訳文を引用した文献については、訳注にて頁数を示している。

四、聖書からの引用は、聖書協会共同訳『聖書』（日本聖書協会、二〇一八年）を参照した。

訳者まえがき

本書は、ネル・ノディングズ『知性的な信仰あるいは不信仰のための教育』*Educating for Intelligent Belief or Unbelief*（Teachers College Press, 1993）の全訳である。邦訳の出版にあたり、原著タイトルはあえて副題に据えることとし、主題は『人生の意味を問う教室』とした。このことを含め、訳出においていくつか留意した点について、ここで簡単に触れておくことにしたい。

ノディングズによる原著は、彼女の主張と熱意が文章からも行間からもストレートに伝わってくる、極めてメッセージ性の強い性質のものであり、英語で読む限りでは心身に容易に届くものがあるのだが、いざそれを日本語に置き換えようとすると、タイトルの時点でたちまち障壁に直面することになった。そもそも“Intelligent”とは、“Belief/Unbelief”とは、日本語の何に当たるものなのだろうか、と。

とりわけ後者の「信仰」をめぐっては、著者が前提としているアメリカにおける文脈と日本での言葉のイメージに大きな違いがあるように思われた。日本人の多くは、現代の若者も含めて何らかの形で日常的に深く「宗教的な」事柄に関わっているにもかかわらず、それに無自覚であったり、オウム事件等の影響から新興宗教に対する悪しきイメージと結びつくことを警戒して、問われればあえて「無宗教です」と答えたりする。これに対して、本書の第3章で明らかにされるように、アメリカにおいては、毎週日曜日にキリスト教の教会に通っているということそのものが一定の社会的ステータスに直結しており、政治的要職に就くにも、「信仰を持っていない」と宣言しては民衆から信用を得ることができないという。すなわち、日本人が「信仰」の有無についてその場その場に応じて立場を曖昧にするのとはわけが違って、アメリカの文脈において、“Belief or Unbelief”を自らに問うということには非常に重い意味があり、殊に“Unbelief”の告白は、日本人の「無宗教です」とは異なり、その身を賭した一大表明なのである。

一方、本書では、この二者択一に加えて、“Intelligent or Unintelligent”という軸が存在する。“Belief or Unbelief”の問いに“Intelligent”に向き合っているかいなか。その視点が不可欠だというのである。“Intelligent”は一般的に、「理解力のある」「聡明な」「賢明な」といった意味を持ち、いわゆる「知能」や「知性」を持ち合わせていることを示す言葉である。では、“Belief/Unbelief”にそのように向き合うとは、どういうことなのか。

本書の内容を全体的に鑑みるに、ノディングズが“Intelligent”という言葉で表現しようとしている姿勢とは、次のようなものであると考えられる。多様な議論に心を開いて積極的に足を踏み入れ、価値観や先入観に捕らわれることなく、客観的で冷静な態度でそれらを吟味し、批判的《クリティカル》かつ受容的に（“critical and appreciative”は本書に繰り返し登場する表現である）その是非を判断していくこと。なおかつ、そこでは必ずしも知力を働かせるだけでなく、心情や魂のやむにやまれぬ焦がれをもって、自らにとっての肝心要《クリティカル》の問いとして正面から対峙し、考え抜いたうえで選び取ること。序章において、「最も広い意味での合理性」とも言い換えられるこの態度は、自分と距離のある対象を外側から眺めるのではなく、頭と心を使って取り組み、常にその考察の中に「自己認識」を含まざるをえないような、多元的で省察的なものの見方のことである。対して、"Intelligent" でないあり方とは、すなわち、多様な議論を退け、違う立場に対して聞く耳を持たず、またそうした自分の態度や選択を俎上に上げることをしない、閉ざされた態度を指す。それが信仰と結びつけば、「盲信」や「原理主義」につながるし、考え抜かれた選択の結果ではなく、単に信仰を持たないという場合には、これもまた本書の文脈では、非常に重要な問題に対して無自覚で、不誠実な態度と言わざるをえないことになる。そうではなく、どこまでも "Intelligent" な姿勢で "Belief or Unbelief" の問いに向き合う力を中高生の中に育むことはいかにして可能かを、ノディングズは本書を通じて論じていくのである。結局大きな捻りこそないが、さしあたり "Intelligent" に「知性的」の語を当てたのは、以上を踏まえてのことである。「知性」という言葉に、人間の分析的な知の意味を多く取る読者諸氏にとっては違和感があることと思うが、ここでいう「知性」は上述のような広く複合的な類のものとご海容いただければ幸いである。

そして、"Belief" には「信仰」の語を、これと対置される "Unbelief" に関しては、一般的に用いられる「無宗教」「無信仰」とは区別して、「信仰せず」という一つの行為としてのニュアンスを持つよう、日本語としてはどうも熟《こな》れないが、「不信仰」の語を当てることとした。

最後にタイトルの問題である。先述の通り、「信仰」か「不信仰」かという問いは、アメリカでは、その人自身のあり方を問うことに直ちに結びつく重要命題であるが、現代日本の文脈においては、「信仰」に対するイメージ上、この二択で示すのみではどうしても限定的な印象を拭い去れないように思われた。ノディングズの提言する「知性的な信仰あるいは不信仰のための教育」とは、自分自身の人生の意味や存在に関する問いに最も敏感な年頃である中高生が、信仰の問題を含めたそうした肝心要《クリティカル》の問いに果敢に取り組んでいくための機会を提供することを目指すものである。その意図が本書を手に取る日本の読者により直接的に伝わるよう、本邦訳では、『人生の意味を問う教室』との主題をつけた次第である。

訳者の退屈な言い訳はこのくらいにして、早速、類稀なる自由なアイディアに満ちたノディングズの議論へと譲ることにしよう。詳細な実現可能性はいったん括弧に入れて、長年教育の現場に深く携わってきた著者ならではの鋭い問題意識と、それを乗り越えんとする画期的な力強い提案とに、まずはじっくりと耳を傾けていただければと思う。

小木曽由佳

ジョン・デューイ講義

ジョン・デューイ講義は、ジョン・デューイ協会の後援により、毎年度開催されている。本講義シリーズの意図は、我々の知的生活に携わる様々な分野の有能な思想家が、その慧眼の思索を、教育と文化との関係にまつわる問題に向けられる場を提供することにある。ティーチャーズ・カレッジ出版部による講義開催と出版の調整は、ジェイムス・M・ジャレッリ会長の指示のもとで行われた。

この上ない秘書にして聡明な友人、ジェーン・ワッサムに。

巻頭言

一九九一年のジョン・デューイ講義にさらに加筆が施された『知性的な信仰あるいは不信仰のための教育』において、ネル・ノディングズは、神や神々、存在、そして人生の意味に関する子どもたちの疑問は、教室、そして公立学校という現実世界の生活とつなげることが可能であり、またそうすべきであるということをめぐって探求を行っている。ロバート・コールズは、『子どものスピリチュアルな生活』(1990)において次のように書いている。

子どもの「家には住まいがたくさんある」[*1]——成長し、変化し、他者の生に絶えず応答するスピリチュアルな生活もその一つである。それら全てが子どもたち個々人を、彼らの、彼女らの唯一の名で呼ばれ、その唯一の物語で知られるような個々人を構成している。

デューイやコールズ同様、ノディングズは、宗教的な問いや体験と、数学や理科、国語、社会の授業で出会うものとの連続性を提示している。デューイが教育に関する著述において生涯を通じて論じてきたように、経験とは連続的なものである——象徴を解読する技術的な能力以上のものを促進することを目指すカリキュラムは、生きられた経験から生じる重大《クリティカル》問題に基づくものでなければならない。ノディングズが、実存的な問いこそカリキュラムの屋台骨であり、批判的《クリティカル》思考とは単なる技術ではなく、そのような問いに取り組む中から自然に発展してくるものであると書く時も、それと同一の理解に価値を置いているといえる。

ノディングズは、宗教信仰あるいは不信仰の概要を示していくわけではない。むしろ彼女が目指すのは、宗教信仰と不信仰の領域に日常の光をもたらすことである。つまり、宗教信仰と不信仰に関する問いを探求の対象とし、人間らしい変化に富んだ複雑な物語を豊かに湛えた、我々の経験という別の気配や雰囲気へとつなげていくのである。神、神々、至高のものと、数学者や科学者の仕事との間にある特定の類似性に対する彼女の記述は、デューイの「祈りとは『求めよ、さらば与えられん』ということを、すなわち科学的探求を指す」との見方を彷彿とさせる。また、共同体を欲することと宗教との関連についての彼女の記述は、デューイの次の見解を思い起こさせるものでもある。「［民主主義とは、］人間における神との出会いが［…］その通常の自然な意味において、生き生きとした、現前の物事になる［ための手段である］。この真実は人生へともたらされる。分離状態は取り除かれ、宗教と呼ばれる独立の領域ではなく、行為のあらゆる分野において実行される共通の真実とされていく」との考えである。

この遺産を守る一方で、ノディングズはそれを優に越えて、宗教信仰と不信仰、あらゆる方法で人を誤らせる原理主義、女性と宗教伝承にまつわる問題含みの歴史の諸相を、慎重かつ包括的に分析していく。常にさらなる問いへと開き、実験的な教えと自発的な学びの精神と実態を見通しながら、現代の学校で、知性的な信仰と不信仰のための教育を行う実践的なプログラムを形作っていく手助けをしてくれるのである。

デューイはかつて、教育者とは存在しない物事に関わる者であると述べた。そのような事柄を形而上学や超自然の言葉で考えるか、それとも生きた経験という純粋な偶発性への頷《うなず》きとして捉えるかは、教師と学校にかかっている。教師が言葉やイメージを提示することによって、私たちの情熱と課題とがそこへとつながっていくよう手を貸し、徐々に展開していく自分の人生の物語に信頼に足る説明をつけることができるように導いてくれるかだけが頼みなのである。ネル・ノディングズの『知性的な信仰あるいは不信仰のための教育』は、この旅路の尊敬できる仲間であり、またとない導き手となるだろう。

ジョン・デューイ講義委員会　会長

ジェイムス・M・ジャレッリ

謝辞

筆者に影響を与え、本書でも著作を引用した多くの著者たちはもちろんのこと、執筆の様々な段階で特別な示唆をくれた人々、ヘンリー・アレクサンダー、ルネ・アルシャ、バイロン・ブランド、ジャネット・チャンス、マキシン・グリーンに感謝を述べたい。また、数々の招待講演の主催者、聴衆の皆様にも、大変有益な感想やご意見をいただいた。いくつかの章の初出は、講義形式によるものである。第1章は「知性的な信仰あるいは不信仰のための教育」(アメリカ教育研究協会におけるジョン・デューイ講義)、第2章は「神々の性質」(コロンビア大学ティーチャーズ・カレッジにおけるジョン・デューイ講義)、第4章は「フェミニズムと宗教」(ハリファックス〔ノバスコシア州(カナダ)〕のマウント・セントヴィンセント大学におけるナンシー・ローウェル・ジャックマン顕彰講演、およびサイモン・フレイザー大学におけるレオン・アンド・シーア・ケルナー講義)、第5章は「死、魂の不死、悲観主義を生徒に語ること」(ペンシルベニア州ミラーズビルにおけるアンナ・ファンク・ロッキー講義)、第6章は「ヒューマニズムと不信仰」(アメリカ教育学会におけるバッツ講義)の題で発表された。

そして、本書執筆を励ましてくれた家族と友人に感謝する。特に、本書完成のために役割以上の労を引き受けてくれた元助手のナンシー・バウマン、最終修正に加わった現助手のエリッサ・ハーシュ、常に有能で素晴らしいユーモアを見せてくれる秘書のジェーン・ワッサムに感謝の意を捧げたい。

知性的な信仰者と知性的な不信仰者とは、知性的な信仰者と知性的でない信仰者よりも、思考や心において近しいものである。この不思議な親近性については、マイケル・ノバークの『信仰と不信仰』においてすでに指摘されているところである（Novak, 1965）。また、神学者ハンス・キュングも、次のように論じている。

神を肯定するか？　多くの信仰者にとって、これが明白であった試しはない。神を否定するか？　不信仰者にとって、やはりこれが明白であった試しはない。

（Kung, 1980, p. xxi）

知性的な信仰者と知性的な不信仰者は、共に存在の不安に苦しみ、疑念を抱き、宗教が社会悪や抑圧において果たしてきた役割を糾弾し、倫理的な理想を有している。人類史を紐解く時、神の存在と本質についての、人生の意味についての、社会における宗教の役割についての、神のいる／いない道徳的生活についての問いは、人生を吟味するうえで、ほとんど常に何より重要なものと見なされてきた。だからこそ、教育の中心に据えられてきたのである。啓蒙運動が理性の旋風を巻き起こし、神々を一掃しようとした時も――人間の勇者が神を殺すとニーチェが考えた時も――、そんな沸き返った時代でさえも、名だたる思想家たちが、神もしくは神々について何か述べる必要を感じていた。二〇世紀に入ってからも、この傾向は続いている。例えば、ジョン・デューイはもともと有神論を拒絶していたが、それでもなお、神について述べる必要があるように感じていた（Dewey, 1934）。彼は、「我々が思い焦がれ、行動へと駆り立てられずにはいられないような全ての理想の行き着く先」（p. 42）に神の姿を探し求め、次のように記した。「理想と現実とが取り結ぶこのような生きた関係にこそ、私は『神』の名をつけたい」（p. 51）。バートランド・ラッセルにしても、自らがクリスチャンでない理由を世間に向けて説明することを強いられているように感じていた（Russel, 1957）。

哲学者や教育者が宗教を完全に黙殺するようになったのは、二〇世紀も後半に差し掛かってのことである。今日もなお、理性ある哲学者たち――例えばメアリー・ミジリー（Midgley, 1984）――は、単純に宗教を取り去ることなどはできないと警告している。まるで啓蒙運動の企てが成功したとでもいうように、教育理論家たちが宗教を黙殺してきた一方で、実際にはますます多くの人々が宗教へと回帰していった。新しく信仰を持つ人も、単純に宗教を黙殺する人も、その大部分は、自らの信仰ないし不信仰に対して知性的であるとは思われない。

それでは、「知性的な」信仰あるいは不信仰とは何を意味するのだろうか。ただし、この術語を使うからといって、信仰も不信仰も狭義の合理性を持つべきだと述べているのではない。いわゆる「合理性」（大文字の「合理性」）――規定路線の直線的思考や、問題解決のシステム――について言及するわけではないのだ。最も広い意味での合理性とは、心情や魂の抱く熱望を認識し、それらの必要を満たすものである。知性的な信仰あるいは不信仰のための教育は、自己認識というところに大きな強調点を置いている。この認識は、知的で心理学的な事柄だけでなく、感情的でスピリチュアルな事柄に取り組むものでなければならない。仮に、科学者が必要とするエビデンス、もしくはスコラ哲学者が奨励する論理を欠いていたとしても、それを信じることは必ずしも不合理とはいえない。しかし、人生の中で定期的に生じる問いを考え抜くことなしに信じること――ただ受け入れたり、拒んだりするだけであること――は、間違いなく知性的とはいえない行為である。そして、宗教の肯定的もしくは否定的な側面のいずれか一方を無視することもまた知性的とはいえない。知性的な信仰あるいは不信仰のための教育とは、知の教育であるのと同じだけ、心情の教育でもある。

本書で信仰を強調する理由はもう一つある。キリスト教は、他の多くの宗教よりも信仰を重視するとされる。例えば、ユダヤ教であれば、儀式や実践のほうにより重きを置く。実際のところ、現代では、ユダヤ教の宗教的な性質を端から無視するような人々もいる。ヴィレッジ・ヴォイス誌に宛てた書簡において、ナット・ヘントッフは、自らを「ユダヤ教の無神論者」であると宣言した。この一九九二年六月九日号を受けて、世俗的ヒューマニズム協会のウォーレン・アレン・スミスは、「黒人の白人」がありえないのと同様、ヘントッフがユダヤ教の無神論者であることはありえないと述べた。もし彼が宗教をあきらめたのだとすれば、ヘントッフは非宗教のヒューマニストと名乗るべきである、と。これに対し、ヘントッフは次のように応じた。

今や、私は一巡して元へと戻ったところである。私がパレスチナ独立国家に賛同しているという理由で、私を「破門に」したユダヤ教指導者が過去に何人もいた。今度は、世俗のヒューマニストが、私が自らをユダヤ教徒と呼ぶことを非難しようとしている。ユダヤ教指導者にも述べたことだが、私を定義するのは私自身である。それは、誰のものでもなく、私だけの問題なのだ。

(Hentoff, 1992)

おそらくヘントッフは、「実存主義者」の名に落ち着けばよかったのだろう。しかし、いずれにせよ、ヘントッフとスミスの論争は、宗教という言葉によって、信仰、文化、政治、論理、情熱が掻き立てられ、魔術のように混合されてゆく様をわかりやすく示しているといえる。キリスト教を除いては、信仰を基本的な試金石として用いる宗教は数少ないが、信仰はどの宗教にも明らかに含まれるものである。儀式や実践に意味を与える何かを信じるということなしに、儀式や実践に取り組む者は存在しないのだ。（少なくとも、ここで論じているのは、そのような振る舞いは知性的ではないということである。）

また、信仰を強調するのには、積極的な理由もある。キリスト教とは、アメリカ文化に最も大きな影響を与え、今なお与え続けている一連の諸宗教に与えられた名であり、アメリカの学校に通う生徒たちは、この一連の宗教を、ぜひとも批判的に吟味してみるべきであろう。さらに、信仰についての問いは、まさに教育そのものの土台にほかならないものでもある。何を信じればよいのか？　どんな理由で、何の目的で信じるのか？　何らかの信仰を誓うとすれば、どのような義務を負うことになるのか？　誰に自分を結びつけるのか？　このような一群の問いこそが、教育の根底にあるのだ。そして最後に挙げられるのは、信仰に焦点を当てることで、議論の範囲を限定することができるという点である。本書の目的は、比較宗教論のカリキュラムを組むことではないため、宗教美術や音楽、宗教建築や祈りについて議論するつもりはない。また、各宗教の信仰者数やその地理的な分布について議論するつもりもない。ここでの目的は、一〇代の若者が誰しも――真っ向から、または遠回しに――尋ねてくる様々な質問に、親や教師たちがふさわしい答えを考え出す手助けをすることである。そして、私たち一人ひとりがより全体的な存在になり、他者に対してもより寛容に、受容的に接することができるよう望む限り、全ての人が尋ねるべきである問題について考えをめぐらすことである。

本書は、学校――公立学校――こそが、知性的な信仰あるいは不信仰のための教育において主要な役割を果たすべきであると論じようとするものである。アメリカ合衆国憲法修正第一条の国教条項においても、教室で宗教について教えることを妨げるものはない（Levy, 1986）。さらに、その表現が釣り合いのとれたものである限りにおいて、多様な宗教的主張や批判が、そのあらゆる豊かさにおいて議論されえないような法律上の理由は見当たらない。だからといって、この主張には誰もが賛同するであろうとか、大きな抗議の声が上がるはずはないなどと述べているわけではない。しかし、当たり障りのない退屈なカリキュラムの横行する風潮は、まさしくそうした抗議の声が助長させたものにほかならない。この風潮を覆すには、勇気や感受性、そして平衡感覚が必要となろう。本書では、その可能性のいくつかを具体的に例示していきたいと思う。

本論全体を通して、あくまでも法律的に、倫理的に、教育学的に信頼できると思われるアプローチを提示するよう心がけたつもりである。本書では、宗教について述べたいかなる発言に関しても「筆者は……と信じている」という言い方をすることはめったにない。それよりはむしろ、「○○が述べたように」とか「多くのクリスチャンは……と信じている」と書くことになるだろう（また、特定の著述家たちの言葉を引用することもある）。多くの場合、高度に論争的もしくは情熱的な発言は、反対意見や、それを反映した修正を伴うものだ。本書で後に論じるように、教師たちは、生徒のために教育学的中立性を維持するよう努めなければならない（Vandenberg, 1983）。そのような中立性は、道徳的な中立性と同じものではない。仮に、ある教師が何らかの態度ないし実践が道徳的に正しいと信じており、生徒たちにその信念に沿って行動するよう主張したとしても（例えば人種差別主義的な言葉に関する考え方など）、その人はなお教師として、自らの信念に対して理由を述べる責務がある。そして有力な議論が存在する場合には、その教師自身の見解に反しているとしても、それを示さなければならないのである。

最もきめ細やかな教育学的中立性をもってしても、教師は一人の人としてその場に立ち続けることになるだろう。そのちらりと目をやる仕草、指を上げる動作の一つひとつが、マルティン・ブーバーが述べるように、生徒たちに何がしかを伝えていく。だからこそ、教師たち自身が、本書で描くような批判的探求に取り組むことが何より重要なのである。もしも本書の扱う題材そのものが直接中高生の心に届かないとしても、その教師の示す態度、驚き、信念、疑念、知性が必ずや、彼らを自らの探求へとうまく誘《いざな》うことだろう。

第1章　教室における実存的・形而上学的な問い

時代や場所を問わず、人は誰しも、神や実存、そして人生の意味について疑問を抱いてきた。星降る夜に牧場《まきば》を駈けるカウボーイ、子どもの姿を見守る母親、望遠鏡で空を見上げる天文学者、無ではなく有たる所以に思いめぐらす哲学者……。私たちは皆、尋ねる。神はいるのか。生命はどこからきたのか。生きる意味とは何か、と。問いは様々な形をとりうるが、根底では普遍のものといえる。

このような問いを、中学校・高校の通常の授業でいかに取り扱うことができるか、本章ではその方法をいくつか提示していくことにしたい。主な目的は、数学や理科といった授業の中で、どれほど多くをこの方針に沿って成し遂げられるかを示すことにある。宗教思想を全面的に扱う授業を時間割に追加するのもよいかもしれないが、そうした授業では、私たちの関心を強調するのに必ずしも最良の方法とはいえない。もし生徒たちが、普段の授業の至るところで、宗教や道徳にまつわる問題を耳にしたなら、私たちがそれらを心から重要なものと考えているのだということが、より説得的に伝わるようになるだろう。ここではさらに、数学に対する積年の考え方、すなわち、個々の項目をそれぞれ全く独立した技術や発想として教えるべきとする固定観念に対しても異議を唱えたいと思う。もし、知性的な信仰あるいは不信仰のための教育が数学の授業でも行えることが示せれば、それはきっとどんな場所でも可能なのだと確信していただけることだろう！

次章からは、以下のテーマについて順に論じていくつもりである。まずは、神の性質とスピリチュアルな発達の可能性について、帰属願望と入信の利点や欠点について、宗教政策としての宗教とフェミニズムについて、不死、魂の救済、悲観主義について、ヒューマニズムについて、宗教的倫理と非宗教的倫理について論じ、最後に、本書で提示するようなプログラムが果たして実行可能なのかを検討する。ここでの目的は、徹頭徹尾、宗教的な話題を真剣に取り扱うことが、スピリチュアルな発達のみならず、知性の、道徳の、感情の発達にいかに貢献しうるかを示すことにある。

神は存在するか、神々は存在するか

神は存在するか、そして、神々は存在するか。この二つの問いは、知性的な信仰あるいは不信仰の中心に据えられるものである。多くの場合は、一番目の形式、つまり、神は存在するのか、という問いとして投げかけられることだろう。二番目のように問う勇気のある者はほとんどいない。しかし、熱心な有神論者の中には、神の多数性に関する論理的な可能性を認めている人もいる（Gardner, 1983）。そして、以下に概観するように、数学的な理論に触れれば、神は多数存在すると考えるほうが、唯一神の考え方よりも合理的であると確信させられることがあるかもしれない。[1]

1　表現様式について。本書全体を通して、唯一神についてはGod〔神〕と記し、複数の神々を指す場合には、gods〔神々〕とする。この表記に、特に宗教的ないし理論的な意味はない。

数学の授業はこの魅惑的な存在命題を探求するうえで、まさに格好の舞台であるといえる。直角座標軸やグラフを教わるなら、生徒たちは、その発明者であるルネ・デカルトについても聞いておくべきだろう。そして、彼が神の存在を証明しようとしたことも。デカルトがとても華やかな人生を送ったということ、最先端のお洒落な服を着ていたこと、しばしば向こう見ずな危険を冒していたことも耳にしておくほうがよい。彼は剣術に長けており、エスコートしている女性や自らに対して荒くれ者から無礼があった場合には、いつでも剣を抜く心算《こころづもり》でいた。まるで三銃士の一人のような身なりをしていたデカルトは、当時かなりの異彩を放っていたという（Bell, 1965）。

物語を語るのは、宗教的・実存的な問いを導入する場合だけでなく、どのような授業においても役立つ技法であるはずだ。ところが残念なことに、数学教師が物語を使うということはめったにないし、その訓練を見ても、物語の技法をどう用いるかという点は抜け落ちている。しかしながらこの不足は、十分に取り除けるものだろう。

向こう見ずの剣士にして数学者であったデカルトは、聖アンセルムスによる「存在論的」証明を蘇らせ、洗練させることを通じて、神の存在という問いにも取り組んだ。存在論的証明の基本理念は、次のようなものである。神は完全な実在と考えられるが、完全な実在であれば存在していなければならない――さもないと、それは完全とはいえないからだ！　すなわち、完全の観念とは、完全なものは全て存在しなければならないという条件を必然的に伴うものだというのである。生徒たちは、この証明に何か誤りを見出すことができるだろうか。

この議論においては、信仰者と不信仰者のいずれに対しても、決して不快感を与えるものがあってはならない。敬虔な信仰者であった哲学者イマニュエル・カントは、先の証明が——完全なる実在ではなく——完全性という概念の存在を論証するにすぎないことを説得的に示してみせた。ただし、合理的な証明が失敗したからといって、神の存在の可能性が打ち壊されるわけではない。さらに、神は完全ではないという可能性もあり、そうであれば、存在論的証明は不適切であることも考えられる。この不完全な神という可能性については、第2章にて考察することにしたい。

また、確率について学ぶ時が来たら、生徒たちはパスカルの人生の話も聞いておくべきだろう。そして、神は存在するかという問いに対するもう一つのアプローチについても。パスカルが賭け事に関心を持っていたという話は、常に生徒たちを魅了してやまないものだ。しかしその際、神の存在を証明しようとしたデカルトの試みに、パスカルがどう答えたかという話にまで及ぶことは稀である。パスカルは、神の存在を証明しようという試みの全てを拒絶した。誤りであるばかりか、一般の人を説得するうえでは、何の役にも立たないと考えたのである。賭け事に関心のあったパスカルは、その代わりに一つの賭けを提案する。それは、人々がつい巻き込まれずにはいられなくなるよう仕組まれたものだった。あなたが、神は存在するというほうに賭けたとする。そして、それに応じた人生を送ったとしよう。もし神が存在するならば、あなたは何を得られそうか。もし神が存在しないならば、あなたは何を失ってきただろうか。

察しのよい教師なら、パスカルの話題をユダヤ教徒のことにも触れておく絶好の機会と見るはずだ。パスカル同様、彼らもまた、神を証明すべき仮説とは見なさない。ラビの思想では、神の性質や存在のことよりも、神は私たちに何を望んでいるのか、人間はいかに振る舞うべきかという問いのほうが、はるかに議論されているのである。この点については、第2章にて詳しく述べることにしたい。

熱心な信仰者が、神の存在を証明する論理的試みに対して決然と誤りを指摘することもあれば、熱心な不信仰者が、同様の証明を大筋で認めるということもある。学生時代のバートランド・ラッセルは、それに似た誘惑を認めていたという。しかし後年、神を拒否したことへの審判を恐れることはないか尋ねられたラッセルは、次のように答えている。

ほとんどノーと言ってよいでしょう。私は、ゼウスもユピテルもオーディーンもブラフマーも認めていませんが、だからと言って不安を感じることはありません。人類の大多数が神を信じていませんが、その結果として目に見える罰を受けているのを見たことはありません。もし神がいるのなら、自分の存在を疑う人々に対して気分を害するような、そんな偏狭なうぬぼれをお持ちとは思いづらいのです。

(Russel, 1963, p. 200)

この言葉を聞いた生徒は、知性的な不信仰者の中には、その存在を疑っている神に対して大きな敬意を表している人もいることを知るだろう。脆弱な信仰しか表明していない多くの信仰者よりもずっと。

神の存在を証明しようとする試みは、必ずしも大真面目なものばかりでなく、愉快なものもある。数学を学ぶ生徒は、近年コンピューター・サイエンスの関連で「アルゴリズム」という言葉を教わるようになったが、その際、数学者レオンハルト・オイラーの名を決まって耳にすることだろう。彼は、アルゴリズムの考案者であり、その非凡な用い手であった。オイラーによる神の証明には、フランスの偉大な哲学者ディドロに恥をかかせるようなナンセンスなものもあった。ロシアの女帝、エカチェリーナ二世の謁見式で、オイラーはディドロにこう言い放った。「ディドロ卿、(a + b) ⁿ/n = x であるゆえに神は存在する。さぁ、答えて！」(Bell, 1965, p. 147) 可哀想なディドロは、完全に途方に暮れてしまったという。現代の生徒たちの多くがそうであるように、彼もまた偉大な数学者の名声と権威に怖気づいてしまったのだ。

神あるいは神々の証明を議論するというのはどんな授業でも可能だろうが、それが数学の授業で行われると思うと、とりわけ魅力的ではないだろうか。生徒たちがそこで、数学的な記号操作を越えたものに出会うことなど、普段めったにないからである。彼らからの返答でありうるものの一つは、「そんなことを考えるのは昔の人だけだ」というものだろう。しかし、生徒の多くが知っている楽しいパズルの考案者、マーティン・ガードナーは、一九八三年に『ある哲学公証人の疑問』を出版し、神に関する問いに真剣に取り組んだ。また、ルーディ・ラッカーも、無限性に関する議論の中で神について言及している (Rucker, 1982)。彼は実に、集合論や鏡像原理から説得力のある概念を持ち込み、絶対者（あるいは神）が、ある唯一の力によって特徴づけられるような単一体ではありえないということを示してみせた。ラッカーは言う。「鏡像原理によれば、あるものが無限の絶対性を持つなら、考えうる多くの［別の］無限性をも同様に持たざるをえない」(p. 51)。この数学者はまた、こうも述べる。「合理的に考えれば、宇宙は複数であるが、神秘的には一つである」と (p. 191)。人間の感情には、合理的な証明を繰り返し逃れ出てしまうものが、絶えず飛び出してくるようだ。パスカルが述べるように、「心は、理性が全く知らない理由を有している。そのようなことは枚挙にいとまがなく、我々のよく知るところである」（Pascal, 1662/1966, p. 154）。

サイエンスフィクションの古典『平面の国』（Abbott, 1884/1952）も、神あるいは神々は存在するか、またどこにいるのかという議論に用いることができる。この魅力的な小作品は、教師にとって、一九世紀の女性蔑視や貴族崇拝、また、未知の体験をした人がそれを体験していない人に伝えることの難しさについて批評するきっかけになるはずだ。数年前、数学の教育実習生の何人かに『平面の国』を勧めたことがある。彼らは、女性を見下している本を使うのは不愉快だという反応を示した。しかし私は、それこそが、この本を用いるべき最大の理由の一つではないかと主張した！　もし生徒たちの思考を鍛えたいのなら、賞賛に値するものばかりでなく、好ましくない考え方が生き生きと、うまく表現された作品を携えて、彼らの前に立つべきだろう。では、どうすれば数学の授業で上手に性差別の問題を扱うことができるだろうか。

一八八〇年代に書かれた数学ファンタジー『平面の国』は、二次元の世界に暮らす、人間のような形をした幾何学的な人物たちの物語である。平面の国は、厳格な階級型社会であり、辺の多い多角形たちが最も高い地位を占めている。労働者と兵士はただの三角形であり、ほとんどの場合、自分たちの引き継いだ卑しい身分から抜け出すことはできない。ごく稀に、完全な正三角形が四角形を生み出し、上位の身分に上がることもあるという。この社会では、女性は線分であり、危険で、おしゃべりで、自らの運命を改善する望みが一切ない者として描かれる。何か幸運が訪れたとしても、正三角形のように、社会階層をのし上がることはできない。

線分であるがゆえに、女たちは――針のように――極めて危険な存在である。女性用の入口を分けるよう法律で定められており、また警戒心のない男性が彼女たちの存在を常に意識していられるように、女性は絶えず「平和の声」を発していなければならないとされる。さらに、次のように述べられる。

舞踏病、発作、激しいくしゃみを伴う慢性の風邪、および不随意の動きを余儀なくされる全ての疾患について、女性が正式に罹患認定を受けた場合には、何人たりとも直ちに駆除されなければならない。（Abbott, 1884/1952, p. 13）

生徒たちは、『平面の国』の女性蔑視に、必ずやショックを受けることだろう。しかし、この物語は数学的、政治的であると同時に、神学的なものでもある。二次元に暮らす平面の国の住人にとって、三次元を体験するとはどのようなことなのだろうか。四角形の前に、神のような立方体が現れたとしたなら、それはスピリチュアルな体験であろう。私たちにとって、四次元を（単に仮定するだけではなく）体験するということは、どのようなことなのであろうか。解説者は序文でこう述べている。「穏やかで慎み深い空間の国の住人であれば――最も重要であるが、経験を超えているものについて述べる際に――『そんなものはありえない』とも『我々がそれについて全て知ることができるよう何が何でも正確を期すべきだ』とも言いはしないだろう」（Preface）。

『平面の国』を読んだ生徒は、さらに政治的、宗教的な抑圧についても学ぶことになる。この社会に暮らす正直者の四角形である語り手は、立方体や球体を見たことがあるという異端の主張をしたばかりに、不運にも獄中にある。彼には確かに、三次元の存在に訪ねて来られた覚えがあるが、精神的に苦しむうちに、その信念は揺れ動く。

精神的に弱い時期があることは、真理というもののために耐えるべき受難の一部だ。そんな時には、立方体と球体たちがありえそうもない遠景へと飛び去ったり、三次元の国というのが一次元とか無次元の国とほとんど同じくらい非現実的に思われたり、いやそれどころか、俺を自由から阻んでいるこの堅い壁（むろん線だが）も、今まさに俺が書きつけている板も、平面の国そのものの実体的なリアリティ全てが、病的な想像の産物、あるいは無稽の夢の綾以外の何物でもないように見えたりするものだ。

(Abbot, 1884/1952, p. 103)

これまで書いてきたことは、それぞれのトピックを大学の数学や哲学のように厳密に扱うべきだと言おうとするものではない。つながりや意味に焦がれる生徒たちの思いを認め、数学の思想家や思想の生き生きしたところを示し、旧態依然とした時間割の退屈さから逃れてはどうかという考え方なのである。すると教室からひっきりなしに質問の声が上がる。「数学のカリキュラムもこの題材も網羅することなんてできるんですか？」と。これに対する一つの回答はこうだろう。私たちも生徒たちも、目覚め、関わり、意欲的になるだろうから、きっと可能である、と。しかし、もしできなかったからといって、それがどうしたというのだ。神の存在可能性に比べて、因数定理が何だというのだろう。

私はどこから来たか、宇宙はどのようにして始まったか

私はどこから来たのだろうか。宇宙はどのようにして始まったのだろうか。この問いに、誰しも好奇心をそそられる。科学者も神学者も、カウボーイも貴婦人も、大人も子どもも、信仰のある者もない者も。ハックルベリー・フィンの話に耳を傾けてみよう。

> 筏《いかだ》暮らしは素晴らしいもんだ。上を見上げりゃ空がある、満天の星空だ。寝っ転がって見上げては、星を作ったって奴がいるのか、それともたまたまできただけなのかなんて、言い合ったもんだ――ジムは作りもんだと言ったけど、俺はたまたま派だったね。あんだけたくさん作るとなると、あんまり時間がかかるだろうと思ったわけさ。ジムは、月が置いたんじゃないかと言うんだ。まぁ、それもわかんないじゃない気もしたから、反論はしなかったよ。だって、蛙がおんなじくらいたくさん置いてあるのを見たことがあるし、ってことはもちろんできるってわけだ。星が落っこちてくのも見たし、走ってくのも見た。ジムが言うには、そいつらは役立たずになったから、巣を放り出されたんだって。
>
> (Twain, 1885/1982, p. 742)

学校では今なお『ハックルベリー・フィン』が登場する。生徒たちはこの一節を国語の授業で読むことになるだろう。しかし、本当は理科の授業でも話し合ったほうがいいはずだ。ここで私たちは、性差別や人種差別を含む書物を排除しようとする賢明な配慮――正しくは愚かさ――に異議を唱えることを忘れてはならない。『ハックルベリー・フィン』が人種差別の基準に引っかかるとしても（む

しろ本作は人種差別反対を訴えたものだとも考えられる）、これを禁止するのはやはり愚かなことであろう。『平面の国』がビクトリア朝風の性差別主義について話し合う機会をくれるように、ハックとジムの冒険は、奴隷制、友情、そして道徳について話す機会を提供してくれるはずである。

理科の授業で、教師と生徒が宇宙創生や生命の起源について思いをめぐらす時、神の存在に関する宇宙論的な議論の形を呈することがあるかもしれない。もし全てのものに原因があるのなら、宇宙そのものにも原因がなければならないのではないか。この第一原因のことを「神」と呼べば意味が通るのではないか。生徒たちは頭を悩ませて、困難の一つに突き当たるかもしれない。それじゃあ、神さまの原因は何なの？　と。続けざまに別の問いが来る。もし神さまが自分自身を生じさせたのだとしたら、なぜ宇宙は宇宙自体を生み出せなかったのだろう？　スピノザやアインシュタインと同じく、神を宇宙自体の自己創造の力と定義し始める生徒も出てくるかもしれない。謎は続いていく。

宇宙論的証明も、もちろん不十分なものと見なされるに違いない。しかし、偉大なる反証論者にして信仰者であるカントは次のように書いている。

我々が是非とも必要としているのは、全てのものの究極の担い手となるべき無条件的な必然性である。しかしこれは人間の理性にとっては真の意味での深淵と呼ぶべきものである。［…］永遠が戦慄すべき崇高なものとして描かれたとしても、この永遠すら、人間の心に眩暈《めまい》のするような印象を与えることはない。永遠は、事物の持続を測るだけであって、それを担うことはないからである。我々が全ての可能的な存在者のうちの最高の存在として思い描くこの存在者が、「私は永遠より永遠に存在する者、私の他に、私の意志によらずに存在する者は何もない。しかし、この私は一体どこから来たのか」と独語する様を私たちは思い浮かべるのだが、この思いを担い続けることはできない。*1

(Kant, 1781/1966, p. 409)

「この私は一体どこから来たのか」。もし、神が神自身に差し向ける問いへの答えがわからないまま置かれているとしても、私たちは限りある創造物であるがゆえに、なおも自らその問いに答えようとするのかもしれない。私たちは教育者として、進化と創造について教えることをめぐる終わりなき戦いに巻き込まれようとしている。筆者自身の回答は、その双方を、まさにここまでの話題で示してきたような仕方で教える、ということだ。筆者なら、理科の授業だけでなく、こうした話題が自然に生じてくるような全ての場所で伝えていくだろう。私たちはこう言うべきではない。この説明は科学で、あの説明は宗教だ、と。またこうも言うべきではない。こちらが真実で、あちらは神話だ、と。私たちに必要なのは、それぞれについて、時間と関心の許す限り、文脈を丸ごとの形で提示するということのみである。この例については、第8章にて再び触れることにする。

しかし、より適切な説明とそうでないものとがあるのではないだろうか。無論そうである。教育にとって絶対に欠くことのできない使命は、生徒が証拠を集め、議論を検証し、出典を洗い出し、反論を組み立て、異議を唱える手助けをすることである。教育はまた、やむをえぬ曖昧さに寛容であれるように、また微妙な差異を正しく認識できるように促すものでなくてはならない。例えば、創造説論者の中には、有神論の進化論者と信念を極めて近しくする人もいる。他方で、厳格な創造説論者や漸進的創造説（Numbers, 1986）の保守的な一派で、全ての種それぞれに固有であるような特定の創造過程を主張する人もいる。進化と創造について解説する際には、互いに排他的な、明確に二つに分けられる信念の領域があるというような誤った考え方が生徒たちに残ることのないようにすべきなのである。このような論争について探求するのは、人の信念や議論を単なるレッテル貼りで捨て去ったり無視したりするのが知的に無責任なことであるということを、生徒たちにわかってもらう一つの手助けになる。ニューヨーク・ブックレビュー誌の最新号で、タチヤーナ・トルスタヤが、ロバート・コンクエストの『スターリンの恐怖政治』について書いている（Tolstaya, 1991）。トルスタヤによれば、ロシアは、相違への不寛容というあり方において、ほとんど破られていない恐怖の記録を持っており、これまでによく知られた抑圧のパターンとしては、カテゴリーによる殺戮《さつりく》、すなわち、ある人々を受け入れ難い意見と結びつけてレッテル貼りし、その人たちを排除したり嘲笑したりすることを正当化する、というものがあるという。必ずしも身体的な殺害や究極の恐怖として最悪の形にまでは達していないとしても、このやり方がいかに普遍的に行われているものであるかに、生徒たちは意識的でなければならないだろう。

実存的な問いこそ、カリキュラムの屋台骨を成すべきであり、そのあらゆる場所にふさわしいものであるはずだ。各教科間に厳格な境界を設けることにこだわれば、学習からその本来の豊かさを奪ってしまうことになりかねない。伝統的な教科編成は、学びを断片化し、——あえて言おう——退屈にし、人生の中心的な問題から必要以上に切り離されたものにしているのだ。

しかしながら、現状の味気ない教科編成が陣取っているうちは、それをできるだけ広く解釈するしかない。進化論 対 創造説の論争は、歴史の授業にとっても、理科の授業にとっても、国語の授業にとっても興味深い素材を提供しているが、それぞれの授業で話し合われることは、通例の境界を越えて、十分に広げられるべきである。生徒たちはスコープス裁判[*2]（そしてブライアンとダローの冴え渡る舌戦）について学ばなければいけないのはもちろんのこと、進化論を受け入れた科学者が圧倒的に多い中でも、創造説を支持する人の数が近年かなり増えてきているということ（Numbers, 1986）も知らなければならない。そして、進化論の大方の学説を受け入れている思想家の中にも、例えば言語のような人間の特性（Chomsky, 1972）には、紛れもない「創発」――人間を除く動物界とは地続きでない特性――を表しているものがあると主張する人がいるという話も聞くべきだろう。こうした考え方は、進化の連続性という一般的な仮説に異議を唱えるものであるといえる。全ての話題を厳密な教科の枠内に押しとどめようとすれば、人間存在が切望していることを――個々人の人生にとっての意味によって――理解するようなあり方には妨げとなってしまう。

なぜこんなにも多種多様な生物、あるいは事物（ハックの場合には星々）が存在しているのか、生徒たちが知りたがることがある。（場合によっては、否定的な文脈でこの問いが生じてくることもある。なんでこんなにたくさん、勉強しなきゃならない虫や植物や星や何やらがあるの？ という具合に。）ここは、充溢の原理を支持した多くの思想家について話す絶好の機会である。プロティノス、アウグスティヌス、数学者のライプニッツなどがそうだ。この原理を奉じる人々によれば、存在とは根本的には善いものであり、キリスト教的な解釈では、神－創造主は、愛ゆえに、ありうる限り多くの形態に存在を与えることにしたのだという。この議論は理科の授業で出てくるかもしれないし、数学の授業で、微積分学の創始者としてライプニッツが言及される時に出てくるかもしれない。また、ヴォルテールの『カンディード』(この作品に登場するパングロス博士は、ライプニッツの「一切万事は最善である」という考えへの風刺である)を学ぶ中で出てくることもあるだろうし、歴史の授業の中で、なぜ疫病を引き起こす菌やシラミやネズミのようなものが存在しているのかと生徒が質問したような時や、もちろん、美術の授業で、天地創造の絵画を見るような時に出てくることもあるだろう。例えば、『神と自然』(Lindberg & Numbers, 1986) の表紙には、神が無から世界を創造しているという類まれな絵が載せられている。[*3]

この絵を見ていると、無からの創造という神学の教義について興味深い問いが沸き起こる。そのような創造を信じるしかないのか、あるいは別の神学的可能性があるのか。今日、プロセス神学[*4]を掲げる論者には、世界を形作り、統治する存在としての神とは別に、ある種の創造的な力を仮定する向きもある。この観点から見れば、神は最も強力な存在ではあるが、神が全ての力を持つわけではない。すなわち、被造物もまた力を持っており、その力は神に由来するものではない、というのである。これは、理論的に非常に重要な見解である。なぜなら、全き善であるはずの神の作った世界になぜ悪が存在するのかを説明する手助けになるからだ。そして実践的にも重要である。生徒たちは、洞察に富んだ人も、信心深い人も、多くの人々が、基本信条や教義のそこかしこに異議を唱えているということを知る必要があるのだから。

国語の授業で神話に触れる時も、通例の教科の壁を破り、誤った二分法を打ち壊す絶好の機会となるだろう。生徒の中には、神話の中に聖書の天地創造を含めることに気分を害する子どもも当然いると思われる。彼らにとって、自分の宗教的信仰は、神話ではないのだ。こういう時こそ、「神話」の意味をより深く、十分に示すことで、より知性的な信仰へと導くチャンスである。例えば、ポール・リクールは、神話は誤ったロゴスを手放せば手放すほど現実的に力を増していくと述べている（Ricoeur, 1969）。神話が元々持っていた説明的な力が消えるにつれ、その象徴的な力が強まり、比喩的な言語や意味の広がりが豊かになって、人々が多様な基本信条を持つことができるようになる。だからこそ、神話は真実に反するものではなく、むしろ、時代ごとに新しい意味を与えられうる永遠の関心事と考えるべきなのだ。

教師は宗教と神話をはっきりと分ける（文学として聖書を扱う以外には、聖書における天地創造説を排除してしまう）のではなく、単に偉大な物語を提示するというほうがよいのではないだろうか。このように普遍的な大問題があって、このようにそれに答えた人々がいる、といった具合に。「創世記」に見られる次の二つの創造の物語は、文学としてだけではなく、論理学の演習としても学べるものだ。さて、これらを矛盾なく両立させることができるだろうか。「創世記」一章にはこうある。「神は人を自分のかたちに創造された。神のかたちにこれを創造し男と女に創造された」（一章二七節）。しかし、「創世記」二章には、アダムのあばら骨からイブが創られたという、かの有名な物語が描かれている。注目すべきことに、この話は、知恵の木の実を食べると報いを受けるということに言及された直後に位置している。運命への警告のすぐ後に、イブが創られるのである。第一の創造物語に重ねる形で第二の創造を強調することが、一体どのような政治的目的に与してきたか。ここで紹介があるとよいもののいくつかに、このテーマについて論じたフェミニストの力強い著作がある。マーリン・ストーンは、第一の創造物語は、男と女が女神によって同時に創造されたとする、より以前の物語と矛盾しないものであると述べる(Stone, 1976)。しかし、第二の物語——ユダヤ教でもキリスト教でも伝統的に大変強く信奉されてきた——は、とんでもない逆転を示唆することによって、女性の追従を担保するものになっている。女性が男性から生まれるとなれば、馴染み深い生物学的な筋立ての転倒を意味するではないか。ストーンは次のように述べる。

神聖なる最初の女性は、現実とは程遠く描かれている。我々が知らされているのはこうである。女性は[…]男性への贈り物として差し出され、自らの地位を——その神話を受け入れている人々の間では——男性の所有物として表明し、それを肯《うけが》うものであると。(Stone, 1976, p. 220)

この議論の中で、教師は「それはこのようになっています」とか「これが知性ある人々の信じていることです」などという必要はない。教師のなすべきは、創造神話をめぐって現代なされている数多くの豊かな議論への道筋を与えることだ。筆者の開講する「女性と道徳」の授業では、非常に聡明な大学院生(四〇代の人もいる!)の中にも、こうした評論を目にしたことがないという人が例年見受けられる。彼らは大抵、いつも怒りの反応を示す。この怒りは、単に伝統的な宗教に向けられたものではない。嘆かわしいほど無知のままに、自分たちを大学卒業まで通してきた間違った教育に対する怒りのほうがもっと強いようだ。

このような物語や、それに対する批評を教えることは重要である。私たちは、批判的思考を教えることについて年中話しているが、あまりに話しすぎるせいか、批判的思考を（強力ではあるかもしれないが）面白味のない一連の技術として示すに甘んじている。批判的《クリティカル》思考というものが、肝心要《クリティカル》の問題——自分自身に深く関わる問題——に取り組んではじめて引き起こされるということを忘れているのだ。もし、真剣に批判的思考を教えるつもりなら、教師は全力を注いでそうする道を見つけるはずである。そんなことが夢想家の戯言であったとしても。

生徒たちは知っておく必要がある。政治的にも社会的にも、宗教的にも科学的にも興味深いものが、次の問いに埋もれていることを。私はどこからきたのか？　どうやって宇宙は始まったのか？　このことを理解していくにつれ、その子は感じるだろう。自らが信仰する宗教に受け継がれてきた遺産が自分を体系的に迫害してきたと知った時に、全ての女性が覚える刺すような痛みを。そして、その深淵の際《きわ》でなおも突きつけられる問いの前に佇む。それでは一体、私は何のために存在するのか。

人生の意味とは何か

多くの人にとって、実存的な問いほど重要なものは他にないだろう。決して深くまで追求しようとしない人もいる。カトリックの子どもは、人生の目的とは「神を知り、愛すること」であると学ぶが、その考えを学校教育の「重要な」場面で聞くことはほぼないために、好奇心や、悪くすれば、心から焦がれるものを分け隔てることを覚えてしまう。スピリチュアルな切望は儀式に出て何となく満たし、実存的な切望は、物質的な目的追求の前に断念する。良い成績をとって、「手堅い」進路を選び、良い学校に行って、良い仕事に就く。しかし内側では、小さな声が囁き続けるだろう、どこへ行くのか、どこへ行くのかと[★5]。

人生の意味や目的は、死を認識するという文脈で探求されなければならない。生徒たちには、エドナ・セント・ヴィンセント・ミレイの「音楽のない葬送行進曲」(1928)をぜひ知ってほしい。

私はきっとゆるさない。
　愛情を硬い土の下にやってしまうことは。
今も、これからも。
　ずっと昔からそうしてきたのだから。
賢い人、可愛い人が暗闇へ向かう。
百合や月桂樹の冠をつけて、彼らは旅立つ。
　でも、私はゆるさない。

愛する人、想う人よ。あなたとともに土に還ろう。
おぼろげで、ぼんやりとした塵にまみれよう。
あなたが感じたことや知っていたことの欠片、
あの口癖や言葉遣いは残っている――でも、一番いいものは消えてしまった。
素早くて鋭い返答も、正直な顔つきも、
　笑い声も、愛も――

死者たちは行ってしまった。薔薇を咲かせるために。
優雅にカールする薔薇。よい香りのする薔薇。知っている。
　でも認めない。
世界中のどんな薔薇より、
　あなたの目の中の光のほうが大切だった。

下へ、下へ、下へ。墓の暗闇へ。
美しい人、温かい人、優しい人がそっと旅立つ。
聡明な人、才気ある人、勇敢な人が静かに旅立つ。
知っている。でも認めない。私はきっとゆるさない。

このような考え方から、有神論に導かれる人もいるだろう。マーティン・ガードナーは、「なぜ私はゆるさないのか」と題した章の導入で、ミレイの詩の最後の句を引いている（Gardner, 1983）。一方で、悪の神という発想に導かれる人もいるため、生徒たちにはこの可能性についても話す必要がある。他にも、世界は無意味である――生そのものが馬鹿げたものだ――という確信に至る人もいるだろう。先の「葬送行進曲」の詩人は、「ユークリッドだけが美のありのままを見た」の作者でもあり、――国語だけでなく――数学の授業でも再び彼女の思想に触れる機会があるといえる。むしろ、本当に劇的な効果は、数学の授業で得られるかもしれない。そこではこの詩が、形式的な分析のためにではなく、あまりにも無視されがちなあの切望とつなぐために——それに応えるために——提示されるからである。ユークリッドは、その肉体を薔薇に捧げてから長い時間が経ってなお、何を後世に残しているのだろうか。ミレイは、何を残しただろう。そしてあなたは、何を残すのだろう。

生徒たちは、死について、そして死と生の意味とのつながりについて話し合う機会を持つべきである。ジョン・シルバーの主張には多くの点で賛成しかねるが、彼は、教育においてなすべきは、生徒を「真実とは何かに、本当のものへと直面することに」触れさせることだと述べている（Silber, 1989, p. 5）。彼は、子どもたちが真実の原理を——「死という常に存在する可能性」（p. 8）を——よく知ることを求めている。実に本の二ページ目で、子どもの内に死の自覚を引き起こさせることが勧められているのである。彼の描写や提案には、伝統的な、上からの押しつけめいた教育の誤りが劇的な形でよく現れている——悪いことに、裏書きされている。最初に真実の原理を説いていながら、彼は多くの（おそらくはほとんどの）人間の現実の姿を無視しているのではないだろうか。

百年前、子どもと現実との出会いは、死の理解というところで始まった。それは、兄弟、友人、親、叔父や叔母、祖父母などの死を通してなされてきたのであろう。そのいずれもが、現代よりもずっと頻繁に幼い者に経験されていた。ところが今日では、それとは対照的に、子どもの死は、ほとんど耐えられないと思われるほどにめったにない不幸であり、寿命が伸びたことによって、年長者の死を体験する時期が多くの子どもにおいて顕著に先送りされるようになっている。

（Silber, 1989, p. 4）

シルバーの拠点は、アメリカのスラム街でもなければ、大気汚染が原因の小児がんに悩まされる地方都市でもなく、また親の失踪や一家離散が多く見られる地域でもない。筆者の周りのごく限られた子どもたちだけを見ても、知り合いに殺害された人が少なくとも二人――三、四人の場合もある――はいるようだ。テレビが現実を歪め、「撃ち殺された」人々が後で起き上がって家に帰るようなメディアだと指摘する点では、シルバーは正しいのだろう。しかし、彼は子どもたちが今日生活している現実の世界に触れているとは言い難い。

さらに、子どもの死が、百年前には「ほとんど耐えられない」ものではなかったかのように示唆するあたりに、シルバーが女性のリアリティから完全に乖離していることが露呈されている。ぜひパール・バックが彼女の母親について書いた伝記『母の肖像』を読んで、母キャリーが相次ぐ子どもたちの死を――ほとんど命を落とさんばかりに――嘆く声を聞くべきだろう。

この議論の要点は、ジョン・シルバーの発言の意味にあるわけではない。重要なのは、この麻痺した死の志向が、伝統的な教育の中に埋め込まれているということである。もし教育を実存的な生の根元から引き抜いてしまうとしたら――『白鯨』でしか悪について議論しないとしたら、世界宗教の概説でしか神について論じないとしたら、ビッグ・バンに簡単に触れる時にしか創造について議論しないとしたら、『ロミオとジュリエット』でしか愛について話し合わないとしたら――私たちも死の志向に加担していることになる。無傷で残るものは――青春の息吹も含めて――何一つ存在しない。数学の学びが、洗練された数学的成果にのみ限定され、それを生み出した思想家たちが実際に生き、彼ら自身がもっと重要だと考えていた出来事と格闘していたという事実に触れないなら、それもやはり死の志向に加担している。そしてもし、シルバーやフロイトのように、道徳的な生活は倫理的な脅威に依存していると考えるのだとしたら、それもまた死の志向に加担したものであるといえよう。

もちろん、死については議論しなければならないし、この問題については第5章でより詳しく論じるつもりである。しかし、それが従順さや勤勉さを動機づけるものとして——それゆえ成功を保証するものとして——提示されることがあってはならない。そうではなく、誕生に先行し、誕生に伴う愛、育み養う親の愛が、道徳的生活の根として強調されるべきである（Noddings, 1989; Sagan, 1988）。この愛こそ、文字通りにも、比喩的にも、生に「イエス」と言うものなのだ。その中で初めて、道徳的生活が優しさや率直さへの誓いとして現れる。それは道徳的な作用をもたらしたいというよりも、道徳的な交わりを強めたいと望むだろう。愛は支えることを望み、脅かすことは望まない。愛は——切り分け、判断することではなく——「共にいる」ことを約束する。そこでは全ての問いが神聖であり、現実の生活が死装束のように教室の外のロッカーにかけられることはない。

先に、実存的な問いは、解析幾何学や確率論の中で論じることが可能であると述べた。数学の授業で真理値表に触れる時、生徒たちはその考案者であるルートヴィヒ・ウィトゲンシュタインについてもいくらか聞いておくべきであろう。ウィトゲンシュタインは、一方で科学を導く実証主義哲学を作り上げながら、他方では同時に、人生において一番大切なものは科学の枠を超えていると信じてもいた。ウィトゲンシュタインはこう述べる。「言葉にしえないものが存在する。それは自らを語る。それは神秘的なものである」（Wittgenstein, 1922/1971, p. 151, 6.522）。そのような考え方は、彼の人生に影響を与えたのだろうか。そう、彼は相続したかなりの財産を投げ打ち、人生の多くの時間を肉体労働に——庭師として働いたこともある——費やした。その中で、はっきりと言葉にしえないものが存在すると考えるようになる。後年、彼は仲間の哲学者が観葉植物を枯らせたことを窘《たしな》めたという。彼の主張は明確である。哲学的な分析をしている時間を、一瞬でも植物に水をやることに差し向けるということこそが、生を肯定する——言葉で語られる以上のものを明らかにするのだと。

今日の中学校や高校の状況を見るにつけ、また、教育の専門書を目にしても、（一〇代の若者にとっての）人生の目的は良い大学に入ることであり、人生の意味は完全に物質的な成功に結びついているように考えられるのが常だろう。仕事の尊さについてや、農作業から法律まで多岐に及ぶ分野の人々が相互に支え合って働いていることについて話し合う機会は限りなくゼロに近いと言ってよいのではないか。子どもたちに、教育は親の仕事から抜け出す手段であるなどと、決して教えるべきでは<ruby>ない</ruby>。その仕事がその子にとって適切であるかとかないかとか、また同じようにそれがその子の親にとって適切なのかどうかとか、満足いくものであるかどうかなどということも言うべきではない。そうではなく、教育の一つの目的は、実存に関して、十全に意識的に生きられた——マキシン・グリーンの表現では「完全に目覚めた」(Greene, 1978) ——人生に関して、よりよく理解し、認識できるよう導くことにあるべきである。

教師と生徒で人生の意味について話し合う時には、科学的あるいは宗教的な楽観主義の立場を取る人だけでなく、悲観主義者たち——ウィリアム・ジェイムズが「病める魂」と呼んだ人たち——に配慮したほうがよい。ジェイムズも認めているように、病める魂の人は、もっと明るい性格の兄弟姉妹よりも、人間の現実に関する正確なイメージを提示してくれることが多いのである。

中学校や高校において、なぜ悲観主義者の考え方に配慮するほうがよいのだろうか。一〇代というのは、概して悲観的になりやすい年頃である。多くの若者が自殺や、殺人、絶望に触れた恐ろしげな歌詞を目にして「楽しみ」、自分自身への懐疑を抱き続け、しばしば暴力的な解決に魅了される。ドラッグを試す生徒に、人類ははるか昔から精神や心を強める薬物に誘惑されてきた（その子が初めてなのではない）ということを知らせる必要があるのとまさに同じように、悩みを抱える一〇代の若者には、これまで数多くの知性的な人々が現実的なスランプに苦しんできたということを知らせる必要がある。

彼らにはまた、成功を収めていて、普段は楽観主義的な人であっても、世界の露骨な悪を目の前にして、強い自己否定や全体的な嫌悪感に苦しむ時期があるということを知ってもらうべきだ。ジェイムズは、ゲーテによる次のような文章を引用している。「私という存在のたどってきた道にとやかく言うつもりはない。ところが実際には、この道は苦痛や重荷以外の何物でもなく、七五年間の人生の中で、真に心が健康であったのは四週間となかったと断言することができる。絶えず転がり落ちる岩を、何度も持ち上げ続けなければならないようなものであった」（James, 1902/1958, p. 119）。かのマルティン・ルターも、人並み外れた成功を収めたにもかかわらず、自らの人生が全くの失敗であったかのように省みることがあった。ロバート・ルイス・スティーヴンソンは、「我々は成功するようにできているのではない、失敗こそが割り当てられた運命なのだ」と述べているという（James, 1902/1958, p. 120）。しかしスティーヴンソンは、ゲーテやルター同様、悲観主義者ではなく、「我々の務めは、機嫌よく失敗し続けることである」と言い続けた人でもあった（p. 120）。

失敗や失敗に伴う感情について学ぶことは、失敗を完全に否定するよりもおそらく健康的であろう。私たちはしばしば、教師にも生徒にもつい否定のほうを勧めてしまいがちである。もちろん生徒には成功してほしい――しかし、全てにおいて、そう、全てのことに等しく成功してほしいわけではない。それに、失敗として――その過失を「一生ものの前科」として周囲に晒すかのように――刻印する必要のないものもあるはずだ。生を志向する教育とは、生徒たちが現実的な自己評価をすることができるように手助けするものであろう。失敗の中に、ユーモアと悲しみのいずれをも見て取ることができるように。また、失敗の中には、私たちの真の才能の発見に役立つものもあるのだと認識することができるように。

信仰者も不信仰者も――知性的である者は――少なくとも悲観主義めいたところを見せるものである。ジェイムズが気づかせてくれたように、悲しみは、キリスト教や仏教の中心であるだけではない。彼は次のように述べる。

> ただ実証主義的、不可知論的、自然主義的であるにすぎない哲学体系であっても、どれも中心には悲しみが横たわっている。楽天的な健全な心の人が、その瞬間瞬間を生き、無視し、忘れる特異な力をもって最善を尽くしたとしても、なお悪は背景に確かに存在していると考えられるのであり、その宴の席では髑髏《どくろ》が歯を見せて笑っていることだろう。
> (James, 1902/1958, p. 121)

ジェイムズ自身も、一〇代の若者が誰でも抱く憂鬱《ゆううつ》を満足させるに十分なだけ、人生の悲惨さについて雄弁に述べている――おそらく、彼らの口元には笑みさえ浮かぶのではないだろうか。結局のところ、「息も絶え絶えの鼠」を弄ぶ「悪魔のような猫」は、たくさんの子どもたちから疲れた老女までを元気づけてきた愛らしいペットでもあるし、「鰐《わに》やがらがら蛇や錦蛇」などの「忌わしい存在」や、あるいは他の野生の獣たちが生きた獲物をぐっと掴んでいる様を、「忌わしい」以外の言葉で表現することもできるかもしれない。[*6] ジェイムズの言葉を耳にした生徒は、その表現の正確さを認めざるをえないだろうし、同時に、ジェイムズ自身がそうであったように、その限界にも気づくだろう。「忌わしい存在」にさえも思いやりや美の瞬間があり、目の前の恐怖を越えた目的に奉仕しているかもしれないのである。

人間はいかにして、人生におけるあまりにも明白な恐怖や不条理と、生への本能や幸福への憧れとの均衡を保つのだろうか。〔ヘンリー・デイヴィッド・〕ソローのように、自然に回帰する人も多い。ジェイムズの「病める魂」の章を読んだ後は、クラスで公園を散歩したり、芝生の上で休んだりしてもいいのかもしれない。なぜ、校外見学はいつも情報集めのための遠征でなければならないのか。魂を救う旅があってもたまにはよいのではないだろうか。

踊ることも、魂を回復させる方途である。幼い子どもたち、異教徒たち、ハシディズムの人たち、スーフィー教徒たち、恋人たち、祭壇上の司祭たち。皆が、人生の悲しみと喜びを讃えて踊る。だが、踊りはスピリチュアリティを回復する表現形態であると体育教師が話すことがどれほどあるだろう。数学の教師が踊りに加わってはいけないのだろうか。もちろん、生徒たちが自分たちの踊りの様式を見直したり、その踊りが自らを回復させるものなのか力を奪うものなのかを検討したりするように促すのもよいだろう。

音楽、芸術、詩、物語、演劇は、単なる文化の伝達方式なのではなく、いずれも、ここで論じている生の均衡に寄与するものである。そして、逆にあえて不均衡を作り出すということもあり、そのような例はよく知られている。自分を本当に回復させてくれる方法を選べるよう、生徒たちに手を貸す必要がある。意味の探求は、回復手段の継続的な探求を必然的に伴うのである。

最後に、生徒たちには、できるだけたくさんの伝記を聞かせるべきである。研究や踊り、芸術、あるいは人間愛や献身に慰めと喜びを見出した人、そして、儀式や祈り、宗教的な帰依にそれらを見出した人の伝記を。（もちろん、それぞれは互いに排他的なものではない。）不信仰者であっても、ジョン・ヘンリー・ニューマン（後のニューマン枢機卿）の話には心を動かされるかもしれない。彼は、ある船旅の途中に「病、疑い、当惑」に見舞われたという（Butterworth, 1875, p. 215）。「頭上にはイタリアの眩く危うい空が、足元には船を揺らす海が広がっていた」。そして、次のように述べたという。


導きたまえ、優しい光よ。取り巻く暗闇の只中で。

　汝よ、導きたまえ。

夜は暗く、故郷は遠い。

　汝よ、導きたまえ。

わが足を支えたまえ。遠くを望みたいなど願わない。たったー歩でいいから。

……

長らくの汝の加護が、
　なおも私を導くだろう。
荒地と湿原を越え、岩山と急流を越え、
　夜は過ぎ去る。
そして、夜明けとともに、かの天使たちが微笑む。
はるか昔に愛した、ずっと忘れていたあの笑顔で。

（Butterworth, 1875, p. 215 における引用）

ニューマンはこうして、「ゆるさない」と書いたミレイに、一つの回答を出している。

本章の終わりに、ここまで行ってきた提案が果たして妥当か、現実的か、実行可能かを問わなければならない。ある水準では、明らかにイエスといえるだろう。数学の授業でさえ、実存的な問いを口にすることでどんなことが可能かを示してきたつもりである。しかし別の水準では、この提案は現実に反するシナリオを描いているともいえる。このシナリオは、なぜこんなにも実際の学校計画として思い描きえないものなのだろうか。これまで概説してきた可能性と学校の現実とを見る時――この二つに完全に目覚める時――、私たちはエミリー・ディキンスンが「骨まで凍る」と書いたようなものをこの身に感じるだろう。このシナリオを思い描きえないこと自体が、私たちが生活し、仕事をしている場所の頽廃《たいはい》を露呈している。なぜなら、知性的な信仰あるいは不信仰のための教育は、もちろん、まったくもって可能であるはずだからだ。単にそうすることに十分に注意を払っていない――十分に気づいていない――十分に目覚めていない――だけなのである。

私たちが信じるか信じないかは、往々にして神に対する考え方に関連している。この問題こそ、第2章のテーマである。マルティン・ブーバーはかつて、神を信じるかどうかを尋ねられ、信じていると答えた。しかしその時、彼には内なる声が話すのが聞こえたという。

「もし神を信じるということが、神について三人称で語れるということを意味するのなら、私は神を信じていない。もし神を信じるということが、神に向かって語りかけることができるということを意味するのなら、私は神を信じている」。しばらくして、さらにこう聞こえた。「ダニエルに対して、人類史の中のこの時期を、『世界大戦』を控えたこの時期を言い当て、時代の流れにおける特定の箇所を前もって決定できるような神は、私の神ではないし、神なるものではない。ダニエルが苦しみの中で祈る神こそが私の神であり、全ての人にとっての神である」と。

(Buber, 1967, pp. 24-25)

ブーバーが、ある概念は彼の神ではなく、別の概念がそうであると述べる時、彼は自らのヴィジョンに忠実である。しかし、予言する神は「神ではない」し、ダニエルが苦しみの中で祈る神こそが神であると続ける時、彼は自ら矛盾したことを述べているのではないだろうか。私たちはなんとたやすく、表現しえないものを表現しようとするという間違いを犯すことか。

第2章　神々の性質

信仰者も不信仰者も、自分が信じている、あるいは否認している神についての概念を何がしかは持っているといえる。実際、信仰者の中には、伝統宗教で示されている神のヴィジョンに同意できなくなったという理由で信仰を捨て、不信仰者の側に加わる人もいる。果たして、知性的な信仰にはどのような選択肢があるのだろうか。どうすればそれを学校の中で話し合うことができるのか。第1章では、題材のほとんどを数学や理科から取ってきたが、代わって本章では、文学や歴史から始めてみることにしたい。

学校での議論で取り上げやすい宗教的選択肢の一つに、多神論がある。大抵の場合、このテーマが真剣に受け取られることはないからだ。生徒たちに神話を読ませると、多くが神々の戯れに魅了されるものだが、多神論が現代の宗教的精神にとっての論理的可能性になりうるのではないかと提案するような生徒はめったにいない。二元論は、多神論の（あるいは、時に一神論の）変型であり、二つの大きな力──常に戦い続ける善の神と悪の神──を措定したものである。この二元論もまた、現代では多くの人に受け入れられている立場であるといえる。さらに大きな変型が起きると、悪の原因を支える多くの小さな力から、際立った一人の神が生み出されることになろう。そしてもちろん、最後に唯一神を信仰する厳格な一神論がある。ここにもすでに、様々な可能性がずらりと並んでいるといえよう。唯一神は、人格を持つのか、持たないのか。男性なのか、女性なのか、どちらでもないのか、あるいは両方なのか。神は宇宙に含まれているのか、それとも、創造主として宇宙の外側に立っているのか。創造主は自らが創造したものに関心があるのか。神と話をすることはできるのか。すなわち、ここで考えられる問いは、私たちの信じている神の性質に集中しているのである。

一神教

今日の西洋文化に育つ大人のほとんどは、唯一神を信じるか、あるいは神を信じないかのいずれかであろう。さらにそうした選択は、自分の家族のしきたりの中で描かれてきた唯一神の性質によって規定されている。アーサー・ギブソンは、イングマール・ベルイマン[*1]の七本の映画を解釈した研究の中で、この選択の問題について舌鋒鋭く述べている。

> 「新しい神」など存在しない。人間がより鮮明に姿を認め、より敢然と向き合い、神自身が自由な被造物を創ったことで示した勇気以上のものを人間の側が携えて出会うような、旧来の神が存在するのみである。これらの映画は、極端に人工的な形式によって、桁外れに人工的なイメージによって、ある者に無神論を、別の者に有神論を決心させるような、人間の経験の諸要素を明らかにする。
> (Gibson, 1969, p. 157)

私たちがここで、一神論に基づく信仰に生じる困難の全てを扱うことは到底できない。そのあり方を全て描き出すこともできないし、いかなる場合にも、そんなことをする資格はないだろう。私たちが教育に携わる者としてできること、しなければならないことは、一神論における主な争点のいくつかを生徒たちに知ってもらうことである。そして、彼らが何でも質問できるように、また、欲求が満たされるだけ十分にスピリチュアリティの領域を探求できるように励ますことである。

神の沈黙

ベルイマンらの映画や映画の講評、あるいは文学から取り掛かると、最も喫緊の問題が何であるかがいくらか見えてくる。現代の無神論者は、より現代的な神やより洗練された宗教神話の扱い方について、そうした動きを知的に評価することはあっても、決して必要としているわけではない、とギブソンは述べる。むしろ、次のようであるという。

［知性的な無神論とは、］現代人に入手できるリアリティの総体を精査して出た結論である。それはこの精査の終わりに、こう宣言する。かつて神、アッラー、ヤハウェ、あるいは他の最高神と呼ばれたリアリティの種別はどこにも見当たらない、と。

(Gibson, 1969, p. 156)

多くの無神論者にとって障害となるのは、神の徴《しるし》が見えも聞こえもしないという点である。一方、理神論者は、人格を備えた神の徴が見えも聞こえもしないとしても、最高神の存在を認めると言ってよいだろう。理神論者は、宇宙や生命の存在そのものを証拠として引き合いに出すが、偉大なる創造の一部で束の間の命を生きる個々のものにまで、最高神が必ずしも関心を持たなければならないとは考えないのである。また他にも、最高神は創造そのものに取って代わりうるとする考え方もある。（これは第1章での問い、神が宇宙を創ったのだとしたら、誰が、あるいは何が神を創ったのか、そして、もし神が自らを創ったのだとしたら、なぜ宇宙は自らを創れなかったのか、という問いに導かれる反応であるといえる。）しかし、このような見解はどれも、スピリチュアルな切望を満たすことはない。せいぜい美的な鑑賞や畏怖の念をけしかけるのが関の山であろう。自分にも話ができる神、自分の人生に起きる出来事を心配してくれる神を、多くの人が求めているのである。

神の不在あるいは神の沈黙というのは、詩歌においてよく取り上げられるテーマである。トマス・ハーディは、「知覚のない人」という詩で次のように書いている。

　ぼくの心は　彼らの知るあの安らぎを知らないのだから、
　　彼らには〈世はすべて良し〉と
　語りかける神様が　ぼくには何ひとつ
　　〈全て良し〉を語りかけてくれないのだから、
　ぼくのこの欠落は　彼らの同情と
　　キリスト者らしい慈悲心をかき立ててもよいものを！

ぼくは、目を凝らして、内陸に住む人びとが
「聞けよ、聞け！　遠い栄光の海の声を！」
と天を指差し　立っているのを　うち眺め、
「気の毒に！　ぼくにはあれは　ただ向こうで
風に吹かれる松だとわかっている」と感じる人のようだ

それでも　もし人びとが　「あいつはむしろ
祝福がこの世に在るとは　考えないほうが好きなのさ」
などと非難するのでなければ、わきまえのある落ち着きで
このぼくの欠落点に　ぼくは耐えてみせようものを。
ああ、翼をもぎ取られた鳥が　どうして喜んで
地に向けて　落ちてゆくことがあろうか！[*2]

ロバート・フロストの有名な詩「雪の夕べに森のそばに立つ」も、神の不在を、また自然の創造者と通じ合いたいという切望を示唆したものである。「この森の所有者はだれか、わたしにはわかっている。／だが、彼の家は村の方にある……」[*3]。こうした言葉は、不在の神について述べたものだと広く解釈しうるだろう。

ベルイマンの映画も、神の沈黙について示唆しているといえる。ギブソンはその解釈の中で、ベル

イマンの登場人物たちが、神を見たり聞いたりしない点、神が関与しないコミュニケーションの形態を当てにする点を非難している。このような論点は、沈黙の中でも神の存在を感じると報告する多くの有神論者にとって説得力を持つだろう。例えば、『第七の封印』における、最も恐ろしい出来事の一つを考えてみてほしい。チャンという若い女性は、想像の中で悪魔と交信することによって、その月並みな人生に賑わいを与えていた。彼女には何かが聞こえていたが、他の人は、彼女の交信相手の実在を認める者でも、何も聞くことはできなかった。彼女が火あぶりの刑になった時――耐え難い苦しみが襲ってくる瞬間までには助けが間に合うと期待していたが――彼女の叫びに悪魔が反応することはなかった。彼女が神に訴えていたらどうだったのだろう。ここで、沈黙の問題は劇的なものになる。確かに、肉体に起こる結果は、全く一緒であっただろう。憐れみ深く人道的な従者ヨンスは、この様子を見て、主人の騎士と次のような意味深い会話をしている。

ヨンス：彼女には何が見えているのでしょう。わかりますか？
騎士：（首を振りながら）もう痛みはないだろう。
ヨンス：お答えになっていません。誰があの子を見守っているのか。天使か、神か、悪魔か、いやただの空虚か。空虚ですよ、ご主人様！
騎士：ありえない。
ヨンス：彼女の目をご覧なさい、ご主人様。貧弱な頭で、ちょうど見つけたようだ。月明かりの空虚を。

騎士：いや違う。

ヨンス：我々は力なく立ち尽くすばかりです。両腕を垂れて。我々には彼女の見ているものが見えていて、我々の恐怖と彼女の恐怖は同じなのですから。（感情を抑えきれず）可哀想な少女。見ていられない、見ていられない……。

（Gibson, 1969, p. 21 における引用）

信仰者と不信仰者の分水嶺は、片方が沈黙として受け取るものを、もう片方が見たり聞いたりするという点にある。しかし、神の本質があまりに残酷に迫ってくる場合、信仰者が信仰を手放すということもある。『第七の封印』の中世的な設定では、権威者たちはおそらくこう主張したのだろう。チャンが悔い改め、真の神を求めれば、彼女は天国で救われることができたのにと。最後まで悪魔を信仰し続けたために、彼女は審判を受け、永遠の罰を受けることになる。このようなことは、ヨンスのような憐れみ深い観衆にとっては堪え難いことであり、そうした時、彼らは不信仰者に転向するのである。もし、（結局は一〇代の愚かさをも理解してくださるであろう）慈悲深い神の手の中では、何があっても彼女は大丈夫だと信じられたなら、彼らは信仰という形を保てたのだろう。しかし、そのような神は、誤り導かれた者が火あぶりの刑に処されるのをお許しになるのだろうか。それにもし、彼らの信じるものが何であれ、全て心から受け入れられるならば、ここまで手の込んだ神の法廷には一体どのような意味があるのだろうか。同じことを、『枢機卿』の中で、ある若者が人に次のように話している。「洗礼を受けていれば頑固な年寄りも一人残らず天国に行けるなんて、もしあいつ［司祭］の言うことが本当なら、こんなに苦労してカトリック教徒であることに何の意味があるというんだ」

と（Robinson, 1952, p. 88）。

神の声を聞く人もいれば、沈黙と捉える人もいるという事例を見て、神の在／不在の問題に決着をつけることができないのは明らかである。憐れみ深いヒューマニストであれば、そのような事柄から当然導かれる結論はたった一つであると言うだろう。つまり、我々は互いに与え合い、無慈悲を退け、温かな手で苦しみに応えなければならないと。また、大方の有神論者は、我々はまさにヒューマニストの勧める通りに振る舞うべきであるが、それこそ神が求めておられることであり、慈悲をもって応える時、我々は神の愛に与《あずか》っているのだ、というところで一致する（McNeill, Morrison, & Nouwen, 1983）。ハリー・エマソン・フォスディックは、神について次のように述べている。

> 彼はその偉大さにおいて理解しえないものであるが、我々の手の届く末端がある。高潔と正義のあるところ、真善美のあるところ、正義が悪に打ち勝ち、光が闇を消し去り、善意が憎悪を克服するところに、神は存在する。トルストイの言うように、「愛あるところに神もある」のだ。［…］昼は雲の柱をもって、夜は火の柱をもって、抑圧される者に公正を、奴隷の解放を、機会の均等を、人種差別の克服を、戦争の廃止を掲げる社会運動が存在する。それこそ、手の届く神の末端である。
>
> （Fosdick, 1961, p. 90）

こうした素晴らしい属性が示されることによって（キリスト教の文学はこれらに満ちている）難しくなるのは、成し遂げられた、あるいは偶然に起こった善いものの全てが神に帰属するとされる点である。生徒たちは、このメッセージ——奉仕と献身への要請——の持つ力をよく知るべきだが、同時に、この論理をしっかりと精査するようにも促されなければならない。もし目に見える存在を指差して、「ここに神がいます。善いことだけを望みなさい」と言えるとすれば、付け入る隙を与えない論拠を持つのだろう。しかし、「ここに善があります。神がおられるに違いありません」と言うなら、信仰を持たない者には虚ろに響くことだろう。重大な難局の瞬間における沈黙は、決定的である。

沈黙の問題は、多神論者よりも一神論者にとって大きなものである。それは必然ではなく、偶然突き当たる事実である。キリスト教の伝統における一神論は、全き善、全知全能の神を主張する。一方、多神論は大抵の場合、神々が部分的には善でも部分的には悪であり、力を持つが全能ではなく、知ってはいるが騙されることもあると認めている。善悪はいずれも神の振る舞いに根を持つのである。キリスト教徒は、神を明るい場所に、希望の光[*4]の中に見出さなければならない。ユダヤ教の伝統では、神の怒れる側面をより十分に認識しているが、それでも、ホロコーストのような出来事を彼らの神理解と調和させるのに困難を抱えている。悪の問題については、少し後に述べることにしよう。

宗教的不寛容と精神性の進歩

完全なる唯一神を主張することはまた、宗教的不寛容へとつながりうる。多神教の社会が内的にも外的にも平和を好むとまでは言うべきでないが、彼らは一神教に特徴的な優越や道徳的要請を必ずしも持ち合わせていない。エジプトの王アメンホテプ四世について書く中で、フロイトは次のように述べている。

この王は、古代からの伝統とも、親しんだどの慣わしとも相容れない新しい宗教を、民に強要することを企てた。それは厳密な一神教であり、我々の知る限り、世界の歴史上初めての試みであった。そして唯一神の信仰に伴って、これ以前にもこれ以降もずっと、古代において類を見ない宗教的不寛容が避け難く生じることになった。

(Freud, 1939, p. 21)

このことが導く問題は、学校で徹底的に探求することはできないまでも、少なくとも取り上げてしかるべきものである。一神教は精神性《スピリチュアル》の進歩を表しているのか、もしそうであるなら、どのような意味においてなのか。生徒たちは最初の反応として、迷信の追放という点を指摘するかもしれない。例えば、私たちはもはや、火山が噴火したら火山の神を宥《なだ》めなければいけないなどとは信じていない。神を宥めるために人を生贄に捧げるということもしない。(それでは、現代の一神教に迷信はないのだろうか。迷信とは何なのか。)生徒たちは、人間の生贄を拒絶したという点に注目して、一神教がこの時、私たちは神を気まぐれな権力者ではなく、立法者として見ることになる。(では、これらの法とは何なのか。それが共同体の生活にどのように寄与してきたのか。それは全ての構成員を平等に守っているのか。修正される際、その提案は宗教の内部から起こってきたのか、それとも外部から押しつけられたのか。)宗教的倫理が全ての人を等しく守ってきたわけではないという事実を認識するにつれ、生徒たちは、慣れ親しんだ一神教の形式の下で、スピリチュアルにも政治的にも剝奪《はくだつ》され苦しんでいる人たちがいるのではないかという問いに導かれるだろう。（女性たちは、父としての神像をどのように感じるだろうか。植民地の人々は、自分たちの先祖代々の神々が喪《うしな》われたことをどのように感じるだろうか。）そして最後に、生徒たちは再度立ち返って、そもそも進歩という言葉で私たちが何を意味しているのかと問うよう促されるべきだろう。ここでの目的は、信仰を打ち砕くことでも、単に宗教の正体を暴くことでもなく、懐疑的な姿勢と真の認識力とを引き出すことにある（Noddings, 1992）。進歩の——技術的、精神的、医学的、政治的、倫理的進歩の——探求は、多分野にまたがる素晴らしい単元を作り出すだろう。理科、国語、社会など、教師たちがそこで協力し合うことができるのではないだろうか。

精神性の進歩という主題は、一神教と宗教的不寛容に関するフロイトの見解に誘発されたものである。これは、生徒たちが熟考すべき極めて重要な主題であるが、通常扱われる際には、表面的になったり誤解されたりすることも多い。多くの宗教の持つ全くもって偏狭でナンセンスな面に異議を唱えるのを恐れるあまり、臆病にも口をつぐむことを良しとしてしまうのである。しかし、原理主義などのような形態であれ恐ろしいほどの偏狭さを持つものであり、ほとんど全ての宗教の制度体系はナンセンスで溢れている。生徒たちは、出来事や人生に関する極端で敵意ある記述を読み、批評しなければならない。狂信的な排他主義者の演説に真実の欠片を、宗教的英雄の燦然《さんぜん》と輝く物語に偽りの塊を探し出す機会が必要なのだ。それをいずれかでも無視してしまえば、無知を、そして悪くすれば独善を通して、宗教的不寛容を促進していくことになるだろう。

次の例について考えてほしい。現代では、多くの西洋の若者が東洋の宗教に心引かれている。私たち教育者は、そのような引力に抗して免疫をつけようとすべきではないし、逆に考えもなく奨励すべきでもない。知識人の評論家たちはしばしば、異国の、別種の、外来のものなら全て推進し、自国の、伝統の、慣れ親しんだものは全て貶めるような姿勢を非難する。それが誇張や誤りの中に埋もれていたとしても、そうした告発には一握りの真実がある。例えば映画『ガンジー』で、ある授業の単元を始めたとしよう。(映画の長さの関係で、編集したものや文章での解説を用いなければならないこともあろうが、本当は映画全編を見せるのがよい。)この映画から生徒たちは、ガンジーが市民的な、スピリチュアルな英雄であるという感覚を得る。またヒンドゥー教の魅力的な要素も発見することだろう。

それでは、今度はリチャード・グルニエの『誰も知らないガンジー』を彼らに読ませてみよう(Grenier, 1983)。本作は、ガンジーの矛盾、側近たちに対する冷淡な扱い、排便に関する強迫観念、そして心理的な暴力について容赦なく書かれたものである。グルニエの記述は、バランスのとれた論法ではないし、ヒンドゥー教についてひどく不快な描き方をしている。さて、この二つの説明を整理してみるよう、生徒たちを促してみるとよいだろう。グルニエが主張するように、この映画は、厚かましく、政治的で、インドのために広告料が支払われた宣伝映画なのだろうか。グルニエの本の中に、宗教的不寛容の兆候はないだろうか。グルニエがヒンドゥー教に勝るものとして掲げるアメリカの宗教的伝統に対して、我々自身がいくらか思い上がっているということはないだろうか。グルニエはなぜ、ガンジーの便通への関心と、飲尿を行うヒンドゥー教の実践にここまで紙幅を割いたのだろうか。そのように強調することが、西洋の読者にどんな影響を及ぼすだろうか。ヒンドゥー教徒は唯一神を信じるのだろうか。これらの問いを探求する中で、生徒たちが次のようなことについてより多くを学べるように、教師はたくさんの情報源に言及しておくべきだろう。宗教的禁欲主義、身体的屈辱、理神論について、また、神を創造の力として捉える見方、非暴力、禁欲、儀式、とりわけ特定の言語の持つ力、そして選民思想についてなどである。あるいは、ガンジーについての、よりバランスのとれた伝記、例えばロバート・ペインの『マハトマ・ガンジーの生と死』(Payne, 1969) などを読むよう勧めるのもよいだろう。あくまで一貫した目的は、批判的かつ受容的な知性を促すこと、自己学習やグループ学習で理解を深めること、調べたり関連づけたりする方法を学ぶことにほかならない。

筆者なら、ガンジーのヒューマニズムについて徹底的に論じることなくして、彼に関する学びを終えることはできまい。キリスト教徒やユダヤ教徒、イスラム教徒は、彼が唯一の神を二つ以上の名で呼んでいたから、あるいはおそらく複数の神々を信じていたからという理由で批判的にならなければならないのだろうか。それとも、臨終に際して、ヒンドゥー教の神の化身ラーマを呼んだから？　彼が私たちに教えようとしたことが何だったのか、ぜひ考えてみてほしい。

ガンジーの非暴力運動において、敵は自分自身の諸相を映し出す鏡であると見なされた。人はそれを単に拒絶するのではなく、むしろ向かい合い、取り入れる必要がある。おかしくも聞こえるが、敵とは、社会悪に対抗する協力者である。非暴力の戦士は、ユングの言う自らの影《シャドー》に逆らうのではなく、一緒になって不正との戦いに挑む。目標は他者を排除することではなく、友人に変えてしまうことなのだ。そしてこれは、他者の主義主張を譲歩させるための単なる策略などではない。ガンジーにとって、人は、喜んで自らを変え、道理に譲り、他者の親切に応え、譲歩して相互性を探り、他の誰かが否定したり見えずにいたりするような真実のために生きる結果として、悩み苦しまなければならないのである。

(Inchausti, 1991, p. 21)

人間の神への依存

ここまでに、一神教の信仰者にとっての主要な問題を三点取り上げてきた。神の沈黙と見えるもの、宗教的不寛容（第3章でさらに詳しく論じる）、そして、精神性の進歩という考え方についてである。これを論じるにあたっては、一神教のなしてきた偉大な貢献と、その恐ろしい害悪とを両方含むような、バランスの取れた議論が求められよう。最も重要なのは、この議論が好奇心と反省的思考に力を与えるものでなければならないということだ。

以上に加えて、もう一つの問題が持ち上がる。これは全ての宗教において、ある程度共有されていることである。古代ギリシャの時代から、人は自分たちがあくまで神々に依存した存在にほかならないという警告を受けてきた。ギリシャ悲劇の多くで、主人公は二つの価値観――大抵の場合、片方は人間愛や欲望、もう片方は神の意志に根ざしている――の狭間で解決不能の葛藤に揺れる。ここへ神々の一人が現れ、主人公を堕落させることによってその力を顕示する、というものが多いように見受けられる。エウリピデスは、『ヘカベ』において、人間的見地から構築された倫理に従う品行方正な人間の身に何が起こりうるかを手引きとして示している。（この悲劇をアリストテレスの思想と結びつけた精力的な議論は、ヌスバウムの論述を参照のこと（Nussbaum, 1986）。）この物語からは、少なくとも二つのメッセージがもたらされるだろう。一つは、人間の価値は脆弱であらざるをえないがゆえに、人間は神々への依存を認めなければならないということ、もう一つは、正反対に、創造と価値の維持の一切の責任を伴うリスクを、人間が受け入れなければならないということである。全ての宗教はこの一つ目のメッセージを採用し、どんなに優れた価値であっても、神々に支持されないならば、いずれ不確かであることが証明されるものだと主張してきたといえる。つまり、我々は自分たちより強く、確かな価値の源泉を必要としているのだと認めるよう呼びかけられているというのだ。向こう見ずにもそれを否定するならば、思い上がりという罪を犯すことになる。

　依存と服従の必要を説くメッセージは、キリスト教においてとりわけ強力に発せられる。再三再四、大人は「幼子のように」、福音書に述べられる神のメッセージを受け入れるよう求められていると考えるのである。R・C・ゼーナーは、『我らが残酷な神』において、その一章に「イスラーム」の題を冠するというところまで切り込んでいる（Zaehner, 1974）。この章は、宗教としてのイスラーム教とは何ら関係を持たない。イスラーム（Islam）という言葉は服従の意味を持っており、ゼーナーはこの服従を、キリスト教信仰の中心に見ているのだ。もちろん、服従という意味をめぐって反対が起こるという点で難しさはあるし、この問題を議論するにあたっては、相当程度の知的教養が求められるだろう。ここでキリスト教の実践とされるものの幅は広い。ある宗派では、実践的な解釈にまつわる事柄において知的議論を推奨するが、信仰の基礎となる教義については問わない。また別の宗派では、全てのことは予め規定されており、問うことそのものが罪であるとされる。そして、信仰する教義さえ議論の俎上に上げる宗派もわずかに存在する。しかし、服従そのものに異議が唱えられることはない。ギブソンはベルイマンの映画『ペルソナ』への解釈の中で、服従の瞬間について次のように述べている。

この瞬間は、神と人との完全なるコミュニケーションへの至高の接近である。人間には、確かにほんの一瞬ではあるが、しかしこの上なく重要なその一瞬のために、自分にふさわしい、あるいは自分にとって実り多い唯一の立場を認めて受け入れ、神の力の前にすっかり晒される用意ができているのである。

(Gibson, 1969, p. 143)

そうは言っても、神が私たちに何をすべきか教えてくれたり、わかりやすい人間的な記号でやりとりをしようと言ってくれたりするわけではないだろう。ギブソンはこの仮説から、ベルイマン映画の登場人物たちを繰り返し非難する。ギブソンによれば、神が「問いに答えたり人間の興味を満足させたりする者」あるいは「人間の欲求を満たす者」として接近することはありえない（p. 168）。神はむしろ、「完全なる受動性と同時に勇気ある能動性」を要求してくる。人間は、被造物としての自らの立場を受け入れるとともに、道徳的責任をも負わねばならない――「善戦できるよう前に進み続け、決して結果を確信してはならない。なぜなら、その結果のために貢献しなければならないのだから」(p. 167)。

ここで突き当たることになった困難の核心は、第3章でさらに徹底的に論じることにしよう。ギブソンが推奨している立場は、非常に恐ろしい結論にもつながりかねない。権威に絶対服従するという場合、人は権威が為せと言うことをするか、あるいは――権威が沈黙している場合には――服従していること自体が何がしかその行動の正しさを証明している、もしくは支持しているという仮説のもとで精力的に行動することになる。ギブソン流の神学においては、神は元来創造主であり、直接的な命令を下すことはしない。これは倫理的に危険なものにもなりうる。リクールが述べているように、「神がより明確に立法者になればなるほど、創造主としての神はより曖昧なものになる」（Recoeur, 1969）のであり、この逆もまた然りであろう。もちろんギブソンは、キリストの人生を倫理的な手本として取り上げているが、――異なる時代に、異なる肉体で、異なる文化を生きるとされる――キリストの人生についても説明が求められる。そして再び、創造主としての神の沈黙の問題が私たちを飲み込んでいく。

これとは対照的に、ユダヤ教は常に、立法者としての神というところに、かなり大きな強調を置く。自らは神を創造主と捉えながら、アブラハム・ノイマンは、古代イスラエルの宗教についてこう書いている。

> 人間が神の命令に心を留めている限り、神は自然の諸力を人間の指揮に委ねた。この命令は、正義、公正、道徳、神聖の実践の中に置かれている。人間がこれらの掟に従う限り、人生は信仰に篤く、揺るぎないものとなる。美徳は直ちに報われる。罪はたちまち罰を受ける。
>
> （Neuman, 1961, p. 14）

これが初期のユダヤ教である。ところが美徳が必ずしも報われないこと、罪が必ずしもこの人生で罰を受けないことがはっきりしてくるにつれ、裁きは来世で行われるに違いないと、不道徳への関心がいや増していった。しかし、何が徳で何が罪かはどうすれば確かめることができるのだろうか。ユダヤ教の生活において、儀式の果たす役割は極めて重要である。なぜなら、儀式は人々を神の普遍の命令へとつなげ、この命令が人々の決定に後ろ盾を与えているのだということを思い出させ、共同体の中で互いを結びつけるからである。しかし、解釈がなお不可欠であり、神の沈黙や神の不在は、ユダヤ教の思想家たちにとっても問題であった（Wiesel, 1960）。

もし形而上学的な問いにおいて神の性質が曖昧さを孕《はら》んでいるのだとすれば、立法者としての神も同様である。ユダヤ教の思想は、この困難に集中した。マルティン・ブーバーは聖書の多くの箇所に取り組んだが、神を倫理の与え手と見るために、神における執念深く邪悪な傾向を示す箇所にはとりわけ苦しめられることになった。例えば、「サムエル記 上」の第一五章を挙げてみよう。ここでサムエルは、サウルがアマレクの王であるアガグを殺さずにおいたことを厳しく責め立てる。（他の者は皆殺しにされている。）サムエルは、神に従うということは全員を殺すことだと主張する。アガグはサムエルの前に連れてこられると、暗に命乞いをして言う。「ああ、これで死の苦しみが去る」（一五章三二節）。サムエルの答えはこうである。「『お前の剣が女たちから子どもを奪ったように、お前の母も子を奪われた女となる。』こうしてサムエルは、ギルガルにおいて、主の前でアガグを切り殺した」（一五章三三節）。ブーバーには、神がそのような命令を下すなど受け入れることができなかった。そこで彼は、サムエルが神を誤解したに違いないと考えることにするのである（Friedman, 1991）。立法者としての神に注目すると、私たちは、このような葛藤に向かい合うことになる。神は時間の経過とともによりよく成長しているのだろうか。私たちのほうが、聞き方、理解の仕方をよりよく学ぶようになったのか。残酷で、一貫性がなく、嫉妬深い神を受け入れ、崇拝すべきなのだろうか。それとも、理解することも単純に従うこともできないということを、単に認めるべきなのだろうか。

従属や、子どものように純真な受容を要求するということは、教育者にとっても特別な問題を提起する。もし生徒たちの信仰している宗教が批判的なアプローチを推奨していないとしたら、私たちはどのように、A・N・ウィルソンが「気まずい質問」(Wilson, 1991)と呼ぶような問いを宗教に関して投げかけるよう彼らを励ませばよいだろうか。これに答えるのは容易なことではない。そうした質問は奨励しなければならないが、あくまでも疑いなき信仰を持つ人が嘲笑の対象になることがないよう守り、なおかつ信仰を持たない人の中にもより深い評価と理解を促すような、繊細で人道にかなった方法で進める必要があると思われる。もし教育が疑問を抱かない方向に進むナンセンスを許すなら、その名にふさわしいとはとてもいえないし、またそれが無神経で、スピリチュアルな教養のない懐疑主義を生み出すとしても、やはりその名に値しないだろう。

神々に対する人間の依存については、もう一つの特色にも触れておくほうがよい。人間は、倫理的導きを得るために神々に依存せざるをえないだけでなく、幸運も不運も神々のなすがままであるとする考えがある。これは多神論にとって、あるいは決定論的な一神教にとっても問題とはならない。なぜなら、いずれの立場とも、神々は実際の、もしくは見かけ上の悪を人間に被らせるということを事実として受け入れるからである。しかし、先に見てきたような、全き善の神を主張する一神教にとっては大問題である。この立場は、キリスト教の教えでもユダヤ教の教えでもますます増加している。

マクニール、モリソン、およびナウエンは、共著で次のように書いている。

我々はしばしば、苦しみを「神の意志」という言葉で「説明」する誘惑に駆られる。それは怒りや失望を引き起こしうるだけではなく、誤りでもある。「神の意志」は、不運な状況に貼りつけられるようなレッテルではない。神は、痛みではなく喜びを、争いではなく平和を、苦しみではなく癒しをもたらすことを望む。したがって、何もかもを神の意志であるなどと断言するのではなく、我々の痛みや苦しみの只中で、神という愛に溢れた存在をどこに認めることができるかを自らに進んで問わねばならない。

(McNeil, Morrison, & Nouwen, 1983, p. 40)

知性的な信仰者にとって、この見解は精神性の進歩を表していることになる。結局のところ、なぜ、慈悲と倫理観を持った最善の人間よりも不十分な神を崇拝しなければならないのだろうか。知性的な不信仰者にとって、問いは続いたままである。神が喜びや平和、癒しをもたらすのを望んでいるなど、どうして知り得るのだろう。我々の経験的な世界、特に聖書の記録の中の所与の証拠から愛のメッセージだけを選び出すことを、一体何が正当化するのだろうか。

悪の問題

こうした問いは、悪の問題に属している。何世紀にもわたって神学者たちを煩わせ続けてきたものだ。基本的な問いは、全き善にして全知全能の神によって創造され、動かされているはずの世界に悪が存在する理由をどのように説明すればよいか、というものである。キリスト教の神義論において、この問題を解くことは、悪の複雑性から神を救い出すことに等しい。伝統的な神義論は、人間が神から離れ、この世の物事に向かう傾向に悪の起源をたどる。アウグスティヌスの神義論は、そうした結果を避け難く正当なものだと認めている。アウグスティヌスにとって、人生における苦しみも地獄の苦しみも、完全なる世界においては必然のものである。なぜなら道徳的な悪は、神の審判によって均衡を保たれなければならないからである。アウグスティヌスや、彼に続く多くの哲学者や神学者が──偉大な数学者であるライプニッツさえも──「神の決定が、大多数の人間の魂を永遠の断罪に苦しませるという知」（Noddings, 1989, p. 19）を受け入れている。伝統的な神義論におけるさらに楽天的な見方では、人間の堕落（アウグスティヌスに従えば、これが後に起こる全てを正当化することになる）を「必要な罪であり幸福な過失」と見なす。このように見る時、我々が苦しむ悪はやはり正当とされているが、今度はさらに我々自身の成熟が目指されている。エデンからの追放以後、我々は知的にも道徳的にも発達することを追い求め、学ぶよう突きつけられているというのである（Hick, 1966）。伝統的な神義論では、明らかな悪であっても、一切悪とは見ない（あくまで我々人間の近視眼が作り出した絵空事）か、長い目で見た時の我々自身の善に必要なものと見なすよう強いられることになる。とりわけ、アウグスティヌス的な見方が及ぼした弊害は大きかった。リクールは次のように述べている。

キリスト教の数世紀の間に魂に対してなされた損害は、第一に、アダムの物語を字義通りに解釈したことによって、そして、主にアウグスティヌス派が後の解釈においてこの神話を歴史として扱うという混同を起こしたことによってもたらされたが、それは決して語っても語り尽くされることはないだろう。

(Ricoeur, 1969, p. 239)

現代でも、桁外れの人気作品を生み出している多くの作家たちが、苦難に対する伝統的な見方をとっている。例えばC・S・ルイスは、妻の癌《がん》の苦しみをこのように説明しようとした。

しかし、これほど極端な責め苦が我々に必要であるなど信じられるだろうか。さあ、好きなほうを選ぶがよい。責め苦は起こる。もし、それが必要のないものなら、神は存在しないか、あるいは悪の神がいるということになる。もし、善の神がおられるのだとすれば、それなら、こうした責め苦は必然となるだろう。なぜなら、少しでも善なる存在であれば、必要でない責め苦を与えたり、黙認したりなさりようはずがないからである。

(Lewis, 1976, p. 50)

人生が魂を形成するものであるとする考え方は、なおも多くの人によって支持されているのである。しかし、別の選択肢も存在する。プロセス神学の神学者たちは、少なくとも二つの選択肢を差し出している。一つは、古代ヘブライ人や、現代でもユダヤ人の多くが考えているように、善悪のいずれも神に帰すというもの、そしてもう一つは、神の全能性に関する主張を和らげるというものである。とりわけ、神が創造物に自由意志を与えることと、被造物を全ての害から守るということを同時に行うということは、論理的に不可能であるといえる。クシュナーが『善良なる人に災いが起きる時』で書いているように、微々たることも、大そうなことも、出来事はただ起きているだけである（Kushner, 1981）。神が全てを統制することはできない。クシュナーは、なぜ善良な人に災いが起きるのかという問いに対し、説明を試みるよりも、応答を考えるように勧めている。彼は次のように述べる。

その応答は、マクリーシュ版の聖書物語でヨブが出した答えのようになるだろう。それは、世界が完全ではないことを許し、神がより善い世界をお創りにならなかったことを許し、周りの人々に手を差し伸べ、全てを物ともせず生き続ける、ということである。（Kushner, 1981, p. 147）

このような観点から見れば、人は痛みや悲しみの時にもなお神から助けを得ることができるだろう。ただしその助けは、「なぜ」という問いへの答えや、悲しみからの解放として訪れるわけではない。そこで与えられるのは、生きるための、そして互いによりうまくやっていくための強さなのである。それなら、と思慮深い不信仰者は尋ねるだろう。なぜ、我々は初めからそのようにできないのか。神の唯一の答えが、互いに向き合えということだけなら、一体なぜ神に煩わされるのか、と。信仰者はこう応じるだろう。なぜなら、神は実在しており、我々は課題を遂行するために神が与えてくださる強さを必要とするからである。そして、神は共同体の中心と儀式の中心をなし、そのいずれにおいても我々を互いに結びつけるのだ、と。悪の問題に取り組む中で、知性的な信仰者と不信仰者とは、あらゆる問題において最も接近し、また同時に袂を分かつ。

プロセス神学におけるもう一つの選択肢は、神は全き善であるという仮定を放棄するというものである。この選択肢は、神の全能性を諦めるという立場ほど現代的な精神には魅力的に映らないが、聖書上の記録にも明白な歴史を持つものである。モーセ五書の神を全き善と見なすには、論理的に説得力のある方法が存在しないのだ。この神は、先のゼーナーの言う残酷な神であり、強力で、嫉妬深く、非合理ないじめをする神である。カール・ユングは、『ヨブへの答え』において、神自身の道徳的な成長という魅力的な説明を示している（Jung, 1973）。まず基本としてユングは、男性の神がその全知を操るには、女性的な知恵であるソフィアが加えられることを必要とすると断言する。また、神の暗黒面を人間が抱く神のヴィジョンに統合することも推奨している。人は意識的にも無意識的にも、自分の思い描く神を模倣しているがゆえに、こうした統合が自己理解に大きく貢献するというのである。ユングの分析については、以下の多神教に関する節にて、またフェミニズムと宗教について扱う第4章でも、さらに触れることにしたい。

これまでの一神教に関する簡単な議論において、中高生が心に留めておくべきいくつかの問題を明らかにしてきた。神の沈黙、精神性の進歩という考え、一神教にまつわる宗教的不寛容、服従の要請、そして悪の問題である。立法者としての神については、倫理について扱う第7章においてもう少し述べることになるだろう。付け加えておくと、生徒たちが自らに問うてみるよう励まされるべき基本的な問いは確かに存在するが、だからといって、それを人前で話し合うことを強制すべきではない。代わりに、そうした問いを探求する別の声を聞かせるのがよいだろう。私の崇める神は、全知全能かつ全き善でなければならないのだろうか。政治的な議題が、完全性としての父なる神という表現と結びつくことはないのだろうか。善意ではあるが不完全な神と聞いて、私はどんなふうに感じるだろうか。

母なる神と聞いたら、どう思うだろうか。

教師たちがこうした問題を神学的または哲学的に洗練された方法で扱うことは期待すべきでない。そのような期待は現実的でないし、もし何らかの奇跡で実現したとしても、引き起こされる体験は、破壊的なものにもなりえるだろう。その体験から生命力が全て搾り取られてしまうことさえあるかもしれない。生徒たちも教師たちも、個人やその集団の自己理解のために必要なだけ、これらの問題を深めればよい。映画や文学、解説書などから始めることもできよう。また生徒たちは、ヨブ記を読む機会を持つとよい。これは間違いなく、歴史上最も偉大な文学的偉業の一つである。また、クシュナーの解釈を読むのもよいし、解説書の助けを借りながら、ユングの解釈の一部と、それが精神性の進歩にとって意味するものを教師から伝えるのもよいだろう。

二元論

二元論では、善と悪の力がこの宇宙で戦っていると仮定する。そうした見方で最も有名なものの一つが、ゾロアスター教だろう。そこでは、アフラ・マズダーとアーリマンが絶え間ない抗争を繰り広げていると考えられている。多神論の変型として、二元論は両方の力を崇拝する（少なくとも慰める）ことを認める。一神教の変型として、二元論は悪に対する責任から神を解放し、争いにおいて善が勝つように神に手を貸すことを人間の側に要求する。ローマ・カトリック教会を含む多くのキリスト教神学では、二元論を異端と見なす。二元論では神の全能性が否定されるからである。また、アウグスティヌスが明確に考えていたように、悪を神の地位に位置づけることによって、人間は自分たち自身が生み出している悪を無視することができるようになってしまうというのである。しかし、二元論にも魅力的な面がある。アウグスティヌスが世界の苦しみを人間存在に帰したという点であまりに行きすぎているのに対し、悪が少なくとも我々の存在に先行する容態であるという考え方は、罪から悪を引き離す助けになってくれる。

現代では、プロテスタント派の中に二元論の形式が見て取れる。魂をめぐる争いにおいて、悪魔が実在の力として認められているのである。精神医学者M・スコット・ペックの著作は多くの人に知られているが、彼は二元論を認め、次のように述べている。

このモデルに従えば、人間（そしておそらくこの宇宙全体）は、善悪の力の間の、神と悪魔の間の巨大な戦いの中に閉じ込められていることになる。この戦いの舞台は、人間個人の魂である。本当に重要な問いは、個人の魂が神に取られるか、悪魔に取られるかということだけなのである。

(Peck, 1983, p. 37)

悪魔との契約というモチーフは、一神教にも二元論にも見られるが、その宇宙的な結末が問題にされているのは二元論のみである。ペックは、自らの治療実践中に生じたあるケースで問題となっていることについて次のように書いている。

この契約を通して悪魔との関係を築いたことで、ジョージは最も危険と知られている状態に自らの魂を置くことになった。それは明らかに、彼の人生における決定的な瞬間であった。そしておそらく、人間の全ての運命が、彼の決断めがけて襲いかかったのだろう。天使の聖歌隊と悪魔の大軍とが彼を見つめ、彼のどの思考にもしがみついて離れず、あれやこれやの結果を絶え間なく祈り続けた。

(Peck, 1983, pp. 37-38)

こうした立場は、多くの原理主義の形態の中でも突出したものである。これについて話し合うことは重要だ。というのも、今日、アメリカの人口のおそらく半数以上が悪魔を——理神論者が神を創造主と見るように、それを悪に向かう非個人的な力として見るだけでなく——人生に影響を与えうる個人的な存在として信じているからである。教養ある人々の多くはこうした見方を嘲笑するので、教育環境でそのような類のことを聞くことはめったにない。しかし、スコット・ペックの著作を見れば、高い教養のある、思索の豊かな、慈悲深い専門家が、人間存在は神とも悪魔とも意思疎通できると信じている例を目にすることができよう。

二元論に言及する第二の理由は、それが神学上の大問題を解決してくれるからである。神の対極に悪の力を措定することによって、神は悪に対する責任から解放されることになる。全ての悪は悪の力に由来し、全ての善は神に由来する。先に触れたプロセス神学は、この方向に精巧な展開を遂げている。一神教を保持しながら、一元論を放棄するのである。プロセス神学では、神から独立した創造的な力を措定し、その力による無秩序な創造が、神によって形作られ、秩序づけられるとする。この力は存在ではないがゆえに、神は依然として唯一の至高の存在である。ただし、創造的な力は宇宙の隅から隅まで配分されており、神は力の宿った存在を一方的に支配するわけではない。デヴィッド・グリフィンは次のように書いている。

にもかかわらず、個々人の多元性がこれまでもこれからも常に存在するという意味において、それは多元論である。我々の世界は――まるで昔々、あるいは「時以前」には、神のみしか存在しなかったかのような――絶対無からではなく、有限の出来事の混沌から創造されたのである。

(Griffin, 1991, p. 23)

こうして悪魔的なもの（デーモン、デビル、サタン）は、真に力が存在するところであればどこでも、その力の善用と悪用の能力が存在するがゆえに、善とともに正しく発展する。この体系では、神の絶対善が明らかに必要不可欠である。完全なる善から発した神こそが、悪の能力の行使に抵抗する。

二元論について論じる第三の理由は、悪魔との契約によって力を得るというテーマが、文学において顕著であるという点だ。ブレイク、ゲーテ、ニーチェはいずれも、人間がそれぞれの悪魔を理解し、共に何かを行うことによって、より力を持ち、より善くなることがありうると示唆している。例えばウィリアム・バレットは次のように書いている。

ブレイク同様、ゲーテも、悪魔という伝統的な象徴に含まれる多義的な力を十分によく知っていた。ニーチェの背徳主義も、さらに強烈な形で描かれてはいるものの、ゲーテの論点を練り上げたものにほかならない。すなわち、人間は自らの悪魔を組み入れなければならない、あるいは彼が書いたように、人間はより善く、またより悪くならなければならない、なぜならば、木はその根を深く下ろすほどに大きく育つから、ということである。

(Barrett, 1962, p. 190)

ブレイク、ゲーテ、ニーチェの三人は、善を為すのに必要な力を得るためには悪が為されなければならないという事実を受け入れることによって、人間がより善いものになることができる可能性を真剣に考えていた。悪の力との契約のような非常に強烈な思い切りによってのみ、また生来の力および契約そのものを通して、人はなおさら逞しく、力強くなる。そして、そのような力を持った人々こそが、意義深い善を達成すべく行動することができるというのである。なんと魅力的で危うい考え方であろうか！

さて、これほども複雑で詳細に入る筋道を、中高生と共有すべきなのだろうか。確かなことは言えない。しかし、少なくとも時には必要なのではないだろうか。彼らには、神学の複雑さに気づく感覚を何がしか身につけてほしいと願うからである。（明らかに、大半の生徒は、こうしたことを説教ではほとんど聞かないだろう。）これが、そのような理解を促進させるのに適切な話題なのかどうかという問いは、ここでは開いておくことにしたい。おそらくこの議論において、生徒たちに最も重要なのは、厳密な一神教では何かを差し出さなければならないのだという知識だろう。ユングの述べる方向に進んで、悪を神自身の中に統合するか、それとも、二元論か多神教を認めるか。後者は数学的に正しく見えるが、前者は、我々自身の人生をよりうまく扱えるように悪が手を貸してくれるのだという道徳律を与えてくれる。自分たちの親、国家、宗教、神、そして自分自身の中に善と悪の両方を認めるということは、心理学的にも知性的にも健康な動きであるのかもしれない。

多神論

多神論は、ギリシャ神話、ローマ神話、北欧神話を通して中高生にも馴染みあるものだが、多くの場合は迷信や原始的思考、異教と関連づけられている。多神論的な思考が洗練された考え方であることが認められたとしても、厳密な一神教をこそ「精神性の進歩」（Freud, 1939）と見なしたいという誘惑は残る。一神教が実際、学術的な進歩そのものを生み出してきたのは確かであり、唯一神の存在や性質をめぐる、またそのような一者性が存在に関する他の多くの問題にとって何を意味するかをめぐる膨大な思索の蔵書を有する。しかし、そうした思索が――抽象的に最も優れたものであったとしても――必ずしも精神性の進歩を表すとは限らない。

ギリシャの多神教には、どこか直接的で魅力的なものがある。ヘイゼル・バーンズは、ギリシャの神々が擬人的であり、なおかつ「自然の諸力の人格化」でもあると述べている（Barnes, 1974, p. 100）。そのように世界が見られ、精霊の言葉で描かれ、神々は人間と同じように移り気で騒がしい。さらに、神々はしばしば人間の問題に関心を抱き、味方をしたり、指導者や擁護者として振る舞ったりもする。論理的な観点から見て一番良いのは、神々が善と悪両方の源とされていることであり、それならば手の込んだ神義論は必要ない。これについて、バーンズは次のようなニーチェの論を引用している。ギリシャの神々は、「人間の生を、神々自身がそれを生きることによって肯定した――満足のいく唯一の神義論が発明されたのである」と（p. 97; Nietsche, 1956, p. 30）。

ウィリアム・ジェイムズは、神義論に対する多元論の優位を明確に見ている。悪の問題への解決策がなおも厳密な一神教的思考に見出されうる可能性をも認めながら、ジェイムズは次のように述べている。

> ここでパラドックスから逃れる唯一の明らかな方法は、一元論的な仮定とすっかり手を切って、世界が初めから多元的な形で、絶対的な一元の事実というよりはむしろ、事物や原理の高きものと低きものとの総合ないし集合として存在していたことを認めることである。
>
> (James, 1902/1958, p. 115)

ジェイムズは、多元論——ある種の多神論——こそ、人間的であり、かつ論理的にも満足のいくものであると考えた。彼は次のように述べている。

> 宗教の実際的な欲求や経験は、個々人を越えたところに、個々人とは切り離せない仕方で、各個人にもその理想にも親しみ深いような、より大いなる力が存在する、という信念によって十分に満たされるように思われる。そのことが必要とするのは、その力は、我々の意識的自己とは別の、より大きなものでなければならないということのみである。より大きければどんなものでも用をなすだろう。無限でなくてもよいし、唯一である必要もない。あるいは単に、より大きくて、よ

り神のような自己にすぎないものでさえあるかもしれない。そうなると、現在の自己とは、その大いなる自己の不完全な表現でしかなく、宇宙とは、ことによると、そのような自己の集積であって、［…］そこにおいて絶対的統一など一切実現されていないのかもしれない。こうして、ある種の多神論が再び我々の前に戻ってくるだろう。
(James, 1902/1958, p. 396)

ジェイムズは、多神論に対する一神論からのありがちな反論として、「万物を含む唯一神が存在しなければ、我々の安全の保証は不完全なままになる」というものがあると指摘している (p. 396)。しかし彼は、物質界における偶然性と乱雑性を進んで受け入れるように、大抵の人は「救済の見込み」があるだけでも喜んで同意するに違いないと考える。この本の終わりに約束した通りに、ジェイムズがこの問題をこの後さらに追求してくれることはなかったが、それは他の思想家たちが必ずや果たしてくれることだろう。もしかすると、私たちが様々な神々――善と良心の神や、気まぐれな神――に翻弄された時に失われるのは、人間の倫理的生活の中で作り上げられたものなのかもしれない。

多神論がスピリチュアルな面で満足のいくものと感じるかいなかはさておき、現代的な観点からは極めて論理的だと見るべきではないだろうか。第1章で指摘したように、数学的には、宇宙はおそらく「多」である――「一」ではない (Rucker, 1982)。私たちは、論理的には多神論者にさえなりうるだろう。つまり、神々のいる完全なるメタ宇宙が存在すること、それが我々の住む知覚可能な宇宙を作ったということ、そして、それは個人としての我々の人生には何ら関わりを持たないということは、信じるに足るはずである。コンピューター科学を学ぶ生徒ならば、こうした可能性に関する議論にきっと好奇心をそそられるに違いない（Hofstadter, 1979; 1985）。

多神論の提唱者は、このように主張するかもしれない。なぜたった一人の、独りぼっちの神を仮定するのか。なぜ、神々の世界全体ではいけないのか。神々は我々を見守っているかもしれないが、おそらく――人間の親がそうであるように――ある者は他よりも愛情深く、ある者は知的で、ある者は注意深いといった具合なのだろう、と。ジェイムズも書いていたように、この可能性は確かに私たちの安全性を揺さぶる。しかし、慈しみの心も引き起こすはずだ。ネグレクトを受けた子どもたちに手を差し伸べるように、神々に見捨てられた者がいれば私たちは手を差し伸べるだろう。神様に、気まぐれな神々の仲裁に入るよう嘆願することさえあるかもしれない。

その相当な論理的強度に加えて、多神論は、各個人や集団に、自分たち独自の神あるいは複数の神を見つけることを許容する。先に見たように、宗教的不寛容はほとんどの場合、一神教の産物である。もし人が自由に多神論を深く探求できるなら、私たちはまさしく精神性の進歩を見出すことになるだろう――その進歩とはすなわち、全ての個人にスピリチュアルな領域と意味深いつながりを作る、より大きな包容力である。

おそらく、現代的な多神論的思想への一番の近道はフェミニスト文学に見出されると思われるが、これについては、宗教とフェミニズムについて扱う第４章で詳しく触れることにしたい。ここでは、唯一神――包括的であることを標榜する手段――を打ち立てると、ほとんど常に排除が加速するということだけを見ておきたい。「唯一神」は、それを信じる集団にとっては明らかに好ましい表現だが、他の人はその見知らぬ神を崇めるか、あるいはその結果を被らなければならない。女性からすれば、ユダヤ教やキリスト教の男性の神は、長らく服従と無力を象徴してきたものである（Daly, 1974）。デイビット・キンズリーも、ユダヤ教とキリスト教の伝統に内在する強い男性的傾向に言及している。

この伝統における神は、実際に性的同一性を帰してもよいような人格ではない、などとどんなに熱心に主張しようとも、ユダヤ－キリスト教の神の概念は、男性的なイメージと役割の方向で強硬に折り合いがつけられている。好むと好まざるとにかかわらず、ユダヤ－キリスト教の神は何世紀もの間、男性の人物としてイメージされ、男性の役割をあてがわれ、ひたすら「彼」、「父」、「王」と呼ばれてきたのである。（Kinsley, 1989, p. 262）

我々と話のできる神々を概念化し、描写していくことこそ、女性が今奪還したいと願っている力にほかならない（Stone, 1976）。もちろん、多神論が宗教的自由へと至る唯一の道であるなどと主張する必要はないし、歴史上、多神教が示してきた残酷さについても議論に含めるべきだろう。しかし、生徒たちがその可能性を探求する機会は持ったほうがよい。

かつては、生徒全員を、文学として神話に触れさせていたものだった。こうして触れておかなければ、多くの芸術や音楽、演劇、文学の内容は理解できないだろう、と。つまり、神話を組み込む一般的な根拠は知的な観点からのものだった。神話のスピリチュアルな次元を真剣に扱うことはめったになかったのである。この問題についても第４章で詳しく触れることになるが、ここでは、二点だけ論じておいたほうがよいだろう。一点目は、元型に関する研究を経由すれば、多神教的な神話が自己の理解にも寄与するかもしれないということ、二点目は、神を多元論的に捉えるという見方が、人生を悲劇と見る観点をたやすくすることで、集合レベルでの自己理解にも寄与するかもしれないということである。神話を勉強する際には、ユング派の心理学をいくらか紹介することができるだろう。元型という概念を、何もユングが便宜上定義した通りに受け入れる必要はない。誰しもの中に働いているように思われる心的な力に、議論の焦点を絞ればよいだろう。これについてユングは次のように述べている。

> つまるところ、それらは、いわゆる常識によって推測できるようなものとはかなり別の深みにまで到達しており、ほとんどの場合、心的出来事のアプリオリな普遍的条件として、昔から神の姿に表現を見出してきたような尊厳を要求するのである。
>
> (Jung, 1940/1969, para. 280)

ユングにおいて、神は心的現実とされる。つまり、神は集合的無意識の中に住まっており、数々の神のイメージは、元型的な力と、それらが生み出された文化的生活の双方を反映しているというのである。こうした考えは、特定の型が時代を越えて神話や文学に繰り返し現れることを説明してくれる。例えば、力強い父親、英雄、教母、純潔の乙女、魔女、人喰い鬼、長男と末っ子などである。動物や自然現象は象徴的な意味を帯び、英雄の旅といったテーマが何度も繰り返し現れるのだ。

ユングの説が正しければ、一神教への移行は精神性の進歩の証とはいえないことになる。それは単に知的な願望や政治的権力の希求を反映したものにすぎないのかもしれない。そのような中では、心の多くの要素が失われるか、あるいは不健康に凝り固まってしまう。その神の描写に影響を与えているのは、優位を占める集団に見られる理想の集合体である。ユダヤ教でもキリスト教でも、多くの場合は、神の姿に似せて「人《マン》〔男性〕」が創られたとされる。しかし、ヴォルテールが述べたように、「神が御自身の姿に似せて我々を創りたもうたとしたら、我々はそれに応えすぎてきた」。神のイメージ通りに「人〔男性〕」が創られたという表現は、その観念から影の側面を故意に抹消している。男性たちがそうする権力を握ってきたゆえに、彼らの観念も女性的なものを除外し、女性的属性は、本質的に男性的な神にほんのわずかに与えられたにすぎなかったのである。

多神論を注意深く——文学と論理の両方の観点から——検討すると、発達課題と心の欲求とが、一神教におけるよりもうまく、より包括的に描かれていることがわかる。女性や、相対的に力を持たない者たちも、自分たちの経験に相当するイメージやモデル、物語を見つけることができる。だからと言って、歴史上の多神教に回帰すれば女性や少数派の主張が一歩先へ進むというわけではもちろんない！　古代アテネの女性ほど抑圧された状況は思い当たらないのだから。しかし、多神論的な思想を読むことに開かれていれば、個人の成長への洞察が生まれる。その時、一神教において見落とされてきたものが見え始めることだろう。

多神論のもう一つの利点は、完全に人間の肩にかかっていた罪悪感の重荷を解放してくれる点である。多神論的（あるいは二元論的な）神概念は、神々の中に善悪のいずれをも位置づける。したがって、悪は人間存在に先立ち、我々の生まれた宇宙の一部にほかならない。もちろん、人間は選択をしていく中で、故意にか不注意にか誤ったほうを選ぶことがあるが、この観点からすれば、悪は人間の選択によって引き起こされているわけではないことになる。それは選ばれた要素であり、引き継がれた要素であるにすぎない。リクールはこの観点から、「悪は、必ずしもそれが何らかの仕方ですでにそこにあるために始まるのではない。それは選択であり、かつ遺産である」と述べている（Ricoeur, 1969, p. 300）。悪が避けられないような選択に直面することもあるし、不運に圧倒されて自分の最も善い面を発動できないこともある。女性的な観点から倫理を見れば、我々が自分の倫理的な宿命を完全には統制できないと認めるということは、神々の決めた特定の処方箋に頼るべきだということではなく、我々が互いにより助け合い、支え合うべきだということを意味する（Noddings, 1984）。相争う関心、多様な能力、異なる理想を抱える神々の共同体について考えることによって、その共同体に秩序と安全をもたらす超越神を求めるか、おそらく完璧とは程遠いとしても、同じ目的を達成するであろう人間同士の相互作用の過程を求めるかのいずれかに導かれるだろう。人生を悲劇と見る観点を認めれば、我々に降りかかる説明不能な悪だけでなく、自ら関与してしまうような悪にも、何らかの共鳴を覚えることができる。道徳的な悪を黙認することなく、それが起きる状況を理解したり、元となる条件を取り除く、あるいは避ける手助けをしたりと努めることもできるだろう。

もちろんそのような姿勢は、一神教的な思考においても可能なのは明らかである。ユダヤ教思想にも、ウナムーノのようなキリスト教作家にも、ジェイムズのような哲学者にも、アーサー・ミラーのような劇作家にも、ハーディやフロストのような詩人にも、こうしたものをしばしば見出すことができる。バランスのとれた提示の仕方であれば、一神論と多神論の共通性も、それぞれの独自性も同じく示すよう留意されているものだ。

現代の多神論的思想は、自然宗教への関心の高まりにも現れている。自然宗教の最も美しく、最も力強いあり方の一つが、アメリカ原住民の伝統に見出されるだろう。彼らの実践は多文化教育の一環として勉強することができるし、環境の調和を強調するあたりは、環境衛生に深い関心を抱く多くの若者の心に訴えるに違いない。キャサリン・アルバネーゼは次のように書いている。

> 今日、我々が環境学的な観点と呼ぶようなものの大半は、いともたやすく——さりげない形で——伝統的な部族の中に生じていたものである。典型的なところでは、動物や植物の守護霊に対して、狩猟での殺害や野菜の収穫を詫びたということが挙げられる。彼らは儀式的な方法で方角に注意を払い、その存在と力の全てに関連する場所に自らの身を置くことによって、文字通り存在を方向づけた。
>
> （Albanese, 1991, pp. 23-24）

部族の人々の間では、「太陽、月、火、水、雪、大地、鹿、熊［…］」の中に神性が見出され、「四方位の神、女神、童神、家の神も同様に存在した」（p. 29）。植民地時代のアメリカ原住民にとって、世界とは精霊の世界であった。キリスト教への改宗に抗して、あるアメリカ原住民が宣教師ジョン・エリオットにこう尋ねたという。「なぜ動物が人間のように魂を持たないというんです、人間と同じように愛も怒りも持っているのに？」と（p. 30）。

ニューエイジの思想も、いくつかの面でアメリカ原住民と信仰を共有しているが、無節操と言わざるをえないケースも多々見られる。『ドゥーンズベリー』[*5]の中でも揶揄《やゆ》されており、批評記事でも激しい攻撃を受けているが、その開放性、自然への関心、慣例的な決めつけのなさに、人々は引き寄せられる。意識と姿勢が第一で、行動は二の次。そこでは各々が満足のいく行動様式を見つけなければならず、――正しい意識さえ持っていれば――その行動様式もまた正しいであろうという確信があるようだ。物質的なものよりもスピリチュアルな生活を強調する仕方は、伝統宗教が物質主義と政治の世界の産物であると感じる多くの人々にとって魅力的に映るのだろう。しかし批評家たちは、まさにその行動の欠如を弱さとして、世界の真の問題に対する――解決ではなく――逃避として指摘する。さらに、ニューエイジの伝統宗教批判はしばしば表面的なものであり、本書で奨励しようとしている知性を欠いていることも多い。

では、中高生はここで何を知っておく必要があるだろうか。まず、彼らはおそらく、スピリチュアルな希求が普遍的なものであること、神秘的な体験が絶えず求められ、しばしば説得力のある報告がなされてきたことを学ぶべきだろう。神秘主義を探求するのに、キリスト教も、ユダヤ教も、イスラム教も捨てる必要はないし、むしろ伝統宗教の中の原典に目を向けるのもよい。第二に、どの宗教も研究と修練とを要求しているということを知るべきだろう。東洋の宗教からやり方だけとってくる――「オーム」と唱えながら歩き回るなど――ことはできるかもしれないが、それでは宗教を実践しているとも、ましてやその実践に敬意を払っているとも認めるわけにはいかないだろう。アメリカ原住民の儀式を適切に真似るにも、かなりの勉強が必要である。知性的な信仰者になるためには、宗教の長所も短所も、見識もナンセンスも、政治的なものもスピリチュアルなものも、同じだけ知る必要があるのだ。第三に、生徒たちは、自分が何らかのキーワードによって活動に引きつけられてしまう可能性があることを理解できるようになるべきだ。現代若者を引きつける有名なものに、エコロジー、平和、調和などがあるだろう。これらの概念は美しいかもしれないが、その集団はそれを達成することによってどうすることを提案しているのかを知る必要があるし、伝統的な集団のどれもがその成果に反対していると決めつけるべきでもない。

本章のまとめとして、新しい多神論に関するジェイムズの発言を再度考えてみたい。ジェイムズは（『宗教的経験の諸相』の終わりに）、現在の自己が「その大いなる自己の不完全な表現に」すぎないような、より善い、神のような自己の集合した世界について短く構想していた（James, 1902/1958, p. 396）。そうした神の概念とよく似たものを、ジョン・デューイが一歩進めて次のように述べている。

「神」とは、所与の時間と場所において、人間の意志と感情に対して権威を持つと認められた理想的な極致を意味する。人が想像力を通して、そのような極致まで最大限に献身する諸価値は、統一の様相を帯びる。

(Dewey, 1934, p. 42)

こうした神の概念は魅力的に映るだろうか。それとも、伝統的な定義からあまりに遠く、神を現前させたいという願いからあまりに離れているために、棄却すべきものなのだろうか。シドニー・フックは次のように問いかける。

それでは、ヒューマニズムの宗教が、道徳的な企てとしてのそうした概念に「神」の語を使うことは正当と見なされるのだろうか。ジョン・デューイなら、この問いに首肯するだろう。私は否定的である。読者のそれぞれが、自分自身で答えを出さなければならない。(Hook, 1961, p. 141)

もちろん、これこそがまさに、私たち教師が生徒たちに託さなければならないことであろう。

第3章　所属すること

宗教を選択するか、あるいは拒否するかの根拠となるのは、実存的な問いや形而上学的な問いに対する関心だけではない。宗教的な組織や団体への入信は、至高の存在に対する信仰のみならず、関連する一連の考え方にも左右される。例えば、宗教こそがこの世の善にとって重要な力であると信じるがゆえに宗教組織の一員になる人もいれば、宗教は悪であり、人間は宗教なしで生きることを学ばなければならないと信じる人もいる。さらに、ある（あるいは複数の）至高の存在は信じているが、宗教組織では説得力がない、もしくは自分のスピリチュアルな欲求を満たすに十分でないと感じる人もいる。しかし大多数の人が、意義深いと信じる団体の一員であることを心から願い、この団体から承認と友好的な関係を得ることを求めているのではないだろうか。知性的な信仰者は、公的な宗教団体に参加するかどうか、またはこのまま入信を続けるかどうかを決断しなければならないし、時には知性的な不信仰者が、教義的な信仰を共有していないにも関わらず何らかの宗教団体に加わることもある。以下に本章で論じる題材の多くは、社会科のカリキュラムに含めることができるだろう。

所属することと所属しないこと

宗教に所属しているからといって、それが必ずしもとことんまで考え抜いたり、その宗教が教えるものを信じるようになったりした意識的な結論であるとは限らない。ジェローム・ナサンソンは、次のように指摘している。

> 習慣から、あるいは親や家族の伝統を重んじるゆえに教会に参加するという人は多い。世間体というバッジを身につけるため、あるいは善い人物であるという証明を得るためという人もいるだろう。実業家や専門家の場合には、教会や寺院で持つ「接点」を大切にしていることも多い。その共同体の価値観を満たしていれば、自分たちの仕事に役立つのである。親たちの中には、その集団にいる他の人たちと同じことができるように、「ふさわしい」人々と交際できるように、立派で道徳的な配偶者と良い結婚ができるように、子どもが「所属する」ことを願う人もいる。
>
> (Nathanson, 1963, p. 213)

教会に参加する理由がそのようなものであったとしても、必ずしも知性的でないとはいえない。実際、それらが実用的で役に立つ知恵を示していることは多い。しかし、そこに示唆されるのは、私たちの教育の試みで奨励したいと願っている反省的な知性とは異なるものだ。どうやら、十二分な人間になるためには、自分の位置づけられた共同体に参入しなければならないらしい。パウル・ティリッヒによれば、世界が調停されるのは、まさにこうした共同体への参加があってこそである。

したがって、部分として存在する勇気を持つ人は、自らを参加する共同体の一部として肯定する勇気を持つ。その自己肯定は、その人の属する社会を構成する社会集団の自己肯定の一部である。

(Tillich, 1952, p. 91)

もちろん、所属への欲求そのものは、宗教以外の集団に参加することによっても満たすことはできる。しかしながら、時代や場所を問わず、ほかならぬ宗教的肯定こそが、一般的に受け入れられるための要件であった。つい最近も、元大統領のリチャード・ニクソンが、信仰を持たないと告白する人がアメリカの大統領に選出されるのはおそらく不可能であると述べている。つまり、信仰こそが政治的に受容されるかいなかの試金石であり、信仰を示す最も容易な――対話する必要も自ら内省する必要もない――方法が、教会やユダヤ教会に参加するということなのである。

そのように考えるならば、宗教は個人的レベルでも社会的レベルでも重要な意味を持つことになる。個人的レベルにおいて、宗教とは、人間と神とのつながりを表すものである。つまり、形而上学的かつ実存的な最も深い問題に取り組む領域ということになろう。日本の哲学者、西田幾多郎は次のように述べている。

世には往々何故に宗教が必要であるかなど尋ねる人がある。しかしかくの如き問は何故に生きる必要があるかというと同一である。宗教は己の生命を離れて存するのではない、その要求は生命其者の要求である。かかる問を発するのは自己の生涯の真面目ならざるを示すものである。真摯に考え真摯に生きんと欲する者は必ず熱烈なる宗教的要求を感ぜずにはいられないのである。[*1]

(Nishida, 1911/1990, p. 152)

しかし、組織への入信を求める心もまた、意味の探求と少なくとも同程度に強いものである。A・N・ウィルソンは、宗教への「反発」について書いた短い論考で、次のように書いている。

信仰者は、真実よりももっと口当たりの好い、魅力的なものを求めている。それは愛されているという感覚だ――「罪を許され、病を癒され、命を贖《あがな》われ、慈しみを授けられる者よ、主をほめたたえよ[*2]」と。

(Wilson, 1991, p. 28)

人によっては、宗教的な伝統を持つ家庭に生まれ、単にそのままそこにとどまっているだけであるのかもしれない。それが、宗教的または社会的な欲求のいずれかを、あるいは――ウィルソンの引用に示唆されているように――その両方を満足させるからである。他者に愛されたいとか、少なくとも受け入れられたいという欲求は満たされるだろうし、また超越的な愛を求める思いをも満足させられるのだろう。こうした欲求はいずれも、反省的に検証しうるものだし、多くの若者にとっては、学校という環境こそが、そうした問題を十分な深さと繊細さをもって熟慮しうる唯一の場所である。ここで深く考えた一つの成果として、自己認識があるだろう。もしそれがあれば、歴史上、組織への盲目的な忠誠心が引き起こしてきた多くの脅威は回避することができたはずだ。

人はなぜ、宗教運動や様々な政治運動に加わるのだろうか。もしその答えが「実存的な欲求から」というものであるとしたら、その探求者には、正しい神とは何か、最善の運動とはどのようなものかを懸命に模索してほしいし、適切な判断を下すための基準を構築する真剣な試みも期待したいものである。生徒たちには、その他の可能性も探求するように奨励すべきだろう。次に挙げるエリック・ホッファーからの引用は、おそらく活発な議論を呼ぶことだろう。

> 自らの卓越性を主張する正当性が少ないほど、自分の国家、宗教、人種、信心にまつわる主義などのあらゆる卓越性を主張する準備が整う。
>
> (Hoffer, 1951, p. 23)

ホッファーがここで論じているのは、「忠実な信仰者」、すなわち、ある主義に対して熱狂的な傾倒を見せる人についてであるが、誰でもきっとこの記述に当てはまるような人を挙げることができるだろう。多くの組織の信奉者は、まさにこのタイプ――自らが心底結びついている集団の中でのみ自己肯定感を感じることができる人々――であるように思われる。しかし、その先導者たちはどうであろうか。生徒たちにはぜひ、自分自身（あるいは他の生徒）の宗教や、偉大な政治運動を導いた人物の伝記をよく調べるよう勧めるとよいだろう。果たして先導者たちもまた、自己肯定に乏しい兆候を見せているのか。さしあたりエリック・エリクソンによるルターやガンジーの伝記が思い浮かぶが、第2章で言及したグルニエによるガンジーの衝撃的な記述も含め、他にも議論にふさわしい伝記は山ほどあるだろう。

ホッファーは、宗教的な取り組みに利他的な動機を主張するような人々に対しても非難を浴びせている。

> 自分たちは他者に対する聖なる義務を有しているという熱のこもった確信は、多くの場合、溺れかけた自分自身を行き過ぎる筏にくくりつけようとする術である。手を差し伸べているように見えるものも、多くは後生大事な自分の命を守るためにすがりついているにすぎない。聖なる義務を取り払い、人生を取るに足らない無意味なものにしておこう。無私の人生を自分中心の人生に置き換えることで、多大なる自己評価を得ることができるのは間違いない。最大限謙虚であろうとする人も、無私という虚栄心には際限がないものである。
>
> (Hoffer, 1951, p. 28)

こうしたホッファーの反論に、生徒たちから異議を唱えることができるかもしれない。与え手の中には、手を差し伸べることで自分たちもまた利益を得ているという事実を重々承知している者もいる、と指摘してみせるのである。そこでは、自分自身を見つけるためには自らを投げ打たなければならない、と教える古くからの美しい伝統が守られることになるだろう。実際、今日では、利他主義と利己主義という分析的な対比は不完全な存在論に基づく誤った二分法であるとする議論が随所で行われている(Noddings, 1984, 1989)。しかし、ホッファーの述べるところにも何がしかの理はある。批判的な読者であれば、彼は、自分の「聖なる義務」という「熱のこもった確信」が多くの場合自分たちを救う方法にもなっているかと注意深く述べているではないかと指摘するだろう。この点は、確かに他の選択肢に開かれている。やはりここでも、自己認識こそが、自分にも他者にも貢献するようなあり方を受け入れていく手助けをしてくれることだろう。

宗教への参加について省みることで得られるのは、自己認識だけではない。社会や政治に対する知識をも獲得することができるはずである。社会では、その場ごとに宗教を違ったふうに捉え、違ったふうにその意義を考える。信仰を証拠に掲げても、ほとんど役に立たないことも多い。A・R・ロジャーは、経験豊かなアイルランドの老司教が、自分の教区民について述べた文章を引用している。

> 彼らは同時に三つのことを信じている。教会が教える魂の不滅、肉体の復活、報いと罰を信じながら、死ねば動物と同じように死んで、それきりであるとも信じている。さらに、死者たちはすぐそこに、土の下におり、生者を監視しながら不吉なことを企んでいる、とも信じているのである。
>
> （Roger, 1982, p. 7 における引用）

この司教が現代のアイルランドのカトリックについて述べたことは、エドワード・ギボンが『ローマ帝国衰亡史』に書いたことを彷彿とさせる。

> ローマ世界に広まった様々な崇拝の方法を、人民はどれも等しく真実であると考え、哲学者は等しく誤っていると考え、行政官は等しく有益であると考えた。
>
> （Haught, 1990, p. 219 における引用）

こうした見解には、信仰に関する反省が十分でないと、先導者の政治的な目的にも利用されかねないということが示唆されている。そうした政治利用の良し悪しについては意見が分かれるが、宗教が政治生命にかなり影響するというのは、多くの論者が認めるところである。実際、ペイジ・スミスは、アメリカ合衆国史に関する大著で、次のように述べている。

本書の大前提となっているのは、宗教がいくつもの主題の中の単なる一つなどではなく、合衆国史の推進力にほかならなかったということ、プロテスタントを注視せずして我々の過去を理解するのは不可能だということである。(Smith, 1984, p. 554)

現代の多くの批評家がこのスミスの意見に賛同しており、今の社会科の教科書は、ほとんど宗教を無視することによって、生徒たちに歪んだ歴史像を提供しているのではないかと主張している。この点については妥当と思われるが、ここではさらに先まで進めたい。生徒たちは、歴史に関する誤った印象を持って卒業するだけでなく、私たちがこれまで論じてきたような反省を行う特別の機会を完全に逃すことになるのだ。宗教は個々の、個人の人生を、他に類のない強力な仕方で社会生活へとつなげるものである。ウィルソンは、次のように述べる。

宗教は我々の中の深く、不合理で、強い何かに訴えかけるが、それこそが、宗教をここまで危険

> なものにするのである。宗教がそんなにも良くなければ、そんなに悪くなりようはなかったのに。宗教が我々は神そのものと一つになれるなどと約束しなければ、それにほとんど避け難く付随する傲慢や独善を我々に許すはずもなかったのに。
> (Wilson, 1991, p. 3)

生徒たちには、宗教がもたらす両義的な影響と――ウィルソンならこう言うだろう――その両義的な性質について聞かせる必要がある。例えば、スミスは、キリスト教徒が奴隷廃止を先導したと論じているが (Smith, 1984)、対してジェイムズ・ホートは、同時代も検証しながら、奴隷擁護にまつわる公刊本の半数近くが聖職者の手によるものだと嫌悪感混じりに書いている (Haught, 1990)。傷口に塩を塗るように、ホートはさらに、悪名高き奴隷商人ジョン・ホーキンス卿が自分の奴隷船に「ジーザス」、「エンジェル」、「グレース・オブ・ゴッド《神の御恵み》」と名づけていたとも述べる (p. 223)。奴隷制とその廃止に関して、宗教に有利な証言と不利な証言、果たしてどちらの重みが勝つのだろうか。いずれにせよ、生徒たちが両方の側から話を聞き、偽りのない探求に取り組むべきなのは確かである。

善としての宗教、そして悪としての宗教という端的な議論に戻る前に、宗教組織に参加するのに多くの理由があるように、参加しないのにもまた多くの理由があるということを認めておく必要があるだろう。単にあまりにも怠慢であったり、無関心であったり、別のことに夢中であったりするだけという人もいれば、入信の必要性が別の方法で満たされているという人もいる。ウィルソンのように、宗教とは本質的に、本来的に悪であると信じるに至った人もいる。しかし、そうでない人――そうでない多くの人――が、形式的な宗教によっては満たされえないような、スピリチュアルな深い切望を告白している。ナサンソンは次のように書いている。

教会に通わない何百万もの人々のほとんどが宗教的である。多くは神への深い信仰を持っている。実在のどんな宗教組織も、神の意志を十分に表現したものと思えないだけなのだ。

(Nathanson, 1963, p. 215)

こうした人々は、どのようにそのスピリチュアルな切望を満たしているのだろうか。どのように自らの倫理的生活を導いているのだろうか。宗教組織の何が信じるに足らないのだろうか。これらの問いについては、次章以降で扱っていくことにする。本章ではこれ以降、善としての宗教、悪としての宗教を証言するものをいくつか提示していきたいと思う。

社会的善としての宗教

宗教が多くの場合、思いやりある素晴らしい事柄をなすよう人々を駆り立てる原動力となる、ということを否定する者はいないだろう。生徒たちは間違いなく、マザー・テレサ、アルバート・シュバイツァー、そして今日中米でたゆまず働く司祭や修道女たちに関する本を読むべきだ。そうした話を聞かせる際には、ランバレネやカルカッタ、ニカラグアやエル・サルバトルの場所を地図上で見つけてみるよう勧めるのもよいだろう。伝記を通して学ぶことで、初期キリスト教や中世の殉教者たちへ、また一九、二〇世紀の宗教的英雄たちへと学びが広がっていくことだろう。

ところが、宗教は時に、自らに多大なる犠牲を払ってでも他者を助けようと人々を駆り立てる原動力ともなる、という事実を認める時、宗教そのものは、果たして社会的な善なのか社会的な悪なのか、という問いを突きつけられることになる。宗教には、本質的に良いものがあるのか、本質的に悪いものがあるのか。慎重に考える人々は、このいずれの問いにもイエスと答えてきた。

宗教の良さを主張する一つの論拠は、倫理的生活というところに集中している。道徳的な生活を送るには宗教が必要だと――宗教がなければ人々はありとあらゆる卑劣で残酷な情動に溺れてしまうだろうと――多くの人が論じているのである。この可能性について投げかけられた時、バートランド・ラッセルは次のように応じた。

> 卑劣で残酷な情動が存在するのは確かですが、宗教がそうした情動を阻止してきたという歴史上の証拠を見つけることはできません。むしろ、宗教はそれらを是認し、良心の呵責なくそれに溺れていられるようにしてきたのではないでしょうか。〔…〕迫害を正当化するために出てきたものが教義上の信念となっているのです。〔…〕現代のキリスト教徒の一部がキリスト教の本質と見なしている寛容の精神とは、実際には、不信を許し、絶対的な確実性を疑う気分の産物にほかなりません。過去の歴史を偏見なく見渡す人なら、宗教は多くの苦しみを防いだ以上に、その誘因になってきたと結論づけずにはいられないのではないでしょうか。
>
> (Russel, 1963, p. 201)

この点において、ラッセルは基本的に正しいように思われる。宗教の孕む最も大きな脅威については、次章にていくつか論じることにしたい。ただし、ラッセルは完全に正しいわけではない。確かに宗教は――ラッセルをはじめ数えきれないほどの人々が、自らの善いあり方において示してきたように――倫理的生活にとって必ずしも必要ではない。しかし、宗教がしばしば愛のメッセージを広め、兄弟愛のために熱心に働くよう多くの人を駆り立ててきたのも事実である。現代でも、恩寵への感謝から、自らの人生を賭して中米の平和や兄弟愛のために働くキリスト教徒がいる（McNeill, Morrison, & Nouwen, 1983）。一九世紀の社会的福音運動のメンバーは、罪とは人間愛という善と個人との間の葛藤であると考えた。彼らはイエスの神性を拒否してまで、イエスは不正や貪欲、孤立と戦うために全ての善意の人々のもとに召されたのだと解釈できるような、彼の人間的な善性を示す例に専心して取り組んだ（Cave, 1946）。また、スーフィーたちは、人間に対する罪は神に対する罪よりも重いと主張しており、儒教でも、人々を働きによって判断し、信仰を表明しているかいなかは問わない。

先に、奴隷制とその廃止においてキリスト教が果たした役割の両義性について言及した。ホートの主張する通り、聖職者たちが聖書の解釈を推し進めて奴隷制の擁護を行っていた例が多くあったのだとしても（Haught, 1990）、歴史上の記録には、キリスト教徒たちが廃止運動の最前線にいたことを示すものも存在する。ペイジ・スミスは、「奴隷制度に対する廃止論者の戦いは、間違いなくキリスト教の兄弟愛の名の下に行われた」と書いている（Smith, 1984, p. 554）。先ほども提案したように、この主題は生徒たちが学びを深めていくのに、まさに格好のテーマといえよう。

スミスは、奴隷制があまりに無視されてきた点を挙げ、それが廃止という特定の問題を越えた重要性を持つことを指摘している。そして、社会運動が運動家の家族や後の世代の姿勢へともたらした影響に注意を促す。

近年の歴史家は奴隷制と闘った個人の役割により重点を置いてきたが、扇動的な活動が扇動者本人に及ぼした影響にはほとんど注意を払ってこなかった。今や、奮闘の熾烈《しれつ》さ、廃止論者とその家族が耐えた悪評や周囲からの敵意、彼らに絶えず向けられた言語的、身体的な暴力が、ある精神や性格の性質を作り出したのは明らかに思われる。その性質は、極めて辛抱強いことが示されており、改革主義者の熱意とそれを支えることができただけの意志とが、何世代にもわたってそうした家系の特徴とされるようなものである。

(Smith, 1984, p. 914)

これこそ、生徒たちが考えるにふさわしい、もう一つの優れた歴史的課題であるといえる。傑出した廃止論者にはどんな人がいたのか、彼らの家族の特徴はどんなものであったか。同様に、一九世紀の宣教師たちの家系を追ってみるのもよいだろう。物語が魅力的であるだけでなく、彼らの成し遂げた業績は特筆すべきものである（Grimshaw, 1983 を参照）。ハワイや中国、アフリカにおいて宣教師の仕事がもたらした影響は、時としておぞましいことこそあれ、素晴らしい成果をもたらすこともあり、宣教師の家庭で育った子どもたちへの影響はしばしば目覚ましいものだった。わが国の政治的リーダーの多くは、そのような家庭に育っている。

キリスト教がアメリカの歴史全体にもたらした両義的な影響について話し合う中にも、生徒たちに得るものがあるだろう。ロバート・ベラーらは、個人主義が公的生活と私生活の双方を弱体化させたと見て調査を行っている（Bellah et al., 1985）。彼らは、初期の共同体主義者《コミュニタリアン》たちの精神を共感的に取り上げ、マサチューセッツ湾植民地を率いたピューリタンの政治家、ジョン・ウィンスロップの有名な「キリスト教愛のモデル」からの一節を引いている。

我々は互いに楽しませ合い、相手の境遇を自分のものとし、共に喜び、共に悲しみ、共に働き苦しみ、同じ身体を構成するものとして共同体を絶えず視野に置かなければならない。
（Bellah et al., 1985, p. 28 における引用）

この精神こそ、ベラーら『心の習慣』の著者たちが取り戻したかったものである。彼らは警告を続ける。

しかしもし、我々が自分の人生の意味を、意識的にはめったに考えることのないような聖書や共和主義の伝統から借りてきているのであれば、これらの伝統が衰退した結果、私たちからも意味がもろともに奪われてしまうという危険はないだろうか。
（Bellah et al., 1985, p. 82）

ベラーらも、他の多くの論者と同じように、宗教を道徳的規範や道徳的共同体と同一視しているといえる。これに対してホートは、ピューリタンの時代を賞賛からはほど遠いものと見ている。

彼らは、宗教的な警察国家を作ったが、そこでは、教義から逸脱した場合、むち打ち、さらし台、流刑、絞首刑――あるいは耳を切り落としたり、熱した鉄で舌をくり抜いたり――などにつながることもあった。クエーカー信仰の伝道は、極刑に値する罪とされた。頑なに信仰を守った四人のクエーカー教徒がこの法に反対し、絞首刑に処せられた。一六九〇年代には、魔女への恐れが植民地を飲み込んでいた。魔女と訴えられた二〇名の女性が殺害され、一五〇名が拘束された。

(Haught, 1990, pp. 123-124)

ホートは、「聖なる脅威」を伝えるがゆえに、ウィンスロップの述べたような美しいヴィジョンを認めない。ベラーは、聖書的・共和主義的伝統への回帰を論ずるがゆえに、そのいずれにも充満している排他性や残酷性を認めない。

今日では大半の人々が、宗教を個人の生活、共同体の生活の双方に善をもたらす力と見なしている(Stark & Bainbridge, 1985)。宗教が個人の生に良い影響を及ぼすことを支持する多くの物語を見ないふりはできないし、その主な影響は共同体や公的な生活にとっても素晴らしいものであると主張する人はなお多い。キリスト教徒たちは、聖パウロの美しい言葉を挙げる。まず「肉」はありとあらゆる種類の酷い行為や態度――「ねたみ、殺人、泥酔、酒宴、その他この類のもの」に支配されてしまうということに言及した後で、彼はこう述べる。「これに対し、神霊の結ぶ実は、愛、喜び、平和、寛容、親切、善意、誠実、柔和、節制」である、と(「ガラテヤの信徒への手紙」五章二二―二三節)。このメッセージが、キリスト教の教会で繰り返し聞かれるのは確かである。

しかし、批判的な人なら、この一節に先行する箇所をよく吟味するように警告するだろう。そこでパウロは、肉体にまつわる性的な悪行に加えて、「偶像礼拝、魔術、敵意、争い、嫉妬、怒り、利己心、分裂、分派」を咎め、「このようなことを行う者は、神の国を受け継ぐことはありません」とも述べている（「ガラテヤの信徒への手紙」五章一九―二〇節）。このような際限のない色分けが、ウィルソンのような論者を悩ませる。もしキリスト教徒が憎むなかれと訓告されているのだとすれば、彼らはまた悪を――そして多くの場合、悪い自分自身を――打ち壊すようにも求められていることになる。我々が宗教の中に見ている欠点が、間違い――宗教の教えを人間が誤解した結果――なのか、あるいは、まさにその宗教の概念がそもそも抱えている欠陥なのか、よく考えるようにウィルソンは勧めている。

一方、ジェームス・ファウラーは、宗教的共同体がもたらす肯定的な影響に改めて気づかせてくれる。

何かと世代ごとに分離されている現代において、三、四世代が世代や年齢の障壁を越えて交わるような共同体が他にあるだろうか……。ケアの生態系や召命の生態系として構成されているような、人々が神に奉仕するために、与えられた才能やその恵みを互いに引き出し、確かめ合っているような共同体が、他にあるだろうか……。集会というあり方を最善と見なす世代継承性と寛容に、他のどこで出会えるだろうか……。人を消費者、顧客、患者、生徒、上司、雇い人、あるいは市場の標的などと社会的に還元する見方の代わりに、お互いを全存在として見つめることに取り組むような共同体が他にあるだろうか……。

(Fowler, 1991, p. 149)

ファウラーが列挙した印象的な問いに筆者なりに答えるならば、学校という場所もまたそうした共同体になりうるだろうし、そうなるべきであると考える。もちろんだからと言って、学校が教会に取って代わる必要はない。私たちは原理主義の最悪の部分を拒否しつつも、多くの宗教組織が何らかの機能を提供しているに違いないこと、またほとんどの組織が複数の目的と機能を有していることを受け入れなければならない。ファウラーやベラーらが、宗教の伝統の肯定的な面を想起させてくれるのは確かである。もし宗教が失われたら、ここに描いたような共同体はいかにして生き残るのだろうか。ファウラーは先の問いを続ける。

人間の中に深い善の情動を——神の愛と隣人愛の情動を——形成すべく努め、信徒であるために不可欠の徳を形作ろうとする共同体が他にあるだろうか。死、惨事、重病、仲違いのある時に、少なくとも手に取ることのできる食物と加護の象徴において、溢れ出る存在と保護とを差し出すような共同体が他にあるだろうか。

(Fowler, 1991, p. 149)

宗教が個人や共同体の生活に及ぼすと伝統的に認識されてきた一般的な(また肯定的な)影響に加えて、語られてしかるべき特別な物語が存在する。アメリカの黒人教会の話は、生徒全員にぜひ聞いてほしいものの一つである。キリスト教は黒人たちに奴隷を押しつけてきたのであり、彼らが使徒たちの伝えたメッセージを拒否したのは当然のことだった。その代わり彼らは、保護を与えて崇敬の念を補強するようなキリスト教のあり方とは全く違う、印象的な形態を築き上げた。

こうした目覚ましい達成を認めるからといって、多くのアフリカ系アメリカ人がキリスト教を拒否しているという事実にも目を背けることがあってはならない。これについて、トム・スキナーは、「なぜなら彼らの目には、宗教的信心の実践者たちが、憎悪、頑迷、偏見の主唱者の中にいると映っているからである」と述べる（Skinner, 1970, p. 11)。そしてこうも言う。「彼らはこの『聖書を背負った聖徒たち』が、一週間のうちで最も差別される時間——日曜の朝の一時——を永続させていると感じている」と（p. 11)。さらに、後に第6章で見るように、多くの黒人の先導者たちは、キリスト教が依存と幻想を永続させるものであると信じるがゆえに、それを撥ねつけている。

それにもかかわらず、キリスト教の力強い解釈を示してみせたのが、黒人教会である。スキナーは次のように書いている。

> 黒人教会は、黒人コミュニティの中で最も強力な社会組織である。これこそ、黒人たちが力を持ち、白人の介入なしに統制を行うことのできた唯一の場所であった。我々はここで、政治や経済、そして、より広い社会では為すことのできなかったあらゆることを行ったのである。
>
> (Skinner, 1970, p. 71)

また、ジェイムズ・ボールドウィンの小説からも、黒人教会での政治、経済の活動の感触を得ることができる。『世界に告げよ』では、黒人共同体における宣教師や「母」たちの計り知れない影響が見て取れる（Baldwin, 1953）。他のどの宗教組織でも往々にしてそうであるように、宣教師たちが大きな力を握るあまり、彼ら自身がとても道徳的潔白のモデルとは呼べないような状況に陥ることがある。『世界に告げよ』の若き主人公ジョンは、自分の教父である人物におけるそうした頽落《たいらく》した力と戦わなければならない。

しかし、教会が劇的に良い影響をもたらすことも多い。スキナーは、自分自身が凶悪な無法者の暴力団の頭からキリスト教の牧師・指導者に転身した過程を描いている（Skinner, 1970）。黒人の指導者となった彼は、不買や家賃支払拒否、その他の正当な反対運動に取り組むようになる。そして彼は次のように述べる。

> 黒人の子どもたちが、黒人の先導の下に学校に通い、黒人の指導者の存在を知って育つことができるように、自分たち自身のことを学べるように、また黒人コミュニティの人々が、自分たちの政治的・社会的・経済的な成り行きを多少とも統制していけるように、私はコミュニティにある学校の脱中心化の問題に取り組んでいる。なぜなら、それは正義にまつわる事柄であるからだ。
>
> （Skinner, 1970, p. 78）

スキナーにとって、キリスト教は共同体の基礎を固めるために絶対不可欠のものであった。彼は、イエスの福音が共同体の問題を解決すると述べる。

今の私には、隣人とは誰であるのかがわかる。隣人とは私の出会うあらゆる人であり、世界中の全ての人である。そして隣人に対する私の態度は、私が何者なのかを私自身が知ったがゆえに決定的に変化した。自分が何者かを知っている人は、必ずや人々とうまくやっていくことができる。

(Skinner, 1970, p. 82)

ボールドウィンの主人公ジョンは、改心の体験もするが、それは祭壇の前の「麦打ち場」での恐ろしく激しい恍惚の体験であった。ここでジョンは、地獄のような魂の分離や、人間という境遇の完全なる無力さ、そして救済や信仰仲間、献身の意味に苦しむが、彼の周りには支持的な共同体があり、彼は後にそこに大きく貢献していくことになる。

黒人教会に関する議論は、黒人の歴史について、またその歴史と「アメリカの」歴史との相関について、より深く探求していくための道筋を与えてくれる。キリスト教は、あまりに多く奴隷制を支持してきた――最初のうちは、キリスト教徒でない者を奴隷にすることを正当化し、後には（多くの黒人が洗礼を受けるようになると）肌の色に基づいた実践を許すような聖書の言葉を見つけ出した。仮に宗教やその影響が社会科の授業で話し合われることはあっても、黒人教会が主流の白人の宗教にもたらした影響については見逃されることが多い。W・E・B・デュボイスは、次のように述べている。

さらに、何百万人もの宗教人口の増加が、たとえそれが奴隷たちであったとしても、当時の人々に強大な影響をもたらさなかったはずはない。アメリカのメソジスト派やバプテスト派の現状の大半は、何百万人もの黒人の改宗者たちの、静かだが強大な影響によるものである。それは南部において特に顕著である。南部では、このために神学と宗教哲学が北部より丸々半世紀は遅れたし、貧困層の白人の宗教は、黒人の思想や方法論の単純な焼き直しでしかない。たくさんの「ゴスペル」賛美歌がアメリカ中の教会を席巻し、我々の歌の感覚をほとんど破壊したが、その大部分は、黒人のメロディの劣化版ばかりで、黒人霊歌《ジュビリーソングス》の音楽そのものではなく音の繰り返しを、魂ではなく身体を捉えて作られたものである。

(DuBois, 1978, p. 216)

アメリカがキリスト教の国家として確立されたという信念を持つ人が、学校でももっと宗教に関心を向けるよう勧めてくることがある。建国者たちの意図がよく思い起こされていた時代であれば、生徒が建国の父たちに関してわずかでも学び、彼らの意図を見定めることがなぜ非常に難しいのかについて知っておくことに価値はあっただろう。例えば、ラッセル・カークは、建国者の意図を見定めるには、宗教との関連で見るとわかりやすいと述べている（Kirk, 1989）。彼は、建国の父の三、四人を除く全員がキリスト教徒であり、秩序、正義、自由とは、どれも宗教的な概念であると主張する。彼の主張では、これこそが宗教的国家といえるものであり、この認識がなければ民主主義が繁栄することはなかったという。これとは正反対に、バーバラ・エーレンライクは、宗教的な価値は民主主義の根幹を侵食するものであると述べている（Ehrenreich, 1989）。彼女は、建国の父たちは「多くの面でキリスト教徒とは全くいえない」ゆえに、「キリスト教国家」を築こうと意図していたわけではないと述べる（p. 82）。続いて彼女は、ジェファーソン、フランクリン、マディソン、おそらくワシントンさえも――キリスト教徒ではなく――理神論者であったこと、そして、ワシントンは『アメリカ合衆国議会はいかなる意味でもキリスト教に基づくものではない』と明確に宣言した一七九七年のトリポリ条約を認めていた」という証拠を挙げている。生徒たちには、建国者の信念を、宗教と奴隷制の両方について探求していくよう勧めるべきだろう。

民主主義は必ず宗教に（キリスト教に）根ざしていると主張する人々は、もしも宗教が消えゆくままにされれば、大切にされてきた一定の価値もまたなくなってしまうのではないかということを間違いなく恐れている。これも、生徒たちがある程度の深さまで熟考すべき問題であろう。しかし、現代における宗教の復興は、民主主義、兄弟愛、慈善、あるいは他のあらゆる道徳的価値とはほとんど関係がない。エーレンライクはそれについて次のように述べている。

> こんなにも多くのアメリカ人が「生まれ変わって」いる理由はおそらく、アラブ人の若者がイスラム教原理主義に熱中したり、アメリカのユダヤ人の一部が正統派のユダヤ教に回帰したりしている理由とさほど違いはないのだろう。最近になって宗教に傾いた人々が述べるように、宗教は規律や出来合いの共同体、そして消費者文化の渦よりも続きそうな何かに所属しているという感覚を与えてくれるのだ。
>
> （Ehrenreich, 1989, p. 80）

本節の初めにも述べたように、これらは必ずしも宗教組織に参加する理由として乏しい、あるいは知性的でないとはいえないが、エーレンライクから引用する段落の結語は、より深い理由を必要とする根拠を教えてくれる。

宗教は、神聖さという議論の余地のないものを、信仰や意見を越えたところに授けうるものでもある。これは、宗教的右派にも、増えつつある宗教的左派にも同じように当てはまるはずだ。

(Ehrenreich, 1989, p. 80)

このような中心にある絶対性に照らして一連の信仰を神聖化する傾向については、アラン・ペシュキンが説得的に論じている。ペシュキンが研究した原理主義者たちは、神の視点という独自のキリスト教解釈を信じており、キリストを信じて生まれ変わらなければ永遠の罰を受けることになる、と彼に残念そうに告げたという。ペシュキンは次のように述べている。

キリスト教原理主義者たちは、私の存在と、非在あるいは消滅の可能性を私に意識させる。ユダヤ人は呪われていて、不完全で、不十分で、祈っても神には届かないなどと信じている人がいたとすれば、私はその傲慢な認識の中にこそ消滅の囁きを聞く。

(Peshkin, 1986, p. 287)

そのような傲慢な態度は、宗教に関係のない権力に加わった時にとりわけ危険なものになるとペシュキンは指摘している。これは、全生徒が聞いておくべき警告であろう。

悪としての宗教

A・N・ウィルソンは、彼の短い論考「宗教に抗して」を次のような言葉で始めている。

聖書の中では、金銭への愛が全ての悪の根源であると言われる。しかし、神への愛が全ての悪の根源であるというほうが正しいのではないか。宗教とは、人類の悲劇である。（Wilson, 1991, p. 1）

また彼は、全ての宗教が、自分たちは平和の神を崇め、人類愛を信じていると主張していると指摘したうえで、こう付け加える。

この議論は、正しく扱いさえすればロットワイラー犬も友好的な家庭用ペットになるというような弁解と同じくらい説得力があるが、［…］宗教を持つ人々は、自分たちがそれについて話す時には辛抱強く耳を傾けてもらえるものとほとんど常に確信しているようである。我々は、他人の宗教的に繊細な部分を害することを恐れるあまり、気まずい質問をすることを好まない。もし宗教がそこまで本質的に素晴らしく平和な代物ならば、なぜ宗教という名の下に、こんなにも多くの不幸や流血の惨事や葛藤が起こるのだろうか。［…］間違いなく、この悪の全ては宗教の悪用ゆえではなく、宗教そのものに、純粋な宗教心とその無垢さに根ざしたものであると言う必要があるのではないだろうか。それは、宗教を持つ人の、神への信仰と絶対性への信心から生じているのだ。（Wilson, 1991, p. 10）

宗教は総じて悪よりは善であると考えるとしても、また宗教を十把一絡げに糾弾するよりはよく吟味することを好むとしても、ここでの神や絶対的なものに関するウィルソンの指摘は、検討すべき重要なものであるといえる。彼は、教養あるキリスト教徒の姿勢を、無念まじりに語っている。例えば、J・R・R・トールキンは、「神の法」が全ての人に——信仰を持つ者にも持たない者にも、キリスト教徒にも、ユダヤ教徒にも、イスラム教徒にも、無神論者にも——適用されると主張した。もし「神の法」のようなものが存在するのだとすれば、トールキンはもちろん正しいのだろう。難しいのは、そのような法が存在するということに、人々が納得しないことである。さらに、実際問題としてより重要なのは、そのような法の内容に合意が得られないということだ。困難を極めている社会的論争の中には、まさにこの説明によって解決が拒まれているものがいくつもある。例えば、神の法は妊娠中絶を禁じていると信じる人にとっては、明らかに全ての人に対して妊娠中絶が禁じられていることになる。そのような信仰者には、その選択を選択権として認めることはできないだろう。妊娠中絶が他の人にとっては悪でも自分にとっては正しいというようなことはありえないのだ。絶対的なものを主張したり、さらにその絶対的なものに関する特権的な知識をひけらかしたりすることは、知的な自由、道徳的な自由を宣言した啓蒙運動と大きく矛盾する。よってウィルソンは、宗教を肯定的な力と考えるトールキンとは対照的に、宗教の復興が歓迎されているのだとすれば、それは「人類にとっての悪い知らせ」であると結論づける（p. 20）。

宗教を悪と見ているのは現代の哲学者や作家のほんの一握りであるわけではない。一八世紀、ヴォルテールは、宗教裁判所に告発された囚人たちを守るための活動に熱心に取り組んでいた。ある時は、宗教上の行列に無礼があったというだけの罪で捕らえられた一〇代の若者を、恐ろしい拷問でゆっくり殺されることから守るのが精一杯であったという。結局、少年は斬首された。ヴォルテールは、単刀直入に述べる。

> 分別ある者、志操正しき者なら誰もが、キリスト教という宗派に恐怖を抱くに違いない。［それは］これまで世界を汚染し続けてきた、最も馬鹿げていて、最も滑稽で、血なまぐさい宗教である。
>
> (Haught, 1990, p. 131 における引用)

ホートの著書『聖なる脅威』は、宗教絡みの殺害にまつわる物語や画像で溢れている。それは異教徒の、ユダヤ教徒の、再洗礼派の、（プロテスタントによる）カトリックの、（カトリックによる）プロテスタントの、魔女の、その他、不幸にも宗教的階級組織を混乱させてしまうような人々の殺害である。またホートは、キリスト教以外の宗教にも容赦はない。アズテック族は生贄のために定期的に大量殺戮を行っていたし、ヒンドゥー教徒とイスラム教徒との対立でおびただしい数の人が虐殺されてきた。十字軍の戦いの最中、──双方ともが聖戦と考えていたわけだが──キリスト教徒がイスラムの兵士の頭を敵地に投げ入れると、今度はイスラム教徒がキリスト教徒の頭に火をつけて返したという。ホートの記述は、胸が悪くなるような責め苦、絞首刑、火あぶり、水攻め、斬首刑のオンパレードである。神の意志を行っていると信じている人間が、同じ人間を傷つけるのだ。

宗教の名の下に人が人を傷つける行為は、いくつかのレベルで記述することができる。まずは、ホートが鮮明に示したような——集団対集団、あるいは集団対個人の——聖なる脅威に関する歴史上の記録が存在する。このレベルの危害は最も変化しやすいものであり、「進歩」することで徐々に姿を消していくと考える人はいるかもしれない。第二に、アリス・ミラーが描いたような、宗教的なしつけにより逸脱した不幸な人々が生まれるという類の、個人に対する危害が存在する（Miller, 1983）。そのような育ち方をした人は往々にして——分析の力を借りなければ——自らの身に起きた最も恐ろしい出来事を覚えておらず、もし思い出した場合には、虐待されていたことを認めることが多い。つまり彼らは、自分に振りかかった残酷さが本当に自分自身のためのものであったと信じているのである。第三に、宗教が子どもの育成全般に深く携わっている場合には、個々人のみならず共同体や社会全体にまで影響を及ぼすこともある。ホートもミラーも、ナチスの脅威の多くの要因を、厳格なキリスト教のしつけにたどって見ている。第四に、宗教や、宗教のために持つように言われる服従の態度が、知性的な盲点を作り出すことがある。様々な学術的専門分野で懐疑的な分析の腕を顕著に示している人でも、宗教的な教義には異議を唱えられないことも多く、仮にそれができた場合でも、宗教の間接的な影響や内在的な欠点まではやはり分析できないものである。誰もが、ウィルソンの言う「気まずい質問」は避けるように教えられているのだ。

第一の危害の形式である集団間の暴力性は、少なくとも部分的には、人々がどのようにその神を解釈しているかというところから生じており、それは第2章の議論にも関連するところだろう。心理学的には、神の全き善を主張するよりは、ユダヤ人が多くの場合にそうするように、善悪の両方を神に帰すほうが健康的である。どの聖典にも、神の怒り、報復、依怙贔屓《えこひいき》について直接述べている箇所がある。こうした部分が――キリスト教の教会でしばしば行われているように――抑圧されると、暴力的な、宗教的に鼓舞される感情が発動しないまま置かれることになるかもしれない。しかし、暴力性は、全ての主要宗教の歴史に含まれており、悪を破壊したいという欲望は容易に起こりうる。ある集団にとっては、悪が「悪」としての資格を得るために、あえて恐ろしい行為を演じ、それによって報いを受けるに足るように振る舞わなければならなかった。またある集団にとっては、悪人とは単に信じない人、別のものを信じる人を意味した。後者の場合には、宗教信仰が政治的権力と結びつけば、暴力性は直接的または物理的なものになるし、そうした権力がなければ、いくらか後の――例えば、キリストの再臨の際の――脅威をつきつけるかもしれない。この場合、そのような破壊で脅す人々は、自らの暴力的な感情から解放され、信仰しない者に差し迫った災いを警告することによって何がしかの独善性を得さえもするのである（Bloom, 1992）。

愛と兄弟愛、結束を強調するという線でキリスト教を修正しようという現在の試みは、成功するかもしれないし、しないかもしれない。キリスト教の思想家の多くは、そのような運動は修正どころか、むしろキリスト教の起源への回帰であると主張する。ここで私たちは、イエスの教えと、キリスト教の様々な実践とを区別しなければならないが、イエスの教えにも解釈は必要であり、それが熱心な伝道にしばしば見受けられる善意の残酷性のようなものを招くことがある。修正と回帰のどちらも検討すべきなのは確かだが、その成功の可能性に関しては、神義論を学ばずして評価することはできない。第2章にも見たように、厳密な一神論者は、神か人間かのいずれかに原因を帰さなければ、この世の悪の存在を説明することができない。アウグスティヌスが示したような定式は、人間の側に責任を置き、それによって、互いに対して行動し合う理由を我々に与えるものであった。誤りのありうる神という修正は、心理学的には正しい方向への第一歩であるが、キリスト教徒にとっては決して魅力的には映らなかった。もう一つの可能性は、宗教的ヒューマニズムを推奨することであるが、これについては第6章にてより十分に検討することになる。

R・C・ゼーナーは、「キリストという出来事」は、神の暴力的なヴィジョンから愛情深いヴィジョンへと人間を移行させるためのものと考えられると述べている。しかし、この出来事はその目的を達成しえたわけではないようだ。

> 人間は、それまでと全く変わらず不道徳で、平凡で、愚かである。なぜなら、我々は皆、心の底ではマルキオニスト[*3]（あるいは仏教徒と言ったとしても大して違いはない）であるからではないだろうか。我々は荒れ狂う神という現実を信じていない。いやしくも何らかの知性を持ち合わせている人なら、一握りは、神が我々の中で常に荒れ狂っているということを理解しているにもかかわらず。
>
> (Zaehner, 1974, p. 233)

これは複雑な論述である。ユングが統合された神――善悪両方を組み入れた神――を要請したのにも関連しているかもしれない。しかし、ユングがより統合が進む――神の全知を成立させるために女性的なものを神性の中に取り入れる――ことが必要と見たのに対し、ゼーナーは、単に残酷な神を受け入れ、「キリストという出来事」を、悪が善によって克服されうる、あるいは方向づけ直されうることを示すものとして理解するよう促すばかりである。ゼーナーは、自分が神の中に感じ、受け入れている悪は、大抵の人にとっては善として解釈されるであろうという事実から目を背けている。多くの人は誤りのありうる神という考えに強く反対するだろうし、歪んだ神イメージを自分自身の行動の規範として用い続けることだろう。誤りのありうる神という概念への抵抗は、宗教と関連する二番目の危害とも結びついている。

誤りのありうる神あるいは神々という概念に抵抗する人々と全く同じように、多くの人は、自分自身の両親の欠点を認めることを拒む。そうした拒絶反応は、深刻な病の兆しでもあり、精神分析においてきちんと説明がなされている。アリス・ミラーは、この関連を明確に述べている。

雷や稲妻［親の怒り］の必要性が大人の心の無意識の深みから生じる時、それがその子自身の心には全く影響しないなどということが、果たして幼い子どもに起こりえようか。聖書の一句、「主は愛する者を懲らしめる」[*4]は、大人が神の全能性を分け持っているということを暗に示しており、真に信心深い人が神の真意（「創世記」を参照）を問わないのと全く同じように、子どもも、説明を求めずとも当然大人に従うものと考えられている。

(Miller, 1983, p. 39)

ミラーもホッファー（Hoffer, 1951）も、自分たちの神、親、政治集団、主義の優越性を過度に主張する人々を警戒するのである。

こうしたケース全て――神経症という不運や不幸も含めて――において危険なのは、しばしば熱心な信奉によって迫害者が内面化されてしまうことである。残酷さを被《こうむ》ること、あるいは求めることが正当化されるようになり、被害者は自分の受けた扱いを繰り返すことによって、それに復讐する傾向がある。自分自身の弱さや欠点と思われるものを傷つきやすい他者に投影し、自分への虐待を他者に負わせることによって継続するのだ。ミラーが示した例は、キリスト教の伝統に埋め込まれたものであったが、そのように告発しうる宗教は、キリスト教だけではない。

ゼーナーは、チャールズ・マンソンと東洋の宗教に関する事例を分析している（Zaehner, 1974）。ゼーナーによれば、マンソンは東洋の宗教を誤解して、「全てのものが同一である」あるいは「全ては一つである」という概念を借用している。マンソンは、これを「殺すことは殺されることと同じである」ということ、また究極には、人間の肉体に起こることは重要ではないと理解した。マンソンは実際、東洋の宗教――ヒンドゥー教、イスラム教、あるいはシーク教の思想――に、残酷な神を見出していたのだろう。それは、タギー[*5]としての神、憐れみも良心の呵責もなくカーリー神のために殺人を行うカルト集団をけしかけた神である。さらに、ヒンドゥー教の思想における多くの言葉には、殺すことや殺されることにまつわる恐怖は脇に置くべきだということが示唆されている。例えば、クリシュナは戦士アルジュナに対し、敵方に彼の親戚がいるにもかかわらず、その凄まじい戦いに加わるよう勧告する。全ての命は後にも先にも永遠の中につながっているのだから、というのである。マンソンのようにきちんとした教育を受けていないカルト信者が見逃しているのは、戦士は正当な理由があって戦うものであるということだ。そしてもちろん、ガンジーの教えに見られるような、スピリチュアリティと日常生活、そして政治的行動主義の調和を、全く理解できていない。

> 真実に関するガンジーの実験は、実践的に取り組む生活を提案する。それは、日常の経験を意志と想像への挑戦として捉えようとする、スピリチュアルな願いに満たされたものである。身近な問題は、大いなる仕事からの気散じであることをやめ、非暴力《アヒムサ》の力の実例となっていく。ただの信条や宗教的慣習にすぎないものが、新たな政治的議論に直接適用されて生まれ変わるのである。
>
> (Inchausti, 1991, pp. 27-28)

ただし、マンソンは東洋の宗教に関する知識あるいは無知のせいで破滅したわけではないともいえる。彼が知っていたのは、聞きかじりのわずかの格言やスローガンにすぎない。もし宗教が彼の破滅に何らか関わっていたのだとすれば、それはまさに、ゼーナーが非常に逆説的な形で弁護しているような宗教である。それは次のように恐ろしい形で示されている。

> 神はもちろん、神が御一人でもできるようなことを我々に頼んでいるのをご存知である。「私の愛するものを殺せ」と。それは、我々の残酷な神が無限の過去から続けていることである。なぜなら、神の中で、神の中だけで、ヘラクレイトスのパラドックス——「正義とは闘争である」、生とは死である、自己犠牲とは自己成就である——が真と見なされるからである。確かにこれは、知性ある者からすれば「愚の骨頂」であるが、キリストは、そのような者ではなく、あくまで言

われたことを実行する、少なくともやってみようとする愚かな幼子（未熟者《ネピオス》）*6に関心があるのだと非常に明白に示している。キリストが十字架の上から我々に語っているのは、次のことである。すなわち、［…］父は私が父の片割れであるがゆえに私をお殺しになるのである。父は私を殺し、私を殺すことによって、御自身をお殺しになるのである。しかし父は、変化することのない純粋な「形式」であられるので、死ぬことはできない。私には死ぬことができる。なぜならそのことが、私が社会的動物になることを可能にしているからである。［…］私は母マリアから生まれた。母は、我々選ばれしユダヤ民族に共通の運命を、喜んで受け入れた。ユダヤ民族は、自らを打つ手にも口づけをするよう課されている。老シメオンが「剣があなたの魂さえも刺し貫くでしょう」*7と予言した時、母は知っていたし、たじろぎもしなかった。母はあなたがたの代わりに全てを受け入れた。母は私の愛する愚かな幼子の一人だからである。あなたがたにも同じことができるが、それはあくまで私の助けをもってのみ可能である。キリストはまさにこのように語っているのである。

(Zaehner, 1974, pp. 299-300)

キリスト教を批判する多くの論者は、このような表現を恐ろしいものと考える。犠牲を受け入れる――賛美しさえする――こと、理由なき服従、マゾヒズム、子どもっぽい信心深さ――これら全てが、知性的な信仰者にとっても、知性的な不信仰者にとっても、現代では大きな障害となる。チャールズ・マンソンは、偽善の蔓延《まんえん》する社会で育った。それは、子どもたちが悲惨な欠乏に苦しむ一方で、同時に、善や愛のメッセージを浴びせかけられるような社会であった。マンソンは、かつて自分が愛したであろう者を殺すことを全く厭《いと》わなかったし、いつでも生と死とを等しくする準備ができていた。しかし彼には、自らを繰り返し打ち続けた手に口づけをする構えはなかった。アリス・ミラーが提示する観点から見れば、マンソンは、彼の真の自己に近づく能力を完全に失っていたのだ。彼の人生の権限を握ったものは、残酷な神にとてもよく似ていた――残忍に次ぐ残忍を重ね、その恩返しを期待するのだ。マンソンが手を染めた恐ろしい犯罪にも、想定される生育環境によって免除されるべき部分があるのかどうかというテーマについては、第7章において検討することにしたい。

宗教が個々人に肯定的な影響を与えたということが、その人の証言を通じて私たちに直接的に示されることは多い。例えば、トム・スキナーやボールドウィンの主人公ジョンが好例である。一方、否定的な影響というものは大抵間接的なものであり、宗教を残忍さや神経症の唯一の原因として特定できることはめったにない。しかし、宗教は子どものしつけや教育に深く携わるものであり、そうした協働を通して、全世代と社会全体に影響を及ぼすことになる。ミラーは、「有害な教育」について論じる中で、プロテスタントが毒薬を作り出したことにも言及している（Miller, 1983）。

ミラーの主張によれば、ファシズムに染まりやすい傾向は、ドイツのプロテスタンティズムに支えられた、典型的な厳しいしつけに起因しているという。「第三帝国の指導的人物の中で、厳格なしつけを受けていない人物は、一人として見つけることができない」というのである（p. 65）。この厳格さに宗教が関係していることは、ナチスの最高司令部の多くの発言から明らかになっているが、ミラーが出している統計値からは、さらに恐ろしいこともわかっている。「近年のドイツ人テロリストの六〇パーセントがプロテスタントの牧師の家の子どもであった」（p. 65）。ここで、教育者にとっては、深く突き詰めねばならない問いが生じる。どのような環境が揃う時、非常に宗教的な親を持つ家族が（多くの廃止論者の子どもたちがそうであったように）立派な社会運動へと向かうのか、そしてどんな場合に、育ってきた伝統の教義には全く受け入れられないような方法へと向かうのか。宗教的なしつけがもたらすより悪い影響を改善し、より良い影響を強めるために、教育はどんな役割を演じることができるのか。

今述べた問題は、特に教育者たちが考えるにふさわしいものである。なぜなら、通常の教育形式は、宗教がもたらす悪影響に触れずにいるか、あるいはむしろ激化させているように思われるからである。ミラーは次のように述べている。

> ヒトラーにもスターリンにも、知識人たちの中に驚くほど多くの熱狂的信奉者がいた。我々の抵抗力は、知性ではなく、自らの真の自己にどの程度近づいているかに関係している。実際のところ、順応ということとなると、知性は数え切れないほどの合理化を行うことができる。教育者はそれを常に理解したうえで、彼ら自身の目的のためにうまく利用してきた。（Miller, 1983, p. 43）

ここではミラーの説に隙がないとか、完璧であるというようなことを述べたいわけではない。彼女はおそらく、子どものしつけにあまりにも強調点を置きすぎており、社会的な態度を発達させるその他の影響を度外視しているし、厳格なしつけを受けても人間性を保っている人物がいるというメカニズムを十分に検討しているとはいえない。しかし、ミラーの示した証拠は大変印象的であり、彼女が教育に対して投げかけている異議は、ぜひ心に留めるべきであろう。宗教的に育ち、質の高い教育を受けた非常に多くの人々が、あんなにも恐ろしい行為に加担しえたというのは、驚くべき恐ろしい事実である。

ホートも、ナチスによるユダヤ人迫害に宗教（キリスト教）が影響を及ぼしたと見ている。キリスト教徒が何世紀にもわたりユダヤ人を誹謗中傷してきたという歴史がなければ、ナチスが自分たちの言い分を押しつけるのは、はるかに難しかったことだろう。宗教こそが憎しみの種が育つための土壌を用意し、最も良い教育を受けていても権威を疑うことができなくなるような育て方を通して、その土壌を肥やしてきたのだ。もっと悪いことに、そうしたやり方は、人々を自らの感情から、つまり憐れみの心から切り離すものだった。ミラーが指摘しているように、ドイツの知識層の多くは、自分たちの学問分野においては懐疑的に問うことにかけて非常に有能であったにもかかわらず、宗教や、国や、親の権威を疑うなどということは夢にも思わなかった。彼らは自らの真の自己に近づくことを構造的に否定しており、胸が悪くなるような脅威を正当化する傍らで、彼らが道徳や礼儀作法だと考えるものは注意深く分け置こうとしたのである。実際、強制収容所を指揮していた人々は、家族とクリスマスの賛美歌を歌い、動物愛護を主張し（ヒムラーがそうである）、ベートーヴェンやバッハを聴けば感傷的になることもあったという。

ナチスは自律性を奪ったわけではない、とミラーは述べる。そもそも自律性が育っていなかったのだ。そうした方法で育てられた人々は、正当であることを主張してその主張で指揮を取る力を持つものであれば、どのような形の権威にも適応するのだろう。これこそ、ホッファーが「忠実な信仰者」

について先に述べていたことである（Hoffer, 1951）。ホッファーは、極右の反対は極左ではなく、バランスのとれた穏健派であると言う。狂信的な人が主義主張を変えることがあっても、それは狂信的な行動が単に別のはけ口を見出したにすぎないのだ。

本章を締めくくるにあたり、ここで論じたり示唆したりした精神分析的な題材は全て、中高生と共有するよりは、ぜひ学校の教師たちに勧めたいと思っているということを述べておきたい。現代の教育状況において、教師は生徒たちを統制するように常に迫られている。それは、教室を統率するためだけではなく、全ての学びの成果を予め規定し、生徒たちを課題に集中させ、全対象を評価し、「外れた」行動は全て押さえ、上から勧告された授業計画を厳密に貫くためである。もし教師がこうした方法を採用する（あるいはそれに順応する？）時に、自分が今いる教育界についてよく理解していたら、それらを用いることに抵抗していたかもしれない。おそらく、わが国の極めて多くの生徒が教育的権威を受け入れることを拒んでいるのは喜ばしいことなのだろう。そこには無教養であるより良くないものがある。

まとめ

人は多様な理由から宗教的組織に所属する。そうした理由――ふさわしい人々と会うため、子どもに適切な配偶者を見つけるため、社会的に受け入れられるため、など――の中には、実践的な知恵を示すものもあるが、その組織が教えているところについてよく考えることがなければ、健全な知性の水準に達しているとはいえない。特に教師は、どんな集団であれ参加しているものについて注意深く考えるように人々に求めるべきである。その集団や組織が善いものなのか悪いものなのか。その評価はどんな根拠に基づいているのか。何をもって正当なメンバーと信じているのか。

そうした価値判断を助けるために、本章では、宗教が個人や共同体、子どものしつけ、知的生活に与える影響を概観してきた。教育者として、私たちは生徒に、宗教が善いものなのか、悪いものなのか、それとも両方が入り混じっているものなのかを判断するように要求することはできないが、私たちが提示する問いによって彼らが興味を持ち続けてくれるのを願うことはできる。アメリカにおける宗教の復興は、平和や喜び、成就という新時代を予告しているのか、あるいはウィルソンの主張するように、「人類にとっての悪い知らせ」なのだろうか。

第4章　フェミニズムと宗教

中高生全員にぜひとも知ってほしいのは、宗教には政治的側面が存在するということ、また、政治全般がそうであるように、良い目的にも悪い目的にも使われうるということである。第3章では、宗教が個人や共同体に、善悪両方の影響を及ぼしてきたことを見たが、本章では宗教と政治のつながりに特に焦点を当て、フェミニズムと宗教との接点について検討していくことにしたい。

生徒たちには、少なくとも次の幅広い分野の話題に親しんでもらいたい。例えば父権制的な宗教の歴史と特徴、それに代わるものとしてのフェミニスト・スピリチュアリティや女神信仰、あるいは伝統的な教義や儀式の修正を通して作られた別の選択肢などである。このような領域にはどれも、現代の優れた著述が多数存在しているため、教師たちが自分の見解を詳しく説明するリスクを負う必要はない。ただし、一面的な提示の仕方をしてしまうという危険はある。父権制的な宗教の脅威に女性の目覚めという光を当てて見ると、その脅威はあまりにも大きく、教師たちはあらゆる時間を解説と非難とに当てたくなることだろう。私たちが教育的に気をつけるべきことは、可能な限り、抑圧の物語を柔らかく伝えられる題材を見つけ出すことである。

父権制的な宗教

世界の偉大な宗教の全て――一神教、二元論、多神教――が、歴史上少なくとも一度は父権制的な形をとってきたといえる。「父権制的」という言葉は、その教義を男性が発展させ、その中枢部を男性が占め、その儀式を男性が取り決めて運営を行い、その聖像が主に男性的なものであり、女性的な聖像も男性が決めて描いている、ということを意味する。またそれは、宗教が社会――男性が人間の原型であり、女性は後からの補足ないし異質な他者であった社会――において、より大きな事象の側に立ってきたということでもある。

宗教の父権制的な性質は、構造や神学体系に明確に表れており、また、その文学や詩において暗示的に示されている。次に引用するのは、F・W・ベインが、彼が翻訳した『神の亡骸』の序文の中で、ヒンドゥー教の賢人にとって自由や解脱《げだつ》を得るのが非常に難しかった理由を説明したものである。

> では、全てのものの中で最も格別な悔恨の対象であり、それを忘却したり、取るに足らないものと価値を下げたりしようとするあらゆる努力を笑い飛ばし、いかなる魂の秘密地下牢へも放逐されることを拒むものは何か。言うまでもなく、女性である。［…］東洋の神秘主義において、女性は何よりも突出した解脱の敵であり、何よりも優れたおもり木であり、魂の足枷であり、どこまでも遺憾であり、忘れることもできなければ忘れられたこともないものであり、片づけることのできない残余であり、過去の灰の中でも消すことのできない火花であると見なされている。
>
> (Bain, 1911, pp. x-xi)

女性を他者、精神性の成長や清廉の敵、誘惑するものとする捉え方は、親しみ深いキリスト教文学においても見られる。生徒たちには、テルトゥリアヌスが熱弁を振るう中で女性に押した「悪魔の入り口」の烙印を、ジェロームが清純な（それゆえ魅惑的な）肉体に感じた厭わしさ（Ruether, 1974）を、そして聖アントニオが肉体に対して抱いた盲目的誘惑への恐れ（Dijkstra, 1986）を聞かせるべきだろう。本章で後に戻ることになるが、これらの全てに、肉体としての、あるいは精神への妨害としての女性というテーマが見て取れる。そして他にも、必要十分な教育を行うために含めるべきテーマは存在する。

"man"こそが進化の終点であるとする考え方も、そのようなテーマの一つである。ここには、二つの水準の反論が生じる。まず一つに、"man"が人類と定義されるならば、先に進化との関連で述べた同様の根拠に基づいて異議が唱えられる。どのような意味で、人間の登場が進化を表わしているといえるのだろうか。人間とは、最終的にさらに進んだ形態に至るまでの中間的な種にすぎないのだろうか。進化というものを、進歩や進展という言葉で考えるべきなのか、それとも、問題になる基準を求める場合にのみ進展か後退かを決められるように、単に偶然性や適応、無作為の変動といった言葉で考えるべきなのだろうか。地球や地球上の全ての生物に多大な関心を寄せる時代において、こうした問いはフェミニストならずとも多くの人々にとって興味深い問題である。

二つ目に、一九世紀末の多くの宗教的進化論者が（現代でもなお）、"man"という言葉を用いる際、実際には明らかに「男性の人間」を指していたということについてである。この水準に対する異議には、とりわけフェミニストが高い関心を寄せてきた。女性たちは、男性が女性に「生まれつき」優っているると主張する神学や哲学の理論のもとで、長きにわたって差別を経験してきた。男性の生得の優位性に関する主張は、アリストテレスにすでに見られており、キリスト教の神学者たちは、楽園追放の物語を用いて、単なる「生まれつき」のものに道徳的な優位性を付け加えた。しかし、一九世紀後半、伝統的な宗教が教養ある人々の思考への影響力を失ってきた頃、代わってダーウィニズムがキリスト教に、そして男性優位の教義に新たな力を与えることになった（Djikstra, 1986）。今度は、進化が男性と女性の間に大きな溝を作り出したと考えられるようになり、その溝はますます大きくなっていくと予測されたのである（Spencer, 1873/1909; Vogt, 1874/1969. ただしHubbard, 1979も参照のこと）。

社会的ダーウィニズムは、白人の、キリスト教徒の男性に、進化において不当に扱われてきた人々を搾取する（あるいは婉曲的に「神の栄光のために用いる」）科学的な口実を与えた。結局のところ、もし進化が創造の継続のために神が選んだ手段であったとすれば、我々が「適さない」と捉えるようなものが存在するのも神の意志に違いないということになる。進化論的有神論は、同様に理想主義的なナショナリズムを支えるものにもなった。進化的に明らかな成功を見せている大きなキリスト教国家は、キリスト教信仰、民主主義、資本主義に遅れをとった国々を率いるべきだというのである。そうした傲慢の著しい残滓《ざんし》が、今日もなお残っているのである。

こうした最も重要で広範にわたる関心領域の中には、生徒たちが哲学や科学による女性の抑圧について学ぶだけでなく、大抵の人が地球を見る際にとっている人間中心的な視点についてよく考えるための機会もあるだろう。少なくとも、現代の我々がコペルニクス以前の態度を非科学的であると判断するのと同じように、いつか我々の現在の態度が道徳以前のものと見なされることになるのは十分に想像がつく。また、宇宙の中で人間のいる場所は天体の動きよりもはるかに複雑であり、道徳的かつ実践的に適切なものを我々がまだ全く思い描くことができていないのも明らかだろう。この可能性を強調しておくのは、人間が進化の頂点や創造の究極目標ではないかもしれないという考えを生徒たちに紹介することで、しばしば、十分に考えられていない理論や実践を採用するのを彼らがためらうようになるからである――そのようなものの中には、守ろうとする自然に対して、実際は害を及ぼすかもしれないようなものもあるのだ。

人間、特に男性が進化の終点であるという信念から派生したものとして、階層の頂点にいる者は名づけ、定義し、分類し、描写し、周りにある全てを占有する力を正当に持つとする考え方がある。「創世記」二章で、神はアダムに全ての生き物に名前をつける権利を与える。そこには、「彼にふさわしい助け手」として授けられた女性も含まれていた。

つい最近に至るまで、女性たちが議論してきたのは――口を開くことを多少とも許された場合の話だが――共通言語とされている言葉を共有する権利を求めるものだった。現代のフェミニストは、名づけが対話の産物でないなら、せいぜい部分的にしか妥当とはいえないと思っている。メアリー・デイリーは、名づけの持つ力と、その力を奪われた結果として女性たちが被ってきた苦しみを示すことに大きく貢献してきた(Daly, 1974; 1984)。一九七三年に彼女が「人間の姉妹愛《シスターフッドオブマン》」という表現でインテリ層に衝撃を与えて初めて、それが可能となったのである。デイリーは次のように書いている。

「頭では」誰もが「人間《マン》」というのが包括的な言葉であると「知っている」。しかし、人間性全般が男性にのみ帰されているような世界に我々が生きている事実から見れば、また、「人間《マン》」という言葉が男性という意味をも持っているという重大な事実から見れば、この言葉は本当に包括的なものとしては通らない。[…]「人間の姉妹愛」という表現が為すことは、その言葉が未だかつて求められたことのないような包括的な重みを、「姉妹愛」に与えることである。(Daly, 1974, p. 9)

別のフェミニストも、言葉と名づけの力について説得的に論じている(Spender, 1980)。そして、現代の大学人は、「性差別的な言葉を避ける」ことを慣習的に迫られている。しかし、イメージを表現する、あるいは定着させるための、名づけるための、宗教やスピリチュアリティの領域で表現するための戦いは続いている。メアリー・デイリーの『父なる神を超えて』よりさらに一〇年以上前に、シドニー・フックが批判したのは、「人格」も「父」も文字通りの意味では神には適用されないことを認識していながら、「天にましますは我らの父」に対して祈ることに難を覚えないような「反省的信仰者」であった。それにもかかわらず、彼らは、『天にまします我らの甥よ』と神に祈るのは誰にとっても極めて不適切であるとは感じるはずだ。なぜか」と(Hook, 1961, p. 124)。実際、なぜなのだろうか。女性たちは母なる神を認める事例を強行してきたし、「父であり母である神さま」という言葉で始まる祈りが響く教会もあるが、多くの教会では、女性たちの対等な参加が未だ認められておらず、また、「母」という言葉を本質的には男性の神につける名前に仮止めするだけで、神にふさわしいイメージを見出すことができずにいる女性は多い。

全ての人の教育に含まれるべき、父権社会に関する第三の大きな関心事は、長きにわたって女性が自然や身体、不浄のものと結びつけられてきたことに宗教が果たした役割についてである。最後のもの――不浄――はさておき、現代の物書きの中には、女性たちと自然や身体との関わりについて、熱心に描く人もいるだろう。しかし、私たちが書くものは、伝統的な路線とはかなり異なっている。アリストテレスは女性を「男性の出来損ない」と表現したし、アクィナスにしても、なぜ女性が創造される必要があったのかを問う中で、理由はただ一つ――再生産に携わるため――であったとしている。ユダヤ教、イスラム教、キリスト教いずれの聖典にも女性への敬意や公平な態度を促す記述はあるが、異端や神秘主義の文献では、女性の劣等性が強調されている（Bird, 1974; Hassan, 1990; Phillips, 1984）。さらに、これら三つの大宗教全てにおいて、男性の信仰者の大半は、アダムが神の最初の創造物であり、女性は後からの付加である――アダムから、アダムのために創られた――という考えを受け入れている。

これに対し、サラ・ルディックは、身体に真剣な哲学的関心を傾け、伝統的な哲学にそのような関心が欠如してきたことを指摘している（Ruddick, 1989）。ほとんどの文化で祝われる特別の出来事であるはずの誕生が、哲学において無視されてきたのではないかというのである。ルディックは次のように述べる。「我々は自らの出自について知っている種であるにもかかわらず、哲学のテキストにおいては、我々はどういうわけか宇宙に『投げ出された』ものとされており、そのような考えは、我々が話したり書いたりできるようになった最も早い時期から見られる」（p. 189）。宗教的なテキストや儀式となると、誕生はしばしば堕落や汚染の源と見なされ、まさに妊娠に関わる女性の能力そのものが、嫌悪と、儀式上の警戒の対象として見られるのである（Ruether, 1974）。

身体や身体的機能の格を落としてきたことにかけて、キリスト教はユダヤ教よりも罪深かったといえる。ユダヤ教は、自然宗教に見られるような自然礼賛を拒否したが、身体を罪と結びつけることもまた受けつけなかった。ブーバーは次のように述べている。「キリスト教が、婚姻の儀式のように、自然な生活を神聖性の中に含める時でさえ、そこで人間の身体的なあり方は神聖なものとはされず、単に聖性に付き従うものとされるだけである」（Friedman, 1991, p. 227 における引用）。しかし、ユダヤ教にしても、女性の身体機能についてはやはり堕落や汚染と結びつけてきたわけである。

女性と自然や身体機能とのそうした古くからの関連について、生徒たちが意識しておくべき別の側面は、その両方に向けられてきた搾取の態度である。女性から「自然の神秘を搾り取る」とか、統制する、支配する、利用するなどという考えが、父権制における女性の扱い方の中に響いている。自然宗教という形態に関心を持つ生徒であれば、女性科学者の中には、自らの研究対象に対して、通常のように統制するという姿勢ではなく、感謝をして耳を傾けるような姿勢をとっている人もいるということを知ったらさぞ喜ぶに違いない（Keller, 1983, 1985）。

女性を自然や身体機能と、男性を精神や文化と結びつけることと密接に関係しているのは、女性が道徳的に劣った存在であるとする考えである。何人かのフェミニスト神学の論者が指摘してきたように、女性が男性よりも道徳的に劣っているという主張は、――教育や機会の多寡でもなければ、その他変えうるものではなく――ほかならぬ女性の身体に基づいている（McLaughlin, 1974; Ruether, 1974）。女性の身体そのものが、全ての注意を再生産に向けることを要求しているとされており、それゆえに議論はまず、女性は道徳的な思考を行う能力を持たないという方向に、その後は、進化によって女性には性的な事柄と母性が、男性には知性的・道徳的創造性が最適化されたのだという方向に向かった。心理学ではフロイトが、女性は「男性に求められるような、非常に冷酷で、非個人的で、感情的な源泉とは関わりを持たない」超自我を発達させなかったと論じた（Sagan, 1988, p. 77)。なぜなら、男性は去勢を恐れるために、父の声を内面化することによって自分のエディプス・コンプレックスを解決しなければならないからである。

初期の神学や神秘主義の説明の中では、あろうことか女性が悪と結びつけられている（Noddings, 1989)。人間に災いをもたらすという目的で地上に送られたという、古代ギリシャのパンドラの物語から、一五、一六、一七世紀に及ぶ魔女狩りに至るまで、女性の迫害という中に政治と宗教が混交する様が見て取れる。魔女狩りでは、間違いなく何千、あるいはおそらく何百万もの女性たちが訴えられ、拷問にかけられ、死刑になった。犠牲者の八割から九割は女性であり、女性を恐れ、貶めた宗教の手にかかって、全員が殺されたのだ。ジョゼフ・クライツは次のように述べている。「魔女狩りは、人間の人間に対する非人道的行為の最も悲惨な例の一つとして描かれることも多い。しかし、より正確には、種属ではなくジェンダーの為せる業であり、魔女裁判とは、男性の女性に対する非人道の証左なのだ」(Klaits, 1985, p. 51)。

身体、女性、悪という関連性は、シュプレンガーとクラーマーが『魔女に与える鉄槌』において明確に示している。「全ての魔術は肉欲に由来し、飽くことなく女性の中に求められている」と（Haught, 1990, p. 74 における引用)。女性たちは、身体に「悪魔の印」あるいは「魔女の乳首」がないかと、執拗に検査された。特に女性器は宗教裁判官にとって格別の興味の的であり、検査のみならず拷問の対象ともなったという（Haught, 1990を参照）。これらは全て単に歴史上の出来事なのだろうか。生徒たちが歴史を踏まえなければならないのは確かだが、今なお世界では、複数の主要な宗教において、月経のある女性が汚染の源と考えられていることも知っておく必要があるだろう。

最後になるが、生徒たちにはぜひ、随所であまりによく引用されるアダムとイブの話、楽園追放の物語によく親しんでもらいたい。なぜ学校のカリキュラムには現行の宗教神話が含まれないのだろうか。もちろん、授業にも登場する神々はいるし、様々な現象の神話的解釈はカリキュラムに必ず含まれている。例えばゼウスやヘラ、ヘルメスは学校の神話の授業でもよく知られており、学年によってはギリシャ神話とローマ神話における二重の呼び方、ゼウスとユピテル、ヘラとユノ、ヘルメスとメルクリウスなども学ぶように勧められている。オーディーンやロキはもう少し登場頻度が少なく、愉快な蜘蛛のトリックスターであるアナンシとなるとさらに少ないが、アダムとイブは、ほとんどの場合決して出てくることはない。ラルースの『世界の神話』のような巨大な神話集でさえ、アダムにもイブにも索引で触れることはないのである。しかし、天地創造や楽園追放のような聖書の物語がどのような定義においても神話なのは明らかであり、西洋社会に多大なる影響を与えてきたことからも、生徒たちが絶対に知っておくべき文学として、何よりも扱う必要があると考えられないだろうか。なぜそうではないのか。

この問いを教育理論の学生たちに投げかけると、多くはこうした提案にショックを受けたという反応をする。それは宗教物語であって、今でも信じている人がいる、「神話」と呼ぶなんて価値を貶めているではないか、と彼らは言う。しかし、それは本当だろうか。神話というのは、大昔の人や、はるか彼方の人だけが語ったり信じたりするものなのだろうか。西洋社会で今も健やかに生きているような神話は存在しないのだろうか。じゃあ、と驚いた顔の学生たちは答えるだろう――カリキュラムの中に、政教分離を脅かすような宗教的神話を入れることはできないでしょう、と。

こうした反応は、教育的観点を見落としている。もちろん、宗教を推し進めたり、あるいはその正体を暴露したりするために、アダムとイブの物語を教えることがあってはならない。それは、知性的な信仰あるいは不信仰を促進するという目的に基づいて教えられるべきだ。もし神話として教えることが宗教的な不快感を催すとすれば、その不快感はほとんど必ず、神話や神話文学の誤解に起因していると言ってよい。この時こそ、神話が嘘でも空想でもないということを説明する好機である。神話とはむしろ、解釈しやすいように、多世代にわたって再解釈されやすいように、文化や自然の現象を説明するために設えられたものなのだ。神話の力は実際、脱神話化の過程を通して成長する。ポール・リクールの述べるように、神話は、誤ったロゴスを失うにつれて、ますます強力に成長していくのである（Ricoeur, 1969）。したがって、宗教的神話も、宗教的生活におけるそれらの地位にふさわしい敬意と尊厳をもって扱うことは可能といえよう。

宗教的伝統における神話の地位に敬意を払うからといって、必ずしも批評を免除してよいわけではない。生徒たちには、ぜひリクールの議論を聞かせるべきだろう。リクールは、アダムとイブの神話とアウグスティヌスの原罪に関する声明とを結びつけることの誤りについて論じている（Ricouer, 1969, p. 239. 第2章を参照のこと）。この場合も、批評をするからといって、それはある見方が正しくて、別のものは間違っている、というような個人的な意見や批判的な見解を教師たちが表明せずとも成立しうるものである。

そして、やはり重要なのは、最初の女性に関する、また彼女が世界に悪をもたらすのに果たした役割に関するたくさんの物語――正統のものから異端のものまで――を生徒たちが知っておくことだろう。例えば、初期の教父たちはパンドラの物語を無視できたにもかかわらず、異端文学であるはずのその物語を奨励したようであるという。彼らはそれを異教徒の神話と呼びながら、イブを表現するのに、パンドラの物語に使われている「中身のない」「不正な」「慎みのない」「身勝手な」「淫乱な」といった言葉を援用した（Phillips, 1984, p. 22）。彼らは、パンドラとイブの双方を「美しき悪」として特徴づけることを受け入れたのである。

イブの創造というテーマは、偉大な芸術や民間説話の主題となってきた。フィリップスは、有名なユダヤ教の伝説を取り上げ、「悪意があるというよりは、ユーモラスで悪ふざけのようなものなのかもしれないが、［…］そうだとしてもなおほとんど救い難い女性嫌悪である」と述べる（p. 29）。この伝説において、イブは、創造主が彼女の罪を問うことを見越していたがゆえに創られたとされる。つまり、イブが創られた時に、サタンも創られたというのである。イブの創造の前に、神はアダムのどの部分を用いるかについて熟考している。

彼女を頭から創るのはやめよう、うぬぼれ屋になるといけないから。目でもない、男たらしになるといけないから。耳でもない、盗み聞きをするといけないから。口でもない、噂好きになるといけないから。手でもない、盗み癖がつくといけないから。心臓でもない、嫉妬深くなるといけないから。足でもない、遊び回るといけないから。男の中でも慎み深い場所からにしよう。彼が裸で立っても、その部分は覆われるから。そうしても、[…]彼女はうぬぼれ屋で[…]男たらしで[…]盗み聞きをして[…]嫉妬深くて[…]盗み癖があって[…]遊び回る。

(Phillips, 1984, p. 29 における引用)

ユダヤ教、キリスト教、イスラム教の伝統的なテキストでは、極端な女性嫌悪の思想が回避されたといえるかもしれないが、異端文学には豊富に含まれており、そうした文学が、伝統的な言説の中から強調したい部分を選び出す際に明らかに影響を及ぼしている。だからこそ、アダムの肋骨からイブが創られたという物語は、「創世記」の一章よりもずっと広く受け入れられ、喧伝《けんでん》されるようになったのだ。

ユダヤ教やイスラム教の言い伝えにも、イブの創造に関する民間説話がある。ある話では、神がイブを創る前に、一匹の犬がアダムの肋骨を盗み出したので、神はその犬の尻尾を用いてイブを創ったとしている。また、あるイスラムの話では、イブは蛇の足から作られたとされており、だからイブは邪悪であり、蛇には足がないのだと説明している。パンドラの物語と相俟って、異端の話の中には、イブはアダムに死をもたらすために特別に創られたのだということを示唆するものさえあるという(Phillips, 1984, pp. 42-43)。

生徒たちには、天地創造と楽園追放の神話に対するフェミニストの批評にも触れてもらうべきである。フェミニストたちはどのようにこの神話の象徴を解釈しているだろうか。自分たちの歴史として何を見ているのだろうか。その伝統的な解釈や流布がどのような政治的意図に奉仕したのだろうか。これらの問いは、私たちを次の主題へと導く。

フェミニスト・スピリチュアリティという選択肢

何はともあれ、生徒たちは、アダムとイブの神話における象徴性をフェミニストがどう分析しているかを知るべきだろう。アダムからイブが創られたということは、生命を生み出すものとして女性が持つ重要な役割について何を示唆しているのだろうか。妊娠や出産という過程を罪の痕跡として捉えるという神学の傾向は、アダムの話にも、これから述べる処女懐胎の物語にも現れている。デイリーをはじめとするフェミニストたちが指摘しているように、イブの創造は——女性から男性を創る代わりに男性から女性を創るという——記念碑的な倒錯を起こしている（Daly, 1974）。

この神話における蛇の役割は、とりわけ興味深い。マーリン・ストーンは、より以前に存在した女性中心の宗教における蛇の位置づけを示している（Stone, 1976）。その時代のものとして見つかった多くの像は、女神や女教皇が体に蛇を巻きつけているか、片側に蛇を伴っている姿を象っている。時には、女神自身が蛇として表現されているものさえある。明らかに、蛇は予言的な知恵を象徴しており、たくさんの工芸品に蛇が見られることからは、蛇-女神あるいは女教皇の権力がうかがえる。そうした予言的な知恵との関連のみならず、蛇はまた再生や不死とも結びつく。エスター・ハーディングは、次のように書いている。「原始的な古代の神話では、［…］不死の恩寵は、ある時は月によって、またある時は蛇によって人間にもたらされると語っている。別の場合には、月の木の実に、あるいはそこから絞り出すエキスに隠されている効能を蛇が人間に見せるという」(Harding, 1976, p. 53)。

最後のモチーフは、楽園追放の神話との関連においても非常に意義深い。以前の女神信仰において、蛇は知恵と癒しをもたらすものであった。月の木は月で育ち、そこから神のエキスが取り出せる実を与えてくれるものとされた。ハーディングが詳述しているように、地上で取れるエキスは、彼女が「おそらくアスセプリアス・アシダ」――トウワタの一種――であるとつきとめた植物から絞り取られてきた。これを果実酒にしたものは、ヒンドゥー教の聖体拝領の儀式の中で用いられている。ストーンは、知恵の木はエジプトイチジクであるとしており、その実と果汁が初期の女神信仰の聖体拝領の儀式に用いられていたと述べている(Stone, 1976)。「クレタ島で見つかった印章や指輪には、小さな果樹のそばにいる女神あるいはその随伴者が繰り返し描かれている。果樹はまるで彼女らを気遣い、信仰を捧げるキスをしているようでさえある」(p. 215)。

この歴史を鑑みれば、新しい宗教で蛇が悪者として登場したり、かつては知恵と癒しを意味した聖なる木が禁じられたりするようになるのも驚くには値しない。ある宗教を打ち壊すには、そのシンボルを悪用し、儀式を新しい構造に同化させていく必要がある。「創世記」三章一五節では、蛇と女性の間の、蛇の末裔と女性の末裔との間の対立を神に宣言させている。女性が、長きにわたってスピリチュアルな力のシンボルであったことを否定するように求められているのは明らかである。処女マリアが蛇の頭を踏みつけている絵は、デイリーに言わせれば「身の毛もよだつほどに重要な」ものであった(Daly, 1984, p. 390)。なぜなら、それは、女性たちが自らの力を破壊するということを含意しているからである（この問題については、Phillips, 1984 および Warner, 1976 も参照のこと）。もちろん、教師たちはフェミニストの聖書物語解釈を「真理」として紹介すべきではないし、物語そのものを示す以上のことをすべきでもない。これこれの学者が我々の宗教的遺産を今このように見ている、という仕方でこれらの解釈を提示するだけで十分である。

自分たちの失ってきたスピリチュアルな働きや力を意識し始めると、女性たちの中に女神信仰へと回帰していく人がいるのも頷ける。女神信仰に関する現代の文献を今の生徒たちに紹介すべき理由が、少なくとも三つはあるだろう。一点目は、この運動が知性的にも、政治的にも、スピリチュアルにも魅力的なものであること。二点目は、そうした文献が、女性たちの発展的な可能性について洞察を与えてくれること。そして三点目は、それが現代の環境学的関心にも、大きな連関を示していることである。

第2章で、多神論への興味が再燃していること、また今日ではその定義も様々であることに目を向けた。とりわけそのいくつか――ウィリアム・ジェイムズが明示的に、ジョン・デューイが暗示的に示唆したもの――は、宗教的というよりは非宗教的であるが、現代ではとても盛んになっているといえる(James, 1902/1958; Dewey, 1934)。古代ギリシャの多神論さえも、今日の大きな関心の舞台に上げられており、ギリシャの神々の神殿は、普遍的な特性や憧れを人格化したものであると考える人もいる。詩人のオーデンは、次のように書いている。

想像にとって、聖なるものは自明のものである。アフロディーテやアレスを信じるか信じないかなどと問うのは、小説の中の登場人物を信じるかどうか問うのと同じくらい無意味なことだ。彼らが人生に当てはまると思うか、当てはまらないと思うかとしか言えないものなのである。アフロディーテやアレスを信じるということは、彼らに関する詩的な神話が、自然や人生において人間が体験しているのと同じように、性や攻撃性の力を正しく扱っていると信じるということを意味するにすぎない。

(Downing, 1984, p. 18 における引用)

神や女神たちは、元型として、女性と男性双方の普遍的な発展可能性を示している。彼らの持つ知性面での魅力は、文学や芸術、音楽、その他多くの分野で明らかにされているが、今日の関心は、単に知性的なものや心理的なものだけではない。例えば、キャロル・クライストは、政治的な面、スピリチュアルな面での関心について書いている(Christ, 1982)。彼女によれば、「宗教は[…]シンボルや儀式を提供することによって深い心理的欲求を満たし、人々が人生の限界状況(死、悪、苦しみ)に対処し、人生における重要な変化(誕生、性、死)を乗り越えることができるようにしてくれる」(p. 72)。女性たちは、神の中に自らのイメージを見出せるような宗教を必要としている。「女神のシンボルが持つ最も単純で、最も基本的な意義は、女性の力を、慈しみの心に満ちた、何者にも依存しない力として正当に認めるというところにある」(p. 75)。

女神信仰に対する政治的な関心という部分は、実際には権限という概念に焦点づけられているが、女神を認める社会でなら女性がより政治的権限を持ってきたかといえば、必ずしもそうではない。ヒンドゥー教の社会がその好例である。古代ヒンドゥーの時代、女性たちは確かに自由と権限をより持っていたと言ってもよいが、気をつけなければならないのは、それが世界の大宗教の多くにも当てはまっているということである。デイビット・キンズリーによれば、伝統宗教の中でもエリート層によるものは男性によって支配されているが、民間信仰には——ヒンドゥー教のように——女神崇拝が見られた可能性がある（Kinsley, 1989）。しかし、先述の通り、異端文学は正統派のテキストよりさらに女性嫌悪の様相を呈しているともいえる。

したがって、女神崇拝があったからといって、政治的権限が大きくなるかどうかは保証の限りではない。ただし、それが様々な神のイメージを提供することによって、女性たちが自分を形作ったり、自分の理想を定めたりできるようになるということはありうる。仏教で慈母観音と呼ばれる妙善から、ヒンドゥー教の美しくも残忍な戦いの女神ドゥルガーに至るまでの様々な女神像のうちに、女性たちは自分の中にある最高のものにも最悪のものにもモデルも見出すことができ、それによって自分自身をよりよく理解することができるようになるだろう。

今日のスピリチュアルな選択肢の中には、魔術もある。スターホークは、それについて次のように述べている。

> 魔術においては、私たちそれぞれが自分自身の真実を露わにしなければならない。神が女性の姿で見えるか男性の姿で見えるかは、私たち自身の姿を反映している。女神にも男性的な側面があるからである。性とは秘跡である。宗教とは、内なる神との再結合、人間界や自然界のあらゆるところに顕現する彼女との再結合にほかならない。
>
> （Starhawk, 1982, p. 51）

生徒たちには、東洋の宗教やネイティブ・アメリカンの宗教、ヒューマニズム、無神論のことを知るべきであるのと全く同じように、現代の魔術についても知っておいてもらいたいと考える。つまり、魔術に対しても、(彼らが望むなら)受容的かつ批判的に関わるという両方の態度で接するように勧めるべきであるということだ。例えば、魔術の中に、父権制的な宗教の中にあるものと驚くほどよく似た美と危険を感じる人もいるということは知っておかなければならない。父権制的な宗教も、神の女性的な側面を認識しており、神の中に権力がイメージされていることを認め、儀式や聖餐式《せいさん》を用いる。では、魔術で説明されているように、女神信仰もお馴染みの堕落に陥りやすいのだろうか。そうでないとするなら、何によって守られるのだろうか。宗教の伝統を守るために同じような手段が採用されることはありえないのだろうか。

女神信仰の中でも、最も現代の若者の関心を引くことの一つは、それが環境問題と密接な関わりを持っている点である。この点において、女神信仰はネイティブ・アメリカンの宗教と、それどころか全ての自然宗教と似通っているといえる(Albanese, 1991)。そこには、偉大な女神であるガイアが宿っている。彼女は世界の中におり、彼女こそが世界である。私たちは、彼女の体の上をそっと歩き、彼女の生き物全てに敬意を払うように望まれている。スターホークは、愛そのものである女神について、次のように書いている。

木々への、石への、空と雲への、よい香りのする花々や轟《とどろ》くような波への、彼女の顔の上で走り、飛び、泳ぎ、這う全てのものへの愛。私たちへの愛。いのちを溶かし、世界を創造する、お互いの愛の頂点。私たちそれぞれが雪片のように自然でかけがえがなく、私たちそれぞれが自分の星、彼女の子ども、彼女の恋人、彼女の大切なもの、彼女自身である。

(Starhawk, 1982, p. 56)

この一節は、深く心動かされるものである。これを聞いた生徒たちは、魔女たちというものが、バプテスト派、ユダヤ教、カトリックが地上の調和と平和に深い関心を抱くよりはるか先を行っていると感じるかもしれない。告白するが、筆者も、轟くような波(あるいは遊び戯れることのできる生き生きとしたものなら何でも)に、根覆いの下から押し上がってくる若芽たちの勇敢さに、ペットの猫の温もりに、自分の子どもたちへの愛に、魂のようなものを感じる。しかし、これとよく似た詩的な表現は、大きな伝統宗教の文学にも見つかるのである。例えば、スーフィーの中には次のような物語がある。

《心》

ある者が、あらん限りの力で泣いている狂人のもとに近寄った。「どうして泣いているのか」と尋ねると、狂人はこう答えた。「彼〔神〕の同情を引くために泣いているのです」。別の者が彼に話しかけた。「お前の言っていることは馬鹿げている。彼は実際の心をお持ちでないのだから」。狂人は答えた。「間違っているのはあなたのほうだ。彼はこの世のありとあらゆる心の持ち主なのだから。心を通して、あなたは神とつながることができる」。

(Shah, 1970, p. 63)

私たちと生きとし生けるものたちとの心と心のつながりこそが、神へと通じる道なのである。

この点は、強調してもしすぎることはない、取り組むに値する事柄だろう。生徒たちは、次のように問うことを学ばねばならない。何に向けて行動していこうか、どのように人生を捧げることになるだろうか、と。私たちの詩的な表現やスピリチュアルな切望が、世界に対する行動の計画と結びつけられなければならないのである。女神信仰が約束するのは、生きとし生けるものの喜びに溢れた身体的体験と、全ての創造物に対する畏敬の念の回復である。もしそれが広く行き渡ったとしたら、その後も継続して、個人それぞれが独自の神イメージを、また神聖なものとの独自のつながり方を見出すことが許容されているかどうかを見ていく必要があるだろう。権力行使と捉えられれば、母なる神も父なる神と同じくらい厳しい暴君になりかねないのだから。

修正という選択肢

伝統的な大宗教は、女性をどのように記述しているのだろうか。これは青年たちが多大な関心を寄せる話題であるが、父権制的な宗教に対するフェミニストたちの批判を読んだ後なら、生徒たちもこの問いに何らかの回答ができるのではないだろうか。ここでさらなる疑問が生じうる。伝統宗教は、自分たちの聖典や初期の実践に従ってきたのだろうか、それとも、頽落した政治に導かれて選択してきた結果なのだろうか。宗教は修正されるべきなのか。

伝統宗教の内部からの修正には、二つの主要なアプローチがある。初期の実践や聖典の原典の中の期待の持てる部分に的を絞る方法と、信仰のダイナミックな性質を強調する方法である。後者は伝統的なテキストの再解釈を行っていくが、対して前者は、実践上、無視されたり十分に強調されなかったりしてきたものを原典の中に指摘する。生徒たちには、この両者のアプローチの例を紹介するとよいだろう。

実践が元々の意図から乖離してきたということを、『女性、宗教、性』において、複数の著者が示そうと試みている（Becher, 1990）。例えば、リファト・ハッサンは、解釈が進むにつれてコーランとハディースの解釈文学の間に相違が生じていったことを指摘している。女性の価値を貶めるような実践の多くはコーランにはなく、ハディースの解釈にしかたどることができないというのである。そして、次のマウルヴィ・チラー・アリの論を引用している。

広大な伝統の洪水は、たちまち混沌の海を形成した。真実、誤り、事実、伝説とが、判別不能な混乱の中で一緒くたにされた。どの宗教的、社会的、政治的体系も、カリフを喜ばせるため、あるいはアミールが自分の目的に役立てるためといった必要に応じて、何らかの口承伝統に訴えて正当化されてきたものである。ありとあらゆる嘘や不条理を支持するために、暴君の激情、気まぐれ、恣意を満たすために、マホメッドの名が濫用された。それを精査する基準を作ることなどは埒外であった。［…］私は、その信憑性がほとんど、あるいは全く信じられないような言い伝えはめったに引用しないようにしている。概して不確実で根拠がなく、一面的であるからだ。

（Hassan, 1990, p. 94）

ハッサンはアリの主張に大方同意しているが、解釈文学を除外してしまっては、事実上宗教の伝統を破壊する可能性もあると述べている。この点は、修正という選択肢を求める知性的な信仰者にとって、繊細かつ重要なところである。原典に回帰したとしても、それ自体では望んでいた変化を達成することはないだろう。解釈文学が修正され、原典の思想の線に沿って実践が行われなければならないのである。その意味で第一の選択肢は、第二の選択肢に非常によく似てくる。

第一のアプローチについては、たとえ難しくとも、教育者は特別の関心を寄せておくべきだ。なぜなら、それが宗教に対する歴史的な観点を要求するからである。レオナルド・スウィドラーは、コーランにおける女性の地位に関するハッサンの主張を肯定し、より広い文脈に議論を位置づけながら、少なくとも世界の大宗教のいくつかは、男性と女性の両方を含んだ解放運動として始まったと主張している。

後の女性たちが宗教の人間解放運動の推進に十分に参加していないとすれば（すなわち性差別主義）、その分だけその宗教は当初の洞察に対して不誠実である、つまり、退廃状況にあるということだ。したがって、性差別主義は、宗教における頽落の兆候である。（Swidler, 1974, p. 168）

スウィドラーは続いて、キリスト教、イスラム教、ヒンドゥー教、ユダヤ教において、女性の地位が時代を経るごとに下落していったことを証明して、次のように述べる。「こうした宗教の原点の洞察に回帰するということは、宗教の全般的な腐敗を刷新するだけでなく、それに付随して宗教における女性の地位を引き上げることでもある」（p. 168）。生徒たちの目には、ヒンドゥー教の聖典の変遷がとりわけ劇的に映るかもしれない。スウィドラーによれば、初期の聖典では、後のものに比べて、女性たちが男性とほぼ同格に描かれていた。「彼女らは結婚することもしないこともできたし、聖典を学ぶことも、実際にその研究に人生を捧げることさえできた。結婚相手を自由に選択することもできた。夫を亡くせば、再婚することもできた。父親、母親の双方から富を受け継ぐ権利もあった」(p. 171)。

ところが、より後世の聖典には、キリスト教に匹敵する、あるいはそれをも凌駕《りょうが》するような恐ろしい話が複数見つかるのである。「パドマプラーナ」には次のようにあるという。

> 夫がそれなりに醜くなり、年老い、衰弱し、攻撃的になったとしても、怒りっぽく、自堕落で、不品行で、飲んだくれの博打うちのままにさせておくこと。悪い場所にいつも顔を出し、他の女と醜業を働き、家には一切愛着を持たなくても、そのままにさせておくこと。狂人のようにうわごとを言わせておくこと。[…] 妻は夫を神のように仰ぎ見なければならない。[…] 妻は夫が十分に腹を満たしてからしか、食べ物を口にしてはならない。夫が断食をするなら、妻も断食しなければならない。夫が食べ物に触れないなら、妻も触れてはならない。夫が悩みを抱えるなら、妻もそうしなければならない。夫が気分良くしているなら、妻もその喜びを分かち合わなければならない。夫の死に際しては、同じ火葬壇で生きたまま焼かれるのを良しとしなければならない。そうすれば誰もが妻の徳を褒め称えるであろう。
>
> (Swidler, 1974, pp. 173-174 における引用)

よく訓練を受けた学者であっても十分に答えられないであろうが、次の問いを考えてみるように生徒たちを励ますべきだろう。そんなにも嘆かわしい変化が、大宗教の中でどうやって、またどうして起こったのか、と。こうした問題を深く考える中で、知性的な信仰者であれば、自分の宗教の根源に回帰することによって、あるいはその根源と矛盾しないダイナミズムを主張することによって、宗教を改変していく義務を認識するかもしれない。知性的な不信仰者であれば、宗教には世界をより道徳的に高い水準へと導くことはできないという主張へのさらなる証拠を、この退廃の物語の中に見出すかもしれない。

生徒たちはまた、修正という課題がいかに困難であるかも知っておくほうがよい。女神信仰や自然宗教についてフェミニストたちが書いたものを読めば、スピリチュアルなものが復活したという感覚に満たされるかもしれない。しかし、一九世紀のフェミニストたちが、解放を掲げていた元の状態へと教会を動かそうとする中で格闘した経験についても学ばなければならないだろう。例えば、エリザベス・キャディ・スタントンは、女性とキリスト教についてこのように述べている。

> キリスト教以前の女性の地位を考えれば、女性が現代［一八八八年］、キリスト教の下で、進歩への一歩や新しい自由に関して、いかなる宗教形態からも何ら恩恵を蒙っていないことがわかる。それどころか、女性がこんなにも長く隷属状態に置かれてきたのは、女性の宗教的情操が悪用されたからである。
>
> （Oakley, 1972, p. 112 における引用）

スタントンは、ほとんどの説教者が「創世記」二章を一章よりも強調することを選ぶことにとりわけ憤慨していた。前者では、女性が明らかに男性のための補足として創られるのに対して、後者では「神において女性性と男性性とが完全に同等であることが宣言されている」というのだ (p. 115)。スタントンは、前者が選ばれたことで女性たちは神における女性イメージを奪われたと考えた。今から百年以上も前に、彼女は全国婦人参政権協会に対し、「キリスト教の聖職者たちに、思想の先導者として、人間は男性的でも女性的でもある神から作られたのであり、地上には等しく権利が与えられ、何人も互いの上に立つものはいないのだという創造に関する根本的な思想を教え、強化することを要請する決議を採用するよう促した (p. 114)。この決議は結局通ることはなかったという。それは、女性が参政権を得る三五年も前のことであり、今日でさえ、ほとんどの教会において、スタントンが勧めたような「天におられる御母様、御父様」という呼びかけはなされない。このように、教会を動かすのは、アメリカ議会を動かすよりも難しいのかもしれない。宗教において、女性たちは、自分たちの抑圧に対して共に取り組んできたのである。

最後になるが、教育者の目から見て、意味深く素晴らしいアイディアが現代のフェミニズムの修正論者の仕事から出てきているように思われる。この論者たちは、身体が罵《ののし》られたり神学思想から切り離されたりすべきではないこと (Cooey, Farmer, & Ross, 1987)、「救済」や「復活」といった言葉は、来世と同じくらい今世にとっても意味を持つべきであること (Welch, 1985)、古代ギリシャ人たちが著していながら、後の宗教思想において拒否された悲劇的な未来像が道徳的生活にとって多大な力を持っていること、そして、神義論は誤った目的をずっと追求してきたということ、などを教えてくれる。

ウェンディ・ファーリーは、元の物語、たとえ話に回帰することを提案し、そこに悲劇的な見方を持ち込む（Farley, 1990）。彼女は次のように書いている。

> たとえ話とは、歴史に根ざした存在を見直すように頭と心を差し向けるような、不思議で刺激的な話である。サマリア人が彼の敵対者に示した、あるいは父親が放蕩息子に示した無償の温かい愛は、悲劇的な存在の中にさえも、現実的な可能性があることを示している。たとえ話の不思議な論理は、この世の中のための論理である。そこにおいては、未亡人と羊飼いが失った硬貨や羊をめぐって所有物の総計という点で同じ関心を抱くし、飢えた者、病気の者、罪を犯した者に姿を変えて現れた神をどれだけ大切にしたかに基づいて、人々が羊やヤギのように分類される。それは、公平さ、憐れみ、祝祭の原理に従って人間を互いに向き合わせる論理である。それは、絶望、自己本位、罪、残酷さという現実に対して、来世での完成としてではなく現実的な選択肢として目を光らせる論理である。それは、具体的な歴史に根ざした生活において「公平に扱い、親切を愛する」ことが可能であるような要請であり、約束である。（Farley, 1990, p. 131）

この刺激的な記述には、問うべきたった一つの重要な点が込められているように思う。生徒たちに——私たち皆に——たとえ話は本当に私たちを公平性へと向かわせるのか、あるいはさらにずっと根源的なものへと向かわせるのか、ぜひ考えてみてほしい。結局のところ、父親は放蕩息子を公平に扱ったのだろうか。サマリア人の振る舞いは、公平なものだったのだろうか。現代のフェミニストたちの批評の持つ強い力に導かれて、私たちは伝統的思考における悪なるものだけでなく、善に関する概念までをも問い始める。たとえ話は、公平さを脇においても生活上の必要性に慈悲の心で応じることをよしとする神のヴィジョンを示してくれる。生徒たちには、こうした話を聞いて、現代の生活にとっての妥当性について考えてもらう必要があるだろう。

第5章　魂の不滅・救済・悲観主義

昨今の生徒たちは、良い職に就くことを保証するためとはいえ、彼らには重要でないと思われる教科を学校で学ぶように、あまりに煽られすぎているのではないだろうか。良い職を得ることは立派な目標ではあるが、人生で最も重要な事柄ではないわけで、それだけが彼らにとって重要なことであると考えるとすれば、一〇代の若者を見くびっていると言ってよいだろう。若者たちは実際、私たちがずっと考え続けてきた問いに、とりわけ生や死にまつわる問いに強い関心を抱いている。人生には何か意味があるのか。人生は生きるに値するものか。死後の生は存在するのか。死ということは生にとってどんな意味を持つのか。

死

生徒たちには、死について、また死が生の意味にどのように関わるかについて話し合う機会を持ってもらうべきである。第1章において、子どもたちを「真実とは何かに、本当のものへと直面することに」触れさせるべきだとするジョン・シルバーの議論を紹介した（Silber, 1989, p. 5）。彼は、死という現実を認識することで、生徒たちがより懸命に学び、より道徳的に生きるようになると信じている。

シルバーの意見とは反対に、筆者は、生徒たちには、生における意味や喜びを見出すことができるよう手を貸すべきではないかと――成功というものに関する多くの定義を手に入れられるようにすべきではないかと――信じている。また、道徳的な態度や振る舞いを身につけていくにあたっては、愛やケアの心が、恐れよりも大きな役割を演じるとも信じている。死は確かに論じられるべきだが、あくまで生や生の意味との関連において話されなければならないのだ。

子どもたちも、思春期の若者たちも、死については定期的に思い煩うものである。最近の新聞のコラムで、アデア・ララは、息子のパトリックが死という事実に対して示した怒りについて書いている(Lara, 1992)。ある晩、眠りにつく前に、彼の悩み事が短い衝突を招いたというのだ。

「ママは僕を殺したんだ」と彼は言った。私は彼の歯を磨こうとしただけである。「命をあげたじゃない」と答えると、「そうさ」と彼は苦々しげに答えた。「だから死んじゃうんじゃないか」。

こうしたほろ苦い瞬間は、健全な関係性の中で解消されていくが、存在の問いを議論する必要はなおも続く。ララのコラムが掲載されたのと同じ日に、漫画欄の「カルビンとホッブス」にも似たようなエピソードが描かれていた。カルビンの先生は、授業で次の単元に移るためのまとめをしていた。

先生：質問がないようなら、次の章に行きましょうか。

カルビン：先生、質問。

先生：もちろん、カルビン。何ですか？
カルビン：人間存在の意義って何？
先生：教科に関わる質問という意味ですよ。
カルビン：ああ。（本を見つめながらボソボソと呟く。「はっきり言って、これにもうエネルギーを使わなくていいように解決したかったんだけどなあ。」）

もちろん、カルビンのようにあけすけな問い方をするような子どもはほとんどいないだろう。しかし、彼らは不思議に思い、悩み苦しみ、言葉にした問いもしていない問いも大人たちに応えてほしいと願っている。生そのものの意義について考えながら、文法や筆算に集中するのは本当に難しい。

死については、歴史的な文脈の中で論じることもできる。フィリップ・アリエスは、死に関する記念碑的な歴史研究の初めに、中世における死への態度を分析している（Aries, 1981）。ローランドとオリバーの物語や、アーサー王、またトリスタンの物語を読めば、生徒たちは必ずや、彼らの死に対する態度に関心を引かれることと思われる。アリエスはまず、これらの登場人物たちが、死は迫り来るものであり、そのために備えるべきと考えていたことを指摘する。仲間たちが嘆いたり時に抵抗したりするのに対して、彼らは自分の死を受け入れている。死を予見することは、過去の鮮明な記憶と同じほどに確かなものであった。

今日私たちが超自然的と考えるものと自然な出来事との間のこうした密接な関係は徐々に崩れ去り、「人々」と知識人との間に大きな溝が生じた。アリエスは次のように書いている。

知識階級を伝統文化から隔てる溝ができるようになると、死の予感なるものは民衆の迷信と位置づけられるようになった。それを詩的で尊重すべきものと見なす作家さえも例外ではなかった。シャトーブリアンが『キリスト教精髄』で述べたような言い方よりも顕著な例は見当たらない。彼は、民話の魅力的な例として、「死は、不死に触れるがゆえに詩的であり、静かさゆえに神秘的であり、その存在を知らせる何千もの方法を持っている」と述べるが、「人々にとって」と付け加えることを忘れない。知識層はもはや死の予兆を受け取っていない、とこれより率直に認めることはできないだろう。［…］シャトーブリアンにとって、「何千もの方法［…］」とは、どれも超自然的なものであった。「ひとりでに鳴る電話のベルの音によって死がその存在を知らせる場合もあれば、死に瀕《ひん》した人が、自分の部屋の床が三回ノックされるのを聞くという場合もある」。

(Aries, 1981, p. 8)

「人々」が自然や自らの身体過程とより密接なつながりを持っていたのか、あるいはシャトーブリアンが示唆したように、彼らは単なる迷信の犠牲者にすぎなかったのかは、今となってはわからない。しかしながら、現代もなお——たとえば多くのネイティブ・アメリカンのように——差し迫った死にも安らかな態度を保つ人々は存在する。梟《ふくろう》がその人の名前を呼ぶといった予兆は平静さをもって受け止められ、恐怖や抵抗ではなく、祭儀の準備のきっかけとなるばかりである。

死の儀式的な受容については、エリス・ピーターズによる中世ミステリーの中にも描かれている。

修道士カドフェルが一二世紀の殺人の謎を解いていく物語シリーズである。この話は、読んで楽しいだけでなく、歴史的な知識も豊富に含んでいる。日々の暮らしの断片はとりわけ興味深い。秩序への信頼、儀式から得る慰め、祭儀によって導かれる平静心、善良な性格の揺るぎなさが、アリエスが歴史的に描くように、フィクションの中で描かれるのである。

またこの作品は、中世において――通常の死を受け入れる時の平静心にもかかわらず――突然死、とりわけ殺人がとても悪く言われていたということを若者たちが知る助けにもなるだろう。犠牲者やその愛する者たちが心の準備ができないばかりか、もっと悪いことに、そのような死は秩序を侮辱することにほかならない。運命という感覚も、運命に関する人知も破壊してしまうのである。通常であれば皆の前で共に喪に服すはずの人々が、そのような死が起きた際には、異様なほどの沈黙を貫いたという（Aries, 1981, p. 11）。

もちろん、現代の若者の間で蔓延している暴力的な死について、生徒たちに話し合ってもらうのもよいだろう。自分の家の戸口で銃弾に倒れて死ぬことに、勇ましさも、ロマンも、安らかさもありはしない。それは勇敢な戦士の死でもなければ、加齢による自然死でもない。正義や道徳的な善に向かうことを拒否する若者が、自分たちの行動のせいで亡くなった人を通して、その行為が愛する者たちの日常生活に何を意味したかを見せつけられて初めて、ギャング行為に加担することの恐ろしさによ うやく気づくということがある。そうした描写は、中世におけるのと同じくらい、現代でもなお鮮烈なものである。突然の、関与できない死は、自然の秩序への脅威として見られる。つまり、別の運命を当たり前のように楽しみに待っていた人々の正当な計画や期待に対する侵犯と捉えられるのだ。戸口に立つ時も、歩道をぶらつく時も、隣人とおしゃべりをする時も、その次の瞬間や日々を計画するためには安全でなければならない。ここで私たちに訴えるのは、市民感覚における法や秩序ではない。自然の秩序である。たとえ知的に洗練される中でそのような考えを拒否するとしても、市民的秩序のことなどほとんど気にしていない多くの人々に大きな影響を与えているその力を否定することはできない。別の経験が運命づけられていたはずの人生が崩壊してしまったという感覚は、強い影響力を及ぼしうるのである。

ここでも、人間の中心的な関心事についての話題を生み出すために、歴史や文学、多文化的な観点を持ち込めるということがわかる。深遠な実存的問いを扱うには、標準的な歴史や文学に頼るのではなく——事実や専門的な分析の渦の中でそうした問いが失われてしまうことも多い——、教育者は、この問いを直接口にし、より大きな冒険心に貢献できるような歴史や文学を教えるカリキュラムを計画すべきだろう。

しかし、死や、死に対して人々がとってきた態度について議論する際には、魂の不滅や、その話題について展開されてきた多様な観点についても議論しなければならない。死とは、人生の終わりなのか、それとも新しい存在の始まりなのか。今、経験している生は、存在の長い連なりの中で最も新しいものにすぎないのだろうか。

魂の不滅

人は誰でも、死後の生の可能性について不思議に思ったことがあるのではないだろうか。魂は不滅なのかいなか、どちらかを確信している人であっても、時に疑いが差し込むことを告白している。ミゲル・デ・ウナムーノは、この両方への疑義を書き著している（Unamuno, 1954）。死が最終的なものであり、望ましいものであると納得していたとしても、不信仰者はなお、内なる声が「もしかして……」と呟くのを耳にするだろう。同じように、信仰を告白する者も、「もしかして……」という同じ内なる囁きに心を乱されるかもしれない。ウナムーノは、次のように続ける。

「存在するのか」「存在しないのか」――これらが、我々の内なる生の根本をなしている。魂は死すべき運命にあるという確信が決して揺らがない合理主義者もいるかもしれないし、魂の不滅性への信念が揺らぐことのない生気論者もいるだろう。しかし、このことはせいぜい、自然の脅威が存在するというのと同じくらいのことしか示していない。だから、どんなに素晴らしい知性があっても心や感情のつまらない人がおり、どんなに素晴らしい徳があっても知性的につまらない人がいるのだ。［…］死の向こう側の可能性に一度も悩まされたことがないとか、自分の死という考えに心を乱されたことがないと話す人のことが私には理解できない。（Unamuno, 1954, p. 119）

マーティン・ガードナーは、ウナムーノと同じく、魂が不滅でありうるかいなかを合理主義者に証明する術はない――信仰者は、魂の不滅性を望み、確信する情熱に支えられている――と述べている（Gardner, 1983）。彼には、「似非の不滅性」と彼が呼ぶもの――「無神論者と汎神論者」によってでっち上げられたもの――に我慢がならなかった。ガードナーも、ウナムーノ同様、自分自身――人格、記憶、意識全体――が継続することを欲しているのである。

しかし、その似非の不滅性が、読者によっては魅力的に映る可能性もあろうし、生徒たちにもこちらを聞かせておきたいところである。子孫を通じて生き続けるという考えはどうだろうか。近年、カリフォルニアの死刑制度で判決を受けた人々が、まさにこの手の不滅性を自分たちに認めてもらいたいとの訴訟を起こしている。自分の遺伝子が生き続けられるように、精子バンクに貢献したいと望んでいるのだ。また、芸術作品や建造物、政治組織、あるいは別の目に見える作品に、満足のいく不滅性を予感する人もいる。ベートーヴェンのピアノ協奏曲「皇帝」を聞けば、確かにベートーヴェンの不滅性を感じる。しかし、このような形の不滅でも、ベートーヴェンその人を満足させうるのだろうか。さらに、他の生物や非生物の中に自分の原子が再分配されるという物理的な事実に安らぎを見出す人もいる。ガードナーはといえば、これに何ら慰めを感じないそうで、「そのような魂の不滅の感覚の中では[…]全ての草葉が、小石が、雪片が永遠であるということになる」と述べる(p. 281)。私たちの中には、自分の肉体を大地の肥やしにしたいと、腐食しない棺に閉じ込めて大地から切り離すことはやめてほしいと実際に望む人もいる。このように感じる人の多くは、たとえそうなったとしても、自分たちの魂あるいは意識には、生じくる命の芽吹きを観察し、見たり感じたり愛したり、そして再生したりと変遷していってもらいたいのだろう。

ガードナーはとりわけ、我々の不滅性とは、まさに我々がそうであった通りの永遠の存在――宇宙における永遠の記録のようなもの――にあると説得しようとしてくる哲学者たちに手厳しかった。時にこの手の慰めが、幼くして亡くなった子どもの親に差し出されることがある。亡くなった子どもは、永遠にその幼い姿のままであろうというのだ。このタイプの主張は、ある意味で非情なものともいえる。しかし、それを埋め合わせるようなもっともらしさを持つ別の考え方もある。我々一人一人が、神の精神の記憶に――完全で正確な記憶に――なるとするものである。ここでの「神」はもちろん、私たち個人に向き合って応えてくれるような人格神ではない。ガードナーは、この見方を尊大で恥知らずなものとしながら、感受性の鋭い哲学者の中にもこのように考えていた者がいることを認めている。例えば、サンタヤーナは、「その禁欲的な代償と引き換えに、その考えの奥底に『慰めようのない悲しみ』を抱えていたと言ってよいほど率直であった」という(p. 281)。

今述べたような視点は、第2章で言及したプロセス神学でよく見られるものである。(ガードナーが名前を挙げているサンタヤーナやホワイトヘッドは、この伝統に属している。)それは、個人的な主観的意識は保存されなくても、永遠の記録が神の経験に取り込まれていくゆえに、「客観的不滅性」と呼ばれている。ただし、少なくとも現代のプロセス神学の神学者の何人かは、この見方がほとんどの人に不適切な印象を与えていることを認めている(Griffin, 1991を参照)。自己本位であろうとなかろうと、多くの人は自分自身の経験が存続することを求めている。神の経験にほんの小さな貢献をするというくらいでは、決して満足しないのである。

ガードナーは、最も優れた筆致で、以上の見方や真実の永遠の持続性に慰めを見出す考えをもろともに拒絶する。

私の死後も、未婚男性はなお独身男性であること、三七はなお素数であること、星々は輝き続けること、私が永遠に今ある私の通りであることを知っても、私の魂は少しも強められない。こんなインチキな不滅性は打ち捨てよ！　何一つ心に響かない。バートランド・ラッセルとともにこう言うほうがましだ。「死ねば朽ち果てるだけで、私の自我は全く後に残らないと信じている」と。

(Gardner, 1983, p. 282)

ガードナー自身は無神論を拒否していたが、ラッセルの発言は彼にとって誠実なものに響いたのである。ここでもやはり、信仰者と不信仰者とが、最深のところにある関心事を共有する時にいかに接近しうるかが示されているのではないだろうか。

　ガードナーの引用からは、いかに豊かな議論が数学の授業で可能かということもわかる。無論、未婚男性が独身男性であるという話は、哲学で最もよく知られた分析命題の一つであり、三七が素数であるという話も、ガードナーの中心的関心が数学にあることを反映している。数学の教師は、例えば次のように質問してはどうだろうか。三七を五進法で表記した（122_5）としても、まだ素数といえるでしょうか、と。（やはり素数であるというのが正解だが、こう問うことで、生徒たちの素数理解を試すことができるだろう。）ガードナーが魂の不滅性について扱っている二つの章はいずれも、文学、哲学、サイエンスフィクション、数学、神学、詩への言及に溢れている。数学の教師が、自分の仕事はただ数学を教えるだけであるという観念から逃れることができていたら、学校は生徒たちにとってはるかに面白い場所になったことだろう。

　魂の不滅性に対する定義は多岐にわたるが、ロジャー・ウィリアムスとウィリアム・ウッドはいずれも、植民地時代のニューイングランドのネイティブ・アメリカンの自然宗教が、トルコのものとかなり似通っていることを指摘している。ウッドは、次のように書いている。

> 彼らは、魂は決して死ぬことがなく不滅であり、南西にある理想郷に通じていると考えていた。彼らネイティブ・アメリカンの信仰は、遠く離れたトルコのコーランと関係が深い。そこでは楽園のようなものが信じられており、その場所に、自分たちは永遠にとどまることができ、香りのよい庭園や、実ったトウモロコシ畑、緑の草原で自らを慰め、心地よい川の冷たい水流にその黄褐色の皮膚を浸し、自然の匠を凝らした豪華絢爛な宮殿で、暑さ寒さから身を守ることができるとされる。つまり、不安にも痛みにも煩わされることがないというのである。
>
> （Albanese, 1991, p. 33 における引用）

死後の生と同じように、存在以前にも大きな強調を置く人々もいる。東ヨーロッパのユダヤ人の中には、全ての魂は天地創造の時から存在しており、この存在の記憶は、誕生の直前に頬を打たれることによって消されてしまうのだと信じる人がいるという（Mead, 1961）。プラトンも（おそらくソクラテスも）存在以前という意味での魂の不滅性にかなりの強調点を置いている。プラトンによれば、知識というものは全て、本質的には永遠の広大な貯蔵庫から呼び起こされたものであった。

マーガレット・ミードは、バリ島の人々によって実践されているインドネシア・ヒンドゥー教の形態について描写している。バリの人々は、輪廻転生を信じ、幸運や不運の多くは過去世に起因するものと考えているという。

> 不運が続くと、その人の魂のどれかが、別の世に滞在している時に負った負債のせいにして、人々は「今世は悪運をもらった」と言うだろう。あるいは、物乞いに何かを恵む時、彼らはこう言うだろう。「恵まないなんてできないよ。自分が彼のようにならないなんて誰にわかる？　みんな順番なんだ」。
>
> （Meed, 1961, p. 92）

バリでは、「無知のヴェール」（Rawls, 1971）――私たちにとっては道徳哲学のテクニカルな装置にすぎない――が存在の事実なのである！　人は文字通り、来世で自分がどのような立場になるか、知る由もないのだから。

つまり、魂の不滅性を未来に見る人もいれば、過去に見る人もいるということになる。ある人にとっては、心から欲し、後に求めるべきものであるし、別の人にとっては、全ての欲を取り除くことで抜け出さなければならないものである。死者の魂は特別な場所に住んでいると信じる人もいれば、良きにつけ悪しきにつけ生者のもとを訪ねるためにすぐ近くに留まっていると信じる人もおり、また、それらは本質的に悪なので取り除かなければならないと信じる人もいる。そして、それらが出鱈目に混ざり合っているような人もいる。第3章にて、自分の教区民たちが三つの物事を同時に信じていると見ている司教の声を紹介した。教会が説くように魂が不滅だとも、死んだら――動物と同じように――死ぬとも、そして、死者が土の下から生者を意地悪く観察し続けているとも信じているというのである。
少なくとももう一つ、ここで言及しておくべき不滅性の見方がある。不滅性という形式は、その人自身の人生の間に時間を超越することによっても達成されうると考える思想家もいるのである（Heard, 1961）。この驚くべき芸当は、研究や熟考の対象にあまりにも没頭し、通常の時間的な出来事を超えてしまったような時に成し遂げられるという。複数の偉大な数学者たちが人生におけるそのような瞬間について記述しており、またそれを見ていた人がそのような時の彼らの振る舞いについて説明している。ハードは、デカルト、ニュートン、ハミルトン、ポアンカレを傑出した事例として引用している。彼らはいずれも、無感覚の意識という注目すべき状態を確かに達成できているように見える。ニュートンは、しばしばトランス様状態に入ってしまい、誰かが食堂まで連れて行かざるをえなかったという。E・T・ベルは、ニュートンについて次のように書いている。

ニュートンは、自分の身体的健康には一切目もくれず、最高傑作『自然哲学の数学的諸原理』の構想に身を捧げていた時には、寝食の必要な肉体があることさえ忘れてしまったようであった。食事は怠るか全く忘れるかであり、短い眠りから覚めると、ベッドの端に何時間も半裸で座り、自らの数学の迷宮を縫うように進んでいった。
(Bell, 1937/1965, p. 109)

ニュートンは明らかに、半分はこの世に、半分は別の世界に住んでいた。ハミルトンもまた、何日もの間、食事も（アルコールは別！）日々の活動も忘れていたかと思うと、素晴らしい数学的洞察を携えて日常生活に戻ってきたと書かれている。またデカルトは、朝一番に夢うつつの状態で最高の仕事をするのが常であり、考え事をしながらベッドにとどまっていたこともよくあったという。ポアンカレは、魅惑的なエッセイ「数学的創造」の中で、数学の活動において抱卵《インキュベーション》が持つ役割について詳しく描写している（Poincaré, 1956）。この四人の中で、ポアンカレだけが宗教的懐疑を公言していたが、一方ニュートンは、神学を数学よりも重要なものと考えていた。しかしながら、彼らの中に無感覚的な意識という能力を一種の魂の不滅性と見なしていた人がいたかは疑わしいところである。

　研究対象に心捕らわれるような気分を経験した創造的な人物たちは、何も数学者だけではない。モーツァルトは、調子が良い時は頭の中に音楽が「聞こえた」と主張しているし、テニスンは実際に無感覚的な意識をあえて磨いていたようだ。テニスンは、そうした状態を魂の不滅性と明確に結びつけ、――この状態を経験した時――死は「馬鹿げた不可能」だとわかったと述べている（Heard, 1961, p. 69）。ただし、テニスンがこれを魂の不滅性と同等視したと言うべきではないだろう。この言葉からは、彼があくまで、魂の不滅の本質と確かさを理解したということしかわからないのだから。

　おそらく、ガードナーもウナムーノも、こうした超越的な精神状態（つまるところ、一時的なものであり、精神活動の高次の秩序に依存したもの）をやはり似非の不滅性として拒否することだろう。中高生たちはどのように反応するだろうか。おそらく生徒の中には、そんなものは定期的に起こる魂の不滅などでは全くなく、「そいつらは死んでいたも同然じゃないか！」と言う子もいることだろう。しかしきっと、そうした没頭の中に神秘的な美しさを感じる生徒もいるに違いない。

　この話題を離れる前に、宗教上の大人物――聖パウロとアウグスティヌスを念頭に置いている――

も、より大きな力に鷲掴みにされた体験について書いていることに触れておくべきだと思われるが、いずれもそうした瞬間を、ガードナーやウナムーノが求めているような不滅性の代案としては考えていないだろう。一方で、そのような活動に没頭する――そのような高い意識状態に入る――能力を、魂の不滅性にも相当する長所であると考えてきた人もいる。偉大な芸術家は、その名前が残るだけでなく、その作品が残るだけでもなく、後の思想家が語らい合うべき相手として、その人自身が残るのだと。ウラジーミル・ナボコフは、まさしくこのような考え方をとり、文学と個人の魂の不滅を必死に結びつけようとした人物である（Rorty, 1989 を参照）。ナボコフが素晴らしかったのは、この見方の難点に気づいていた点である。エリート主義にすぎるのだ。対話が続けられるように偉大な芸術家や科学者を保存しておくというのは彼らにとっては望ましいことだが、ではそれ以外の人はどうなるのか。それでもナボコフは、たとえ一部の人間にしか正当だと見なせなくても、魂の不滅性を信じた。「我々は、狂人が自らを神と信じるのと全く同じように自分が死ぬものと信じ込んでいる」（p. 146 における引用）と登場人物に言わせるのである。芸術的な感受性から来る議論では――少なくとも論理的には――そのような確信を生み出すことはできないが、作り出した登場人物を通してそのような信念を表明する必要があると、ナボコフは感じたのである。

フレデリック・ターナーも、こうした見方について論じ、我々の魂の不滅性とは、永遠の対話に参加することにあるとの考えを述べている。

それゆえ、偉大なる対話という不滅性の核心は、因習的な対象、能力、伝統、語りのノウハウなどとは別のところにある。それは［…］単に偉大なる精神にとっての不滅性なのではない。というのも、そうした偉大なる精神が不滅のものとなっていくのは、まさにそれが偉大な精神であることを――専門家、権威、プロフェッショナルであることを――諦めて、アマチュアや素人に――こう言っても構わなければ、馬鹿者に――なった時であるからだ。ソクラテスの一座は、賢くも愚かに、あらゆる障壁を飛び越えた。

(Turner, 1991, p. 107)

この観点から、これまで考えてきたような議論に生徒たちを引き込んで、不滅性という形式を共にするよう誘うのである。

ここまでのところ、不信仰者の意見については、死ねば「朽ち果てる」だけだというラッセルの信念にしか触れてこなかったが、その大部分は本章後半のペシミズムの節と、ヒューマニズムについて扱う第6章までとっておくことにしたいと思う。ただ、ここで一点だけ、魂の不滅性を信じることが、必ずしも宗教的信仰の結果であるとは限らないということだけは言っておかなければならない。神学ではなく、形而上学的な根拠から魂の不滅性について論じる哲学者もいれば、超心理学に信念の根拠を置く者もいる。いずれの立場からなされる議論も、きっと生徒たちの関心を引くことだろう。

救済

魂の不滅性に関して、中高生にとって最も馴染み深い考え方は、おそらく救済の観念に関連するものであろう。キリスト教徒における不滅性の信仰は、キリストの復活に由来しており、これほどに信仰を大きく奮い起こすものは他の宗教的概念には存在しない。特に、プロテスタントでは、人間の救済はもっぱら、復活した救い主としてのイエス・キリストを信じるかいなかにかかっているとされる。ハンス・キュングは、キリスト教徒を代表して、次のように書いている。

> 人間がいつも、いつまでも、揺らぐことなく胸に抱くことができるような、無条件に信頼できる現実とは、聖書のテキストでも、教父たちでも、教会の教導権でもなく、イエス・キリストを通して信じる者のために語られた神様御自身にほかならない。聖書のテキストも、教父や教会の権威たちの述べることも――重要性の違いはあれど――この信仰の表明以上でも以下でもない。
>
> (Kung, 1990, p. 62)

これはおそらく、公立学校の教師にとって、最も生徒たちと議論しづらい話題であろう。とりわけキリスト教に傾倒している教師には難しいかもしれない。なぜなら救い主としてのイエスを信じることが、真実や個人の救済の問題につながっているからである。キリスト教に傾倒する者には、これが単に信仰一般であると言うことはできない。それは必ずその人の信仰であるからだ。しかし、教養あるキリスト教徒の教師であれば、救済という観念をより広い文脈の中で論じ、他の観点を認めるということはできるだろう。どの生徒にとっても、キリスト教の概念について議論することは、福音主義を理解するうえで重要である。救済につながる道はたった一つしかないと信じている人々は、自分には他者をそこに導く義務があると感じるものだが、もし彼らの信仰について認識していれば、彼らの主張を、歓迎しないまでも理解することはできるだろう。同時に、生徒たちには、福音主義的な立場がいかに無配慮なものになりうるかということについても理解できるよう手を貸したほうがいい。マルティン・ブーバーは、子どもの頃、キリスト教徒ばかりの教室で感じていた心の痛みについて書いている（Buber, 1967）。彼はこの時の経験から、すでに自分の信仰を持っている人々に対する宣教活動というもの全てに、生涯嫌悪感を抱くことになる。人々がなぜ福音的な活動に熱心に取り組むのかを理解することで、彼らを慈悲の心をもって見ることができるようになるが、だからと言って必ずしも、彼らの選択に賛成したり、それを称賛したりすることにつながるわけではない。

救済や救世主という概念が他の宗教でどのように現れているかを学ぶことも、生徒全員にとって助けになるに違いない。

> 救世主は、宗教において非常に重要な象徴である。宗教を信じる人の多くは、人間たちの領域と神々の世界とが深い淵で隔てられていると確信しているからである。この二世界をつなげるためには、淵の上を跨《また》ぐ橋が架けられなければならない。この所業を人間がこなすことはできない。それこそが、救世主本質において二世界を統合するような者によってなされる必要があるのだ。救世主にほかならない。
>
> （Bleeker, 1963, p. 2）

世界の大宗教は、救済の神々に対して、それぞれ全く別様の期待を寄せている。キリスト教のように、救世主はただ一人とされるものもあれば、仏教のように、より多くの人々が悟りに向かえるようにと、救済者が複数化されているものもある。不滅の魂――持続する命という贈り物――を救世主が授ける場合もあれば、祈る人々を不運や危険から守るためにこの世に介入する救世主もいる。救世主は初めから神性を持つとする宗教もあれば、悟りに向かおうとする地上での苦闘を繰り返した末に、神性のようなものが達成されるとする宗教もある。

古代エジプトの宗教は、死後の生に大きな関心を寄せていたという点において、キリスト教と多くの類似性を持っている。イシスと彼女の妹が死を嘆いて、「体を起こし、汝は復活する、死ぬことなかれ、汝の魂は蘇る［…］汝は勝つ、ああ、オシリス、冥界の王よ」と歌う時、この情趣は現代のキリスト教徒にも馴染み深いものであろう（p. 8）。しかし、エジプト神話において、救済者を務めるのは女神イシスであり、最終的には――ヘレニズムの時代までには――彼女に祈る人々にとっての救世主の役割を演じるようになった。キリスト教ともう一つよく似ているのは、イシスが信仰者からの告白と懺悔《ざんげ》を明確に求めている点である。ただしもちろん、イシスもオシリスも、自らが唯一神であるなどという主張をすることはないが。そして最後にもう一点、オシリス信仰とキリスト教の合一の儀式には驚くべき類似点がある（Brandon, 1963, pp. 32-33を参照）。いずれの宗教においても、復活した救世主への合一が、儀式上の様式の中に象徴化されているのである。

これとは対照的に、仏教における救済神たちは、死後の生や罪の赦しとはほとんど関係を持たない。例えば、中国の仏教には、観音菩薩（妙善姫）の美しい物語があるが、彼女は他者を助け、精神の浄化を成し遂げるために自らの人生を捧げたとされる。この伝説において、妙善は冥界へと下っていき、それを極楽へと変容させてすらいる！（Kinsley, 1989, p. 32）彼女の大きな慈悲心が冥界を破滅させる恐れがあったので、彼女は生者の元へと送り返されたという。キンズリーは次のように書いている。

> 観音の中心的な役割が、手を差し伸べること、救うことにあるのは間違いない。この点において、彼女は、大乗仏教の菩薩の持つ伝統的な役割に非常に明確に一致しているといえる。菩薩は、完全なる悟りと解脱を約束された存在であるが、他者の苦しみに対する慈悲心ゆえに、自分が涅槃に入るのを先延ばしにする誓いを立て、他者に手を差し伸べるべくこの世に留まっているのである。
>
> (Kinsley, 1989, p. 35)

観音は、この世で苦しむ者たちの声に耳を傾け、寄り添ってくれる神である。危機にある者が観音に祈ると、不思議にも事態を収めてくれると信じられている。キンズリーは観音について次のように述べる。

> 観音の魅力は、帰依者がこの世での助けを嘆願する声に耳を傾けてくれるという事実にある。阿弥陀をはじめとする仏教における他の象徴が、死後に極楽に生まれられるようにという帰依者の願いや、あるいは悟りと、それによる人間の苦しみの世界からの解放を求める思いに働きかけるのに対して、観音の慈悲深い行動は、この世の人生に焦点を当てることが多い。
>
> (Kinsley, 1989, p. 40)

しかし、観音はもしかすると、スピリチュアルな教育においては別の重要な役割を演じるかもしれない。一つには、観音が神の慈悲深い側面を表している点である。観音ははじめ男性の姿で登場するが、次第に女性として考えられるようになった。さらに、観音は仏教と儒教との橋渡しとしての役割も果たしているともいえる。彼女の孝行（自分にひどい扱いをした父親を守るために、自らの腕と目を捧げた）と日常生活における苦しみへの慈悲心という点において、彼女は最高の儒教的徳を見せている。そして、富や物質的快楽を拒否する点においては、明らかに仏教徒でもある。観音伝説を読む時には、教師も生徒も、中国の人々の宗教的寛容と統合の才に深く感服することになるだろう。

儒教の中には、救済に対する別の観点を示唆するヒューマニズム的な傾向を、強く見て取ることができる。D・ハワード・スミスは次のように書いている。

> 孔子の時代以降、救済は、よく秩序だった社会、今ここの良い生、苦しみや悪からの解放といった観点から考えられ、それは天地万有に浸透している宇宙的な法に従いさえすれば、人間の努力だけで達成可能であるとされていた。［…］墨子においても、天は人々を愛し、人々の幸福と健康を求めているとはされても、天の救いという思想は存在しなかった。救済はあくまで、人間が天を手本とし、天の意志を実行する努力を行った結果なのである。
>
> (Smith, 1963, p. 177)

観音はまた、道教の賢人たちにも似て、この世の完全性の状態を象徴している存在でもある。つまり、帰依する者は、彼女のようにあれるように、ある意味では彼女の完全性を共有できるように努力するだろう。このように、観音伝説という文脈で救済を論ずることで、いくつかの望ましい成果が得られることになる。例えば、救済はキリスト教だけの概念ではないという理解、霊感を与えてくれる美しい宗教的人物の礼賛、より広い文化理解、中国の宗教思想への正しい評価、多神教的観点へのより深い共感、そして神の中の女性的な側面への新たな関心、などである。

ヒンドゥー教においても、女性の神が救済に関連づけられている。ラクシュミーは、創造と破壊の両面を持ち、観音のように祈る者に応え、幸運を授ける。彼女に関する記述は、ユダヤ教の神とどこか似たように聞こえる。

> 私だけが放出（創造）し、それを（再び）破壊する。私は善き者たちの罪を放免する。生きとし生けるものにとっての（母なる）大地として、彼ら（彼らの全ての罪）を許す。私が全てを割り当てる。私は思考の過程であり、全ての中に私が含まれる。
>
> (Kinsley, 1989, p. 66 ――ラクシュミーのタントラより)

ラクシュミーは、ヴィシュヌ神に能力を委任されているとはいえ、彼女自身の力を持った神である。彼女は耳を傾け、応える者である。ただし、女性の神々が救済を授けてくれるのに対し、人間の女性の救済は夫にかかっているとされる。女神シーターは、理想の妻を象徴しているというが、夫であるラーマーは彼女の神であり、彼がいなければ人生は無意味であると感じている。

女性にとって、現世や来世で彼女が救済されうるたった一つの手段は、父親でも息子でもなければ、母親でも友人でも自分自身でもなく、夫にほかならないのである。(Kinsley, 1989, p. 98)

救済の議論を通じて、生徒たちは宗教と政治の合流点を見つけるかもしれない。競合する伝統を調停するシンボルとしての観音、良き妻の模範であり、自分にふさわしい地位を受け入れる者に与えられる力の模範としてのラクシュミーやシーター、そしてマリアさえも、やはり従順さに由来する力の持ち主である、と。マリアは今なおカトリックの魅力的な象徴であり続け、教会は彼女の神性を否定することによって彼女の力を統制してきた。世界中のカトリック教徒は、今でも何か問題があった時には、息子にとりなしてくれるように、またその審判を和らげてもらえるようにマリアに祈る。観音やラクシュミーのように、マリアもまた慈悲深く、気持ちに応えてくれる者——救済を求めるうえでの重要人物——と考えられているのである。

ユダヤ教には、また違った救済神の概念がある。この神は、地上と天との間の架け橋でもなければ、個々人の人生における多くの調停者の一人でもなく、人類全体の救世主として振る舞う。キリスト教の場合と違って、救済の可否は、信仰というよりは、神と人間の双方に関する正しい行い次第であるとされる。王国の到来は、皆が従順であることによってもたらされる。古代ユダヤ教の救済概念は、明らかに現世での救済を意味しており、そこで人間が重要な役割を演じることが求められていた。より後の時代になると、ユダヤ教の救済概念にも復活という考えが含まれるようになるが、それは朽ちゆく身体を逃れる不滅の魂という考え方とは異なっている。大抵の場合は、神の側で新たな創造が行われると考えられる。そこにおいて身体が創造しなおされるが、その人を復活させるかいなかという神の決定は、やはり人間の徳によって左右されるのである。

ユダヤ教は、他の諸宗教の影響を受けて様々な救済観を示している。古代における現世での救済という考えと、継続的に影響を与えてきた最後の審判における復活という後の考えに加えて、魂の不滅性に関するプラトン的な見方を採用しているユダヤ人も多い。

> こうして、ユダヤ教改革派によるピッツバーグ綱領では、次のように宣言された。「我々は、魂は不滅であるとするユダヤ教の教義を再度強調する。〔…〕身体的な復活を信じることも、永続的な罰や報いの場としてのゲヘナとエデン（地獄と天国）を信じることも、ユダヤ教に根ざした考え方ではないものとして拒否する」と。
> (Braunthal, 1979, p. 103)

多くの生徒は、死、不滅性、救済についての議論を通じて、自らの宗教観に対する理解がより深まるのではないだろうか。自分たちの伝統の前歴や救済物語の普遍性を知り、疑義や、おそらくヒューマニズムへと導かれる子もいるだろう。信仰者であれ不信仰者であれ、そのような議論によって抑鬱状態に、ことによると病的状態に導かれる生徒も少なからずいるかもしれない。そこで、次節では悲観主義に関する考察に目を向けることにしよう。

悲観主義

なぜ中高生たちと悲観主義《ペシミズム》について議論するのか。一つの明確な理由は、第1章でも述べたように、一〇代の若者たちも、他の世代と同じように抑鬱気分に飲み込まれるが、それにもかかわらず、どんなに思慮深く成功した大人たちでさえもその痛みに苦しんでいるかを知らない場合が多いことである。第二の理由は、人間の慈悲心や勇気や知恵というものの多くが、悲観論から発展してきたものだということ。そして第三の理由は、中高生の中には、ほとんど常に危険な陰鬱さに支配されながら生きている子が、今まさにいるということだ。残酷さや暴力に惹かれ、彼らはふざけて自殺の真似事をしたり、他人に傷を負わせることで自分自身の恐れと戦おうと駆られたりする。つまり、一〇代の若者とこの話題を探求すべき理由が十分すぎるほどあるわけである。

生徒たちは、自分が世界で最初の悲観主義者ではないのだと知ってびっくりするかもしれない。また、悲観主義とは宗教的な切望の産物である、と多くの論者が考えていると聞いて驚くかもしれない。ウィリアム・ジェイムズは、大学生に向けて次のように語った。「悲観主義の本質は、宗教的な病であるといえます。あなたたちが最も罹りやすい形の病とは、ほかでもなく、通常の宗教によっては応えられないような宗教的要求なのです」と（James, 1899, p. 39）。

ジェイムズは、自然宗教に惹かれる人々が最もこの手の悲観主義に陥りやすいと考えた。つまり、もし自然の中に神を位置づけるならば、栄光と同じだけ悪を、至るところに見ることになる。自然には、宗教的な心が追い求めているような愛と恵みの神そのものを単純に示すことなどできない。「まさにこの我々の心で、我々の庭で」、ジェイムズは次のように続ける。「残酷な猫が息も絶え絶え逃げる鼠を弄び、あるいは羽ばたこうと躍起になった鳥を口にくわえて離さずにいる」。そして、「通常に生活する中にも、狂気じみた憂鬱に満たされるのと同じくらい好ましくない瞬間が、徹底的な悪が主導権を握る瞬間がある。狂人が見る恐怖のヴィジョンは、全て日常的な事実を素材として作られたものである。我々の文明は死屍《しし》累々の上に立っており、個人個人の存在はどれも、如何ともし難い孤独な苦悩の痙攣《けいれん》の中へと消えていく」(James, 1902/1958, p. 138)。一〇代の若者にも、ジェイムズが描くような憂鬱をも上回る辛い時期があるかもしれない。

救済に関してキリスト教的な見方を採用する人は、この憂鬱から逃れられることも多いが、キリスト教を熱心に信仰していても、完全にはそれを克服できずに、ウナムーノのように悲観的な人生観を持つ人も多い。他の宗教では、個人の救済や個人を救う存在という考えそのものが拒絶される。例えば仏教において、宗教的な目標とされるのは、極楽で個人の意識を永続させることではなく、意識的存在には避けえぬ欲求、痛み、願望から逃れることである。

ショーペンハウアーの悲観論には、東洋的な特徴がある。彼は世界を意志として描き、生きようとする意志――まさに生者の世界を構成する要素――を常に無情にも阻むがゆえに、世界は完全なる悪であると考えた。一体どんな神がそのような世界を創りたもうたのか、とショーペンハウアーは尋ねる。そんなことをするのは、悪く、無関心で、不注意な神しかいない。そこでショーペンハウアーは、神の不注意さの告発に対する魅力的な応答を、東洋の宗教の中に見出す。「ブラフマーは、堕落、あるいは間違いのようなもので世界を創ったと言われており、自らの愚行の罪滅ぼしをするために、埋め合わせが終わるまで、自ら世界に留まることになったとされる。事物の起源の説明として、なんとけっこうなことだろう！」（Schopenhauer, 1893/1976, p. 22）ニーチェも同じ理由で――人間の欠点や苦悩を分け持ってくれるものとして――ギリシャの神々を称賛している。そしてもちろん、ユダヤ教やキリスト教にも、苦しむ神という古くからの伝統的な考えがある。しかし、キリスト教徒は、苦しみの原因を神の働きに探ろうとはしてこなかったし、完全であるはずの神が苦しむという可能性を撥ねつけてきた向きも多い。

聡明な生徒たちは、そのような苦しむ神やブラフマーはどこにいるのかと尋ねるかもしれない。そんな存在を見ることも感じることもない、と。この点については、先に神の沈黙をめぐって論じた問題群に行き当たるだろう。しかし、彼らにもう少しショーペンハウアーについていく気があるなら、少なくとも自殺を人生の苦しみの特効薬とすることに少なくとも疑問を持つことだろう。多くの深刻な悲観主義者と同様に、ショーペンハウアーも、全く意味のない生活世界に応える唯一の論理的回答は、率直に生を拒否することであると考える。そう、つまり自殺ということであるが、我々が通常考えているような自殺とは異なるものである。ショーペンハウアーは、こう忠告する。我々の為すべきは、全ての意志と欲望を克服することである、と。肉体的に自分を殺すというのは答えではない。なぜなら、その行為自体が、我々が解決策や特効薬を未だ欲しているということを示しているからだ。そうではなく、全ての欲望と全ての意志を手放さなければならないのである。でも、と生徒たちは尋ねるだろう。どうしたら意志することをやめられるの、と。もちろん、自分が意志するのをやめようと意志することによってではない！　それに、私たちは大抵、欲望や意志から解放された世界のために、目先の楽しみを諦めることさえしようとはしないものだ。ショーペンハウアーは私たちに多くを求めすぎだと、生徒たちは考えるかもしれない。

もちろん、神の本質に関する問いや、どんな神がこのような世界を創ったのかという問いに戻ることもできるが、それは一旦置いておいて、ここでは私たち自身の悲観主義の問題に集中しよう。もしもショーペンハウアーの答え——あるいは仏教徒の答え——が響かないならば、他にどうすればよいのだろうか。

ジェイムズは、二つの可能性を回答している。世界からの宗教的応答を求めることを諦めるか、あるいは宗教的な知性を深めるか。一つ目の可能性においては、神——もし神がいるならの話であるが——は自然界を通して人間に応答するはずであるという考えを放棄する必要がある。ジェイムズは、カーライルが彼の『衣服哲学』において主人公トイフェルスドレックに自らを託している文章を引用する。

「汝は何故、臆病者のようにいつまでも泣きわめき、身を縮めてうち震えているのだ。見下げ果てた二足動物よ！［…］気概というものはないのか。何事にせよ受け入れることはできないのか。［…］ならば、ここに来させよ。面と向かって、逆らってやろうではないか！」

(James, 1899, pp. 44-45 による引用)

カーライルの主人公は、不当な世界に立ち向かう決心をし、悪魔に向かってこう叫ぶ。「私はお前のものではない、自由だ。永遠にお前を嫌う！」と。「この時から［…］私は人になり始めた」と彼は語る。

少なくとも一時的には、善い霊からも悪い霊からも自由になったのである。

ジェイムズによれば、このような応答は、人間の身に起きる問題に責任があるとされる——善あるいは悪なる——神への抗いである。そのような神を拒絶することで、有限のものとなった悪と戦ったり、罪悪感なく日常的な楽しみを追い求めたりすることができるようになる人もいる。ここにこそ重要な点があり、多くの一〇代の若者の心に響く可能性があるのではないだろうか。悲観的な世界観が、必ずしも無関心や絶望、残酷さにつながる必要はない。全く逆に、（ショーペンハウアーが主張したような）慈悲心の倫理や（ウナムーノが非常に明確に考えていたような）強い歓喜の瞬間に満たされた人生にもつながりうるのだ。実際、悲観主義よりも楽観主義のほうが残酷さにつながることが多いように思われる。ライプニッツが、この「存在しうるあらゆる世界で最善のもの」における苦悩をいかに容易に受け入れたかを考えてみてほしい。むしろ、苦しみの元凶、あるいはそれを宥めるものとしての超自然的存在を拒否する悲観主義者が、人間として勇敢に責任をとり、苦しみを取り除いたり、不当さを克服したりすることは多い。それゆえ不信仰者となった悲観主義者たちが、自らの悲観主義を和らげ、優れた徳を持った生き生きした生活を送る可能性もあるのである。

ジェイムズが論じたもう一つの解決法は、宗教的知性を深めるということであった。ジェイムズにとって、それは自然宗教を越え出ていくことを——この世界あるいはこの宇宙が神の完全な、あるいは過不足ない顕れであるとする考えを諦めることを——意味する。この観点から見れば、自分の目に見えるこの人生を正当化するような、知覚可能な宇宙を越えた何かが存在するということを信頼しなければ——そのような信念を持たなければ——ならない。この信頼によって生きるだけで、実際に人生を正当化することができるだろう。人生は生きるに値するものであると信じることによって、そしてその信念が正しいかのように生きることによって、人生はそのようなものになりうるのである。

さて、奇妙なことだが、ジェイムズを読んだ時、悲観主義に対する彼の一つ目の――宗教的でない――解決策のほうが、二つ目のものよりも宗教的であるように筆者には思えた。二つ目は、少なくともジェイムズにとっては、どんなに恐ろしい物事さえも、最も偉大な善を目指すという目的において機能しうるという信仰に相当するものであり、神義論の楽観主義――我々の多くが悲観主義より恐れる楽観主義――にも陥りうる。ジェイムズは、彼が医学部の学生時代に聞いた話について書いている（James, 1899）。もしも生体解剖を行う手術台にくくりつけられて――痛みや恐怖を叫びながら――苦しんでいる犬が、自分の苦しみを通して奉仕できる目的を理解できたとしたら、犬はきっと我慢する勇気を奮い起こし、自らの身を捧げることに誇りすら持つだろう、と。ここにおいてジェイムズは、アウグスティヌスやライプニッツに危険にも接近していくように思われる。できればそうではなく、苦しみを取り除き、その打撃を回避する孤独な責任を自らに引き受ける人のほうに筆者は票を投じたいと思うのである。その犬の苦しみが絶対不可欠のものでないなら（そのようなことはめったにない）、解放してあげようではないか！　可哀想な動物の鎖を外し、虐げるのをやめよう！　抽象的な「全のための善」が、その善から利益を得ることはないであろう個々の存在に、故意に苦痛を与えることが正当化されることなどまずないのだから。

しかし、宗教的な知性や感情を深めることについて、より説得的で心を動かす説明が存在する。アーサー・ミラーは、彼自身その呼ばれ方を拒絶してはいるが、悲観主義者と言われることが多い。

彼は、子どもたちに宗教を教えることは勧めないとも述べている。なぜなら、「あまりに多くの場合、神は死であり、崇拝され、『愛され』ているものが死にほかならない」(Miller, 1987, p. 26) からである――この点こそが本章の発端でもあった。しかし、彼の宗教的感受性は明らかに重大なものである。ミラーによれば、「神とは間違いなく、常に今にも存在しようとするものである」(p. 559)。そして、「ある根源的な層において、法とは神の思考である」(p. 584)。これは典型的なユダヤ教の伝統思想である。しかし、このような時折の神への頷きよりも心を動かすのは、彼が幼い頃、曽祖父とともにシナゴーグを訪れた時の記憶である。ある夕方、シナゴーグで祈りを捧げた後で、曽祖父は彼に目を閉じるようにと指示した。曽祖父は靴を脱ぎ、頭に掛かっていた礼拝用のショールを上げて、別の老人の集団に向かって進んでいった。そのうち歌が聞こえ、まだ幼い子どもであったミラーには、目を開けて覗《のぞ》かずにはいられなかった。

> こみ上げてくる恐れから、両目に二本ずつ置いていた指が開き、まつげの隙間から覗いてみると、目の前に最も驚くべきものが見えた――一五人ほどの老人が身をかがめて、礼拝用のショールにすっかり覆われ、全員が白い靴下で、踊っていたのである！
> (Miller, 1987, p. 39)

ミラーは、一体なぜ目を覆うように言われたのだろうと不思議に思った。何が禁じられたのだろう。靴を脱いでいたことか、権威を欠いていたことか、単に「歳をとっていても彼らが幸せである」ということか。ミラーはこう記す。「というのも、これほどまでに野生的で狂おしい曲を私は聞いたことがなかったからだ。それぞれが周りと一切関連を持たずに、家族も男たちも超えた空間を覆う外の暗闇のみに向けて踊っていた。この空間が祈りに耳を傾けていたともいえるかもしれない」（p. 39）。

この記述は、宗教的な知性や感情を深めることについて説明してくれるように思われる。ジェイムズの提案する、私たちが日常で見聞きする脅威を正当化しうるような偉大な善よりも、どこか頼りになるのではないだろうか。しかしジェイムズの第一の方法である、応答してくれない神や宇宙について問うのはやめる、というのも魅力的である。では、どちらの態度がより宗教的なのだろうか。この問いに答えることはできないのかもしれない。世界には表面的に痛みが現れているが、その背後で、偉大なる神が最終的には善いことを意図なさっているのだ、と信じることによって勇気や喜びを得る人が多いのは確かである。一方で、痛みを通して創造したり教えたりしているのであろう超自然的存在なるものに反抗の拳を挙げる者もいる。彼らは、そんな残酷さによって物事が定められる必要はないと、自らの人生をもって証明しようとする。信仰者の多くは、この世について悲観論を抱きながらも自分の信仰にすがりつく。不信仰者の多くは、拒絶という同一の行動において、悲観論と信仰の両方から逃れる。しかし、不信仰者は心の奥深くで、どこかでは、どういうわけか、そうした思いに溢れた反抗こそが、まさに多少とも情け深い神が求めておられることなのではないかと思うのかもしれない。そして、ウナムーノの内なる声は囁《ささや》き続ける。「もしかして……もしかして……」と。

第6章　ヒューマニズムと不信仰

悲観主義に関する議論によって、神――少なくとも、人間の所業の世界に介入する神――を信じるかどうかには関わりなく、スピリチュアリティや道徳について考える方法が明らかになったと思う。神を信じることを諦めるとすれば、どのような信念によって人生が導かれるのだろうか。

ヒューマニズムの歴史

現代的なヒューマニズムの基礎を築いたのは、デジデリウス・エラスムスとジョヴァンニ・ピコ・デラ・ミランドラである。両著述家はいずれも、（彼ら以前の何名かの中世の思想家たちと同様に）教会の伝統的な考え方であった宿命論と手を切り、人間が自ら運命を決定していくという役割を非常に重要なものと考えた。ピコは人間の尊厳を強調し、エラスムスは意志と理性の自由を重視した（Braunthal, 1979)。彼らが始めた定義によれば、ヒューマニズムとは、人類が自らの努力を通じて完成していくことを追求するものである。ヒューマニストの中には宗教を持つ者もおり（エラスムスがそうであった）、彼らにとってヒューマニズムとは、単に違う点――恩寵による救済のみに依存しないもの――を強調しているだけのことであった。しかし、多くのヒューマニストは、神を信じる宗教からは完全に離れ、人間の努力と進歩を信じる道を選んでいる。近年では、ヒューマニストが進歩に関するほとんど終末論的ともいえる信念を抱くことはなくなってきたが、だからと言ってヒューマニズムが衰えたとはいえないだろう。逆に、進歩は約束されたものではないということを事実として受け入れることによって、人間の理性や努力、献身がいっそう重要なものとなるのである。

ジェイムズが表現したように、もし悲観主義が宗教的な病であるとするならば、活力あるヒューマニズムは、その治療の一つになりうるだろう。バートランド・ラッセルは、彼自身について次のように描写している。

三つの情熱が、単純だが圧倒的な強さを持つ情熱が、私の人生を支配してきた。それは、愛への憧れ、知識の探求、そして、人間の苦しみに対する耐え難いほどの憐れみである。

(Ruland, 1985, p. 107 における引用)

こうした情熱が組み合わされて、ラッセルの人生は、社会運動に代わる並外れた積極行動主義や、ヒューマニストと宗教的立場双方に対する弛《たゆ》まぬ分析へと導かれたのだろう。

ラッセルは、探求好きの生徒たちにとって格好のモデルである。ラッセルは、ヒューマニズムを宗教の代替物として受け入れながらも、教義じみたヒューマニストの立場には慎重であり続けた。ヴァーノン・ルーランドは、ラッセルの情熱と、宇宙における人間に最もふさわしい位置へのこだわりについて、次のように書いている。

さらに、人間の本質は、人間がその中で唯一進化した要素であるような宇宙的性質の、底知れない神秘的《ヌミノース》な基盤から切り離しうるものとして見られるべきではない。雑誌『ヒューマニスト』から送られた質問状に答える中で、ラッセルは、自らがこの組織の用いる意味でのヒューマニストの名で呼ばれることを躊躇《ちゅうちょ》している。なぜなら、彼は「宇宙における人間以外の部分は［…］人間の部分よりもずっと興味深く満足いくものである」と考えていたからである。

(Ruland, 1985, p. 108)

この環境保護主義の時代――科学者の中にもガイア仮説に好意的な人がいる――にあって、ラッセルの意見は特別なインパクトを持つことだろう。

ヒューマニストになるのには様々な理由がある。宗教的なつながりを維持しながらも、異端の際に居続ける人。宗教が説くものを信じることができない人。その中には――マーティン・ガードナーのように――組織宗教はやめるが、有神論の立場をとり続ける人もいる。また、そもそも宗教を真剣に受け取らず、徹頭徹尾ナンセンスだと考える人。それから――ジェイムズが宗教的な病を患っていると述べた人たちだと思われるが――宗教に誠実に向かい合った結果、宗教がつまらないばかりか有害であると思うようになった人もいる。生徒たちはこれら全ての見方を知っておくべきだが、特に最後の立場には触れておいたほうがよいだろう。

宗教に対する知性的な反論

前章までの五章で、宗教に対する反論についてはすでに多くを見てきた。中でも最も強烈なものは、道徳的な反論であろう。迫害や残忍行為、思考や探求の自由な実践の禁止、神の性質に関するあまりに入り組んだ議論、女性蔑視、そして（キリスト教においては）罪の教義による生の無力化、人間以外の生物や自然資源の開発などに関するものである。

第3章において、宗教は我々の根本にある残酷な感情を「是認する」ものであると述べるバートランド・ラッセルの発言を引用した。彼は続けてこう書いている。

> 私は、世界の大宗教の全て――仏教、ヒンドゥー教、キリスト教、イスラム教、共産主義――は、不誠実かつ有害であると考えています。［…］世界が必要としているのは教義ではなく、何百万もの人に激しい苦痛を与えるものはスターリンによるものであろうと、信者と似た姿でイメージされた神によるものであろうと好ましくない、とする信念に結びついた科学的な探究心です。
>
> (Russel, 1963, p. 203)

ルーランドは、右記のような発言がなければ、ラッセルの言葉はしばしば「昔ながらの菩薩」のように聞こえたであろうと述べている。その証拠に、彼はラッセルが自らの人生について語っているものを引用する。「愛と知は、あらん限りの力で、天に向かって上方へと導いた。しかし常に憐れみが私を地上に引き戻した。苦痛に泣き叫ぶ声が私の心にこだましている」(Ruland, 1985, p. 107)。これまで見てきたように、菩薩をこの地上につなぎ止めるのは、未だ苦しむ人々への慈悲心であった。実際に、ラッセルは大宗教の中でも「迫害の要素が最も小さかった」という理由で、初期仏教にいくらかの賞賛の念を示している（Russel, 1963, p. 203）。このように、ラッセルのようなヒューマニストが宗教に向ける最も大きな反論の一つは、人間性の欠如に関するものである。

それにしても、ヒューマニストの反論には、知性的なものが多い。カール・マルクス――ラッセルのように、少なくとも部分的には慈悲心と憤りに突き動かされていた――は、宗教を知的な立場として馬鹿げたものと考えていた。彼がもし今生きていたら、学校で宗教について教えるべきだということに心から賛同してくれたことだろう。マルクスは、比較宗教論を学ぶことで、学生たちは自分の信仰がいかに馬鹿げているかを知ることができると考えていた。「君たちの神を他の神が優勢な土地へ連れて行くがいい。[…]誰もが君の主観的な空想を笑うことだろう」（Ruland, 1985, p. 110 における引用）。マーティン・ガードナーは、有神論に肩入れしている論者だが、この点ではマルクスに部分的に同意している。彼は聖書の奇蹟物語を拒否する。キリスト教が大切にしてきた奇蹟物語のいくつかを詳細に取り上げて、ガードナーは次のように述べる。「これらは、知性をもったキリスト教信者がコーランの中で出会ったら一瞬たりとも信じないような類の典型的な奇蹟物語である」と（Gardner, 1983, p. 344）。マルクスをはじめとする何人かのヒューマニストは、知的なナンセンスを感じ、神と宗教のいずれをも拒絶する。ガードナーのような有神論者は、同じ現象を見て、そのナンセンスを拒否しながら神への強い信仰を保つことは可能であると考える。中には（ガードナーは違ったが）組織宗教に留まる者さえいる。

マルクスやその信奉者にとっては、もちろん、キリスト教は単に知的な誤りであるだけでなく、とてつもなく重大な政治的誤りでもあった。キリスト教は、脅威として、また果たされることのない約束として用いられることで、大衆を手懐け続けてきた。マルクスによれば、「宗教とは、生きとし生けるものの抑圧の印であり、心無い世界の核心である。［…］宗教を人々の幻想的な幸福として排除することこそが、人々の本当の幸福のために要請されている」(Ruland, 1985, p. 112 における引用)。マルクスは労働者たちに、自らの現状を把握して、その状態を招いた権力を転覆させるために努めるように求めた。

フロイトは、宗教やヒューマニズムに対して別の考え方を示している。彼は宗教を神経症の一種──人間が成長していない証──と見なした。しかし、マルクスとは対照的に、彼は終末論的な見方はとらなかった。成長することは感情的な子どもでいるよりは望ましいことであるが、成長したからといって幸福が約束されるわけではない。フロイトは悲観主義者に分類される論者であり、実際、自らの悲観論は、多くの観察、分析、考察の末にたどり着いた結論であると述べている。フロイトの主張によれば、他の思想家の楽観主義はアプリオリなもの──人間の状況を誠実に観察してもなお乱されない前提──なのだという。

信仰や不信仰の問題を学ぶ人にとって、フロイトとユングの事例は魅力的であろう。ユングは、フロイトの同志ではあったが意見を異にしていた。人類がいつの世も神に普遍的な関心を示していたことを示す歴史的記録には両者とも同意しながら、フロイトはそこに重大な未治療の神経症を、ユングは神という心的現実を見た。

ハンス・キュングも、無神論やヒューマニズムの立場による知性的な反論を真摯に受け取っている。著作全体の中で持ち上がってきたたくさんの問題点を確認しながら、キュングは次のように書いている。

しかし、神が本当に存在せず、これまでも存在したことがなかったとするならば、どうなのだろうか。[…] 私たちは本当に真剣に問わなければならない。もしも本当に、宗教に関する全ての痕跡、石器時代の墓やアルタミラの洞窟画、エジプトのピラミッドから、現代における死や永遠の生命に関する墓の象徴に至るまでが本当に虚無のために設えられたのだとすれば、それは人類にとってどのような意味があるのだろうか。サラマンカからアーグラまで——人類が今までに生み出した最も見事な作品——の素晴らしい教会や寺院の全てが、虚無のために築かれたのだとしたら？ 古代ヒンドゥーやギリシャから現代に至るまでの偉大な思想家たちが考えてきたのが、本当に純粋なる虚無であったのだとしたら？

(Kung, 1980, p. 339)

例えば、ジャン=ポール・サルトルなら、そうした偉大な作品は必ずしも神に向けられている必要はないと、あるいはそれらを重要な「人類」の痕跡として解釈すべきではないと答えるだろう（Sartre, 1977)。そうではなく、何かの名にかけて、あるいは何かに奉仕して、偉大な作品に取り組んだ人間による逸品と見るべきであると。芸術や思想、工芸品の存在は、何らかの人間がそれを作ったということを、それゆえそのような作品が人間には可能であるということを示すにすぎないのである。

以上のような簡単な導入から、信仰を持つか持たないかという決定を、もっぱら知性的な根拠に基づいて下すことはできないことが明らかになるだろう。だからこちらを選んだのだと主張する人は、信仰者にも不信仰者にもいるであろうが。とはいえ、ヒューマニズムには別の形式も様々存在しており、それらも、信仰に対する姿勢と同じくらい多岐にわたっているといえる。そのいくつかの顕著な形式について、生徒たちは何がしか知っておくほうがよいだろう。

決定論的ヒューマニズム

ヒューマニストが決定論者であることは現実に可能か、という問いをあげる思想家がいる。無神論者でかつ決定論者であることは確かにありうるが、決定論者でかつヒューマニストであるということは何を意味しうるのか。批評家はこう述べる。決定論者であれば、進歩を信じることができないし、(宗教を持たない) ヒューマニストであれば、世界で起きる出来事は予め決められており、結局のところ全ては神の計画に従ってうまくいくであろうということを信じることができないはずだと。

ウィリアム・ジェイムズは、決定論者にとっては二つの選択肢——悲観主義か主観主義か——しかないと考えている (James, 1899)。もしどの出来事も予め決められているのなら、もし我々の善や悪に関する信念が我々の実際の選択に影響を及ぼしえないのなら、より良い世界にするためにどんな希望が持てるというのだろうか。全てはあるべきように存在している。そのような世界においては、後悔など筋違いということになる。ジェイムズはこう述べる。「ある物事を悪いと見なすことは、それがいやしくも意味を持つとすれば、その物事が存在すべきではないということを、何か別のものが代わりにあるべきだということを意味することになる」(p. 161)。もし、何かが他のようであった可能性が論理的に全くないのなら、それについて後悔しても何にもならないはずである。

ジェイムズは、この決定論に関する小論において、宗教的決定論については多くを述べていないが、そのわずかな言及からは、それを主観主義と位置づけていたのであろうと推測しうる。宗教的決定論者であれば、アウグスティヌスやライプニッツのように、この世にある明らかな脅威も、他の全てに優先する善であるような、ある偉大な計画の中に全て適合すると言わなければならない。そのような思想家は、悪が本当に、客観的に悪であるということを否定することによって悲観主義から逃れている。

> 残酷や裏切りさえ、絶対的な恩賜としての時の果実のうちなのかもしれないし、その一つひとつのどれかに異議を唱えることは、神への不敬であるのかもしれない。唯一の真の不敬とは、要するに物事を後悔や自責、嘆きのようなものに譲るような、あの悲観主義的な魂の性分のことかもしれない。(James, 1899, p. 163)

一九世紀の文学は、ジェイムズの述べるような非宗教的な形式の主観主義に溢れている。決定論の科学的な真実を受け入れながら、作家たちは感情や態度を人間存在の要点の全てと捉えている。このロマン主義的な見方では、我々には物事を変えることはできないが、それらを堂々と受け入れるか、臆病に向き合うかのいずれかは可能である。美しいものを見て、それに耽溺するか、あるいは汚いものを見続けるか、ということだ。人生の要点は、宗教的に見れば魂の形成であるし、ヒューマニズム的に見れば知と啓蒙である。

決定論的ヒューマニズムに傾倒していた実際の人々の人生について耳にすることも、生徒たちには有益だろう。その興味深い例に、大がかりな進化論裁判でジョン・スコープスの弁護人として立ったクラレンス・ダロウがいる。ダロウは生涯を通じて、犯罪者は本当に自分の行いを統制できないのだから、道徳的な過失で咎めるのは誤りであるとする立場をとり続けた（Tierney, 1979）。彼らはあくまで、審理に掛けられている行為に加担するようにさせられたまでなのだから、と。

ダロウはこうした決定論的な議論の極みを、リチャード・ローブとネイサン・レオポルドの弁護で見せた。シカゴに住む裕福な一〇代の若者だった二人は、完全犯罪を計画し、実行するための実験のようなものとして、ほとんど見ず知らずの少年を殺害した。シカゴ市民が憤ったのも無理はないが、この犯罪を犯したのは、貧困や虐待の犠牲になった不運な若者などではなかった。ダロウはまず、彼らには遺伝的な欠陥があったと――少年たちはいずれも、大概の人に見られる、道徳的な感受性や優しさといった通常の感情を持ち合わせていなかったのだと――主張した。そして第二に、レオポルドは悪いことにシカゴ大学で教えられたニーチェ哲学に影響を受けていたのだと主張した。ダロウに言わせれば、大学にもレオポルドと同じくらい責任がある！（この議論からすれば、ダロウは、そのような犯罪の原因を取り除くための検閲を支持するという考えに論理的に導かれるはずだが、実際には、彼はそうした検閲に強く反対していたようである。偉大な法律家でも、不合理に陥ることがあるらしい！）

一〇代の若者がこの手の議論を耳にしておくことは重要である。(ダロウの見事なレトリックなしに)これを聞いたら、生徒たちは拒絶したくなるのではないだろうか。そもそも、ニーチェを読んでも殺人者にならない人は大勢いるものだ。しかし、貧困や人種的な迫害から犯罪に手を染めることになったとされる昨今の犯罪者や暴動者の弁解はどうなのだろうか。先に論じたチャールズ・マンソンはどうなのだろう。彼は東洋の宗教に(誤解による)影響を受けていたのだから、もう少し判決を軽くすべきなのだろうか。実際にこちらに傾く人は多いのである。ジェイムズは学生たちに次のことを伝えようとした。我々が悪事を行った者を、別のようにはできなかったであろうという理由で許すとすれば、残りの者に状況をより良くするよう要求することにほとんど意味がなくなってしまう。どんな物事も、より良くなるかならないかのいずれかである、と。ジェイムズは、合理的な多元論を私たちに残している。状況というものは、影響こそ与えるが、人間の行為を決定することはない。チャンスは——物質宇宙における実際の現象として——実在し、そこには自由意志が含まれている。我々は正真正銘の選択肢の中から選択を行うのであり、我々の後悔や道徳的判断は、単に無意味な態度なのではない、と。

内心では、ダロウもこのようなことを信じていたに違いないと考えられるかもしれない。もし彼が、自分自身や聴衆には、行為の選択をいくらかでも自分で統制することができるはずだという信念を持っていなかったとしたら、陪審員や裁判官に正しいことをするように熱心に説いたり、社会改革のためにあれほど懸命に働いたりすることができただろうか。しかし、ダロウが実際に決定論的な理由づけに欠点を見ていたかは定かではない。彼は徹頭徹尾、ロマン主義的―主観主義的な見方をしており、被害者、裁判官、英雄、悪者などの役を演じる脇役らを従えた偉大なる舞台俳優として自分を捉えていたということも十分ありうる。確かに、彼は生涯にわたって運命論を支持していたし、悲観主義から逃れることもできなかった。

本当は過去の何らかの出来事が悪事の要因になっているのだから、それを行った者を手柔らかに扱うべきであるとする考えの是非を問う際には、生徒たちが自分の立場を通じてどれだけ注意深く考えることができているかがわかるような例を、教師が数多く示していく必要があるだろう。マンソンに同情を寄せる生徒は多いかもしれないし、ロサンゼルスの暴徒たちにはもっと多いかもしれないし、レオポルドとローブにはあまりいないのかもしれない。誤った宗教的なしつけの産物とアリス・ミラーが評したナチス最高司令部のメンバーに同情を寄せる者はどのくらいいるだろうか。

哲学的には一見難しいが、決定論的ヒューマニストたちがしばしば社会改革運動の先導者となってきたという話は、生徒たちの関心を引くかもしれない。実際、人間の責任は、決定論的宇宙においてのみ意味をなすという議論がある。「決定論とは、我々の行動にかかわらず出来事が起きるという意味ではないと理解することは重要である。何らかの出来事は、我々が決めたゆえに起きるのだ」(Davies, 1983, p. 138)。デイヴィースは次のように述べる。別の選択肢として考えられるのは、非決定論であるが、この観点から見ると、全ては偶然に起きるということであり、そうだとすれば、いかにして偶然の出来事の責任を人間に負わせ続けることができるのだろうか、と。他方で、宇宙を支配しているのは、完全な決定論でも全くの偶然でもないとする論者もいる(Baudrillard, 1990)。生徒たちが、決定論を責任とつなげるデイヴィースの見解を短絡的に受け取らないように、議論を行う際には、一体どうすれば出来事を「我々が決定する」ことができるのかという問いのみを強調しておくべきだろう。我々が因果律の連なりの中にいるということは明白であるように見えるが、我々の信念、選択、決定によって我々の行為を説明することはできるのか、あるいは、物理的要因を優先して捉えなければならないのだろうか。この問いを向けると、生徒たちは決定論では満足しなくなるだろう。ダロウの決定論は、哲学者によるものとは違って、注意深く考え抜かれているようには見えないが、一般的な、そして多くの生徒たちも抱いているかもしれない次の見方を提示している。人は自分の環境によって形作られるが、同時に、その環境を変える能力も持っている、と。

ダロウの考え方には、ここで議論するに値するもう一つの側面がある。彼は、生涯にわたって宗教に反対の立場を取っていた。スコープス裁判では、検察側に立ったウィリアム・ジェニングス・ブライアンの単純さと時代錯誤を情け容赦なく攻撃している。ダロウが厳しく詰め寄った問いへの答えは、ブライアンをさぞ不誠実、あるいは救いようがないほど無教養に見せたことだろう。

> もし神が善ならば、神はなぜ痛みをお許しになるのか。もし世界が神の意志を表しているのだとすれば、それは何なのか。バベルの塔の崩落以降、我々が異なる言語を話すように神が意図されたなら、外国語を学ぶことは道徳に反するのか。天地創造からどれくらい経っているのか。ヨナは本当に鯨に飲み込まれたのか。
>
> (Tierney, 1979, p. 367)

ダロウがブライアンに向けた冷酷さは、彼のヒューマニズムにいつもなら伴っているはずの慈しみと鋭い対照をなす。しかし、宗教に対する彼の敵対心は揺るがなかった。ダロウは、ほぼ全員が同じく宗教を低く評価していたNAACP〔全米有色人種地位向上協会〕の主導者たちとともに熱心に活動した。第3章において、アフリカ系アメリカ人の生活に黒人教会が果たした重要かつ有益な役割について論じたが、ダロウの人生や彼が生きた時代を探求する中で、これと反対の見方について論じる機会を得ることになるだろう。フレデリック・ダグラスに続き、ウォルター・ホワイトやジェイムズ・ウェルドン・ジョンソンは、黒人にとって宗教は――救世主ではなく――敵であるとして、ダロウと意見を同じくしていた。ダロウはジョンソンにかの有名な一筆を書き送っている。「私は神に関心がないし、神は有色人種に関心がない」(p. 397)。

ジェイムズは、主観主義的決定論がそれを支持する人々の態度を加速させていく傾向が随所に見られると述べている。「あらゆる場所で、それは運命論的な気分を高めていく。ただでさえ緩慢になっている人をより受動的な静止状態に、すでにエネルギーが過剰になっている人を全くの向こう見ずにしてしまう」(James, 1989, p. 171)。ジェイムズはダロウのような性格について語っているともいえるだろう。ダロウは確かに、向こう見ずな――そしてかなり有効な――レトリックを殺人犯のローブとレオポルドの弁護で見せつけ、法廷にいたほぼ全員の涙を誘ったかと思えば、ブライアンの原理主義に対しても再び容赦ない攻撃をしてみせた。しかし、宗教の形であれヒューマニズムの形であれ、決定論を拒否する際には、複雑で、少なくともジェイムズの観点から見れば多元的な宇宙――始めから永遠に統一性を持たない宇宙――が私たちに託される。かの愛すべき統一性には彼のような立場をとても容認できないであろうと、ジェイムズ自身が述べている。

かつて、そのような精神を持った友人に、私の世界観のせいで具合が悪くなったと言われたことがある。死肉の山にたむろする大量の蛆が気味悪く動く光景のようだと。（James, 1989, p. 177）

生徒たちがこの反応を理解するためには、多元的宇宙の意味するところについて多くを学ぶ必要があろう。しかし、さしあたりは、ヒューマニズムのさらに別の形式に目を向けることにしよう。タイトルこそジェイムズに馴染みがあるものの、それ以外の点では彼の見解とほとんど類似しないものである。

プラグマティズム的ヒューマニズム

ジェイムズがプラグマティズム的な宗教観について述べる時、彼が念頭に置いていたのは、科学的なものでも自然主義的なものでもなく、「絶対的な世界の統治者」としての――我々に語りかけ、我々の耳に聞かれる人格としての――日常的な神の概念であった（James, 1902/1958）。ジェイムズの見方は、（単なる黙想に対して）経験を強調するという点において、また「実際に効果をもたらしている以上、神は現実である」というプラグマティズム的な信念を語る彼特有の言葉において、通例の意味でプラグマティックであるといえる（p. 389）。この意味では、ユングもまたプラグマティックである。

しかし、ジェイムズは宗教と科学を統合しようとしたわけでもなければ、共通の神概念を再定義しようとしたわけでもなかった。彼は豊かな思想を持った神秘家たちや苦行者たちに大きな敬意を払っていた。多元的宇宙という考えを、そしておそらく、有限の時間の中に存在し、全ての詳細に至るまで完全に未来を見通しているわけではない神を心に抱きながら、彼は人格を持った神――宇宙の力というよりも愛しうる神――を持ち続けた。ジェイムズは次のように書いている。

いかなる点においても、神格というものは我々の人格とは異なるかもしれないし、似通っているかもしれない。二つは、少なくとも次の点で同族のものである――両者はいずれも配慮すべき目的を持っており、互いに相手の呼び声を聞くことができる。（James, 1899, p. 122）

仲間のプラグマティストであるジョン・デューイは、ジェイムズとは全く異なる立場をとっている。第2章で、デューイによる神の再定義について言及した。神を個々人の、また人間集団の生活における「理想と現実の間の実際的な関係」として定義するという考えである（Dewey, 1934, p. 51）。デューイの思想は、一貫して科学的な見方をとる。個人の人生における「神」の顕れは、理論上、その人の理想に向けた活動の程度によって量ることができる、というのである。デューイは明らかに、宗教的な思想や言葉はうち捨ててしまうにはあまりに重要であると信じており、それらに新しい科学的な意味を、したがってより大きな信憑《しんぴょう》性を与えようと試みた。

デューイは、人々を階級や宗派に分けてしまうことのない「共通の信仰《コモンフェイス》」を追求し、そのような信仰は、人類をより良くしようという探求や取り組みに身を捧げることの中にあると考えた。デューイの場合の非宗教的ヒューマニズムは、彼自身も認めているように、宗教的ではありつつも一つの宗教になることをよしとはしなかった。彼はその独特のアプローチにおいて、名詞としての宗教を拒絶し、何であれ超自然的であったり、教条的ないし教義的であったりするものに身を捧げる組織的なあり方から脱却しようとした。しかし、「宗教的な」もの、すなわち現在の我々自身を超え出て何かより良いものに向かうように鼓舞するような経験に対する形容詞的な符号は保持することを求めたのである。

人間の思想全般がそうであるように、宗教もまた特定の文化の産物であるという信念のもと、デューイは、宗教的なものの概念が現代の科学界とも調和できるよう模索した。ダーウィンからの深い影響を受けながら、「宗教的」ということによって、〔能動的な〕適応《アダプテーション》といえるような生き方や経験様式を指そうとした。状況に順応《アコモデーション》することが求められている場合には、順応するのが道理にかなっているが、単に禁欲的に状況を耐え忍ぶよりは、自分の有利になるように操作するほうがよい。それゆえ、デューイは「宗教的」であること、行動に取り組むということに、能動的な意味を込める。実際、彼は次のように主張している。「本質的に非宗教的な態度とは、人間の業績や目標を、自然界や仲間からは孤絶した人によるものと考えることである」と(p. 25)。このように、つながりというものがデューイの宗教観の中心に据えられているわけだが、それは人を取り巻くこの地上でのつながりであって、あの世の神とのつながりではない。デューイにとって、宗教的であることとは、熱心に探求し、人道的な取り組みを行うことであった。

デューイはまた、宗教(とりわけキリスト教)によってもたらされる極端な悲観主義や楽観主義にも敏感であった。片や、「自然的方法の堕落と不能」を強調することによって、悲観主義が引き起こされる。しかし、デューイによれば、「この見かけ上の悲観主義は、あっという間に極端な楽観主義へと転じる可能性を持っている」(p. 46)。人間や人間の方法は悪くて弱々しいものであるが、神のそれは善であり力強く、それゆえに恐ろしい行為や出来事も神の名の下に正当化されうる。人間はたちまち、あまりに無力で、同時にあまりに攻撃的なものにさせられる。不活発、無活動こそが伝統的な宗教的態度を特徴づけているのだ、と。

デューイはつながりを再度強調し、この不活発な態度に反発する。

しかしながら、宗教的な態度は、頼ることと支えることの両面において、人間と、宇宙であると想像しうるような周辺世界とのつながりの感覚を必要とする。「神」や「神的な」という言葉を、現実と理想の一致を伝えるものとして用いることによって、人間は、孤立感や、結果として生じる絶望や反発から守られるかもしれない。

(Dewey, 1934, p. 53)

デューイは、有神論者であることにも無神論者であることにも満足せず、そうした自らの立場が未決定なものであることを認識していたし、言及することもあった。人格を持たない神、過程へと還元される神は、有神論者にとっては神とは全くいえないだろう。そして、語りかける神を諦めきれないでいる無神論者は、より露骨な無神論者に、弱腰だとか煮え切らないなどと思われるだろう。

その例にガードナーがいるが、彼はデューイの労作に良い印象を持たなかったようである。ガードナーは、ラッセルやジョージ・サンタヤーナ、H・G・ウェルズのような無神論者や不可知論者の誠実さを賞賛しているが、デューイにはヌミノースなものに関する感覚が完全に欠如していると見ている。

デューイは何にも心を幻惑されたことがないのだろう。思い出す限り、彼が人間という状況にまつわる悲劇や喜劇あるいは不合理を捉えた試しは一切ない。我々は皆、周りの環境と相互作用して生きる生命組織であり、それ以外の何物でもないのである。

(Gardner, 1983, p. 335)

ガードナーはデューイにいささか手厳しいが、自分の立場を告白するのに十分に誠実でない無神論者に業を煮やしてきた人は他にもいる。例えばニーチェは、エルンスト・ヘッケルとダーフィト・シュトラウスの二人に憤激している。彼らはいずれも、ダーウィンと自然科学から深く影響を受け、古い人格神の代わりに自己創造する宇宙を措定した。科学における新しい信仰によって、気軽な楽観主義がやってくる。ニーチェはこれを「恥知らずの俗物楽観主義」と考えた。そんなヘッケルやシュトラウス（ガードナーならデューイを加えるだろう）の宗教は、宗教でも何でもない。「つまり根本的に見て、その宗教は新しい信仰などではなく、現代科学の一切片のようなものであって、宗教とは何ら関わり合いを持っていない」(Kung, 1980, p. 350における引用)。ニーチェは、この言葉遊びのごまかしに耐えられず、臆病な無神論者だと考えた人々に山のような蔑みの言葉を重ねた。

しかし、デューイのような見方に惹きつけられる生徒も大勢いることだろう。彼らは幼少期からの信仰をいくらかでも生かしておきたいと思っているし、理想を現実化させるという考え方は、神概念との何らかのつながりを維持するのに寄与してくれる。また、完全性を目指して邁進《まいしん》している社会的有機体における個的有機体としての位置づけを我々に与えてもくれる。こうした考え方に、ニーチェなら軽蔑で鼻を鳴らすことだろう。彼は、神を科学の用語で再定義するという方法は、より正確にはダーウィンよりもヘーゲルに遡《さかのぼ》ることができると感じていた。この強気な振る舞いを説明する中で、ニーチェはこう述べる。「かつてヘーゲルに吐き気を催した者が［…］全快することは二度とない」(p. 350)。この言葉は、もちろんデューイにも当てはまるだろう。ニーチェをうんざりさせたのは、科学的立場の楽観主義だけでなく、その見せかけの宗教だった。彼は、ショーペンハウアーに同意して、楽観主義は単に不合理であるだけでなく、「たちの悪い心的態度であり、人間の筆舌に尽くし難い苦しみに対する侮蔑的な当てこすりの一つである」と述べた（p. 350）。

ここでもやはり、先に述べたジェイムズの診断――悲観主義の本質とは宗教的疾患であり、宗教的な落胆から生じるものである――が思い出される。デューイや、彼と似た精神の思想家たちが試みようとしたのは、自分には人生や未来を自分で統制する能力があるのだという共通の信仰を人間に与えること――科学的、民主主義的に導かれた新しい世界をもたらすこと――であった。デューイの考えに納得したとしても、生徒の頭には問いが生じるだろう。そのヴィジョンは「神」と呼ぶべきなのだろうか。あるいは、科学の進歩とは説得力のある終末論なのだろうか、と。

実存主義的ヒューマニズム

プラグマティスト同様、実存主義者たちも、宗教に対する距離感はそれぞれ異なっている。キルケゴールやマルセル、ブーバーのように深く宗教に傾倒している人もいれば、不信仰者もいる。しかし、人間の責任と選択に大きな強調点を置いている点では共通しているといえる。ここではまず、不信仰の実存主義者のヒューマニズムに焦点を当てることにしよう。

決定論者とは違って、ジャン＝ポール・サルトルのような実存主義者は、人間存在に絶対的な自由があるものと仮定する。この立場を決定論と同じようなものだと批判する人もいる。なぜなら次のような問いが生じるからである。一体なぜ――人間の選択が完全に無条件のものであるとすれば――それが本物の選択であるといえるのだろうか。全てが条件づけられているよりも、全てが気まぐれであるほうがよいといえるのだろうか。哲学的議論に関心のある教師だと、これらの問いをある程度深めたいと思うだろうが、中高生たちとの議論が目指すのは、典型的なヒューマニズムをあれこれ学んだり列挙したりすることでも、専門的な哲学的問題について（彼らが望まないのに）分析的に論じ合うことでもない。そうではなく、生徒たちが、自分自身の人生に深く関わる問いを尋ねたり探求したりする手助けをすることが目的なのである。

人間は自分が自分自身だと思うものに対して完全に責任を持っている、と実存主義的ヒューマニズムが主張しているのを知ることは、一部の生徒たちにとって重要かもしれない。ダロウは、犯罪に「突き動かされた」にすぎない不幸な人々にその責任を取らせるのは誤っていると感じていたが、サルトルは反対に、我々一人ひとりに、自分の人生だけでなく、自分の参加している社会全体の状態に対しても責任を持つことを求めた。サルトルによれば、人間は本質的性質とともに世界に投げ込まれたのでも、世界における出会いによって不本意に形作られたのでもない。実存、すなわち反省的に生きることは、本質に先立つ。これは次のことを意味する。

人間は存在し、生じ、その場に現れ、その後になって初めて自らを定義する。もし実存主義者が考えるように、人間が定義不能のものであるとすれば、それはそもそも人間が何者でもないからである。後になって初めて、人間は何者かになるのであり、それはその人自身がそうありたいものを作ったのだろう。人間を創る神など存在せず、それゆえ人間の本質は存在しないのである。

(Sartre, 1977, p. 36)

サルトルはもちろん、人間の事実性を認識していた。我々が遺伝や動物としての限界、我々が受け取ったり与えられなかったりする特権によって影響を受けていることには同意している。しかし、我々の本質的な自己は我々によって作られる。「人間とは、まだらな苔でも、がらくたでもカリフラワーでもなく、初めから自らに意識的な計画である」(p. 36)。我々は計画にもその実現にも責任を持っているのだと、サルトルは述べるのである。

人間を模範として持ち上げる類のヒューマニズムに、サルトルは苛立《いらだ》ちを覚えていた。プラグマティストたちに対しては、行動や結果を強調する点では賛同していたものの、その科学的ヒューマニズムにはまず我慢がならなかった。サルトルが遺憾に思っていたのは、科学的あるいはイデオロギー的な進歩を宗教的な救いの代用とする点であった。また、神なしでも道徳的宇宙は損なわれずに残っていると主張するヒューマニストはひどい誤りを犯しているとも考えていた。彼らは唯一絶対のものへの信仰を、同じように心許ない別のものへの信仰に置き換えたにすぎず、神の喪失によって開いた巨大な深淵を理解していない。

これに対して実存主義者は、神が存在しないことを非常に痛ましいことと考える。なぜなら、価値をイデアの天国に見出す可能性は全て神もろとも消え去るからである。もはやアプリオリな善は存在しない。それを考える無限で完璧な意識が存在しないのだから。

(Sartre, 1977, pp. 40-41)

神の不在を認識すると、我々は心細くさせられる。この心細さこそ、我々に共通の条件を構成するものであり、サルトルはこれを否定する人々を不誠実と感じていた。心細さに伴って、苦悩が生じる。自分の自由や責任の重要性を理解するにつれ、我々は苦悩に苦しまずにはいられない。我々は自分自身を選ばなければならず、それと同じように、人類全体を定義するために手を貸さなければならない。我々の人生は――それぞれが――個人がそうありうることを示している。自分自身について自分に弁明する(ダロウが犯罪者たちの弁明をしたように)人は臆病者であり、心の中で自分が持っていると知っている自由を世界に与えない人は卑怯者である(p. 58)。英雄も臆病者も、英雄や臆病者に生まれついたのではない。自分で自分をそのようにしたのである。実存主義をアイン・ランドの「客観主義《オブジェクティビズム》」と比較して、ヘイゼル・バーンズは、後者の教条的で厳密な性質について次のように書いている。

規律が定められ、書き出される。何よりもまず、その試合が本当にプレイする価値のあるものなのかとか、良いスポーツマンシップとは何かなどを決して問わないことが求められる。他方、実存主義者は、苦悩の中で自由に立ち向かう。実存主義者が見ているのは、キリスト教が提供してきた古いものと同じような限定された二択ではない。実存主義者は、全てが開かれていると理解する。実存主義者の自由は、単に考えるか考えないかの選択でもなければ、正しいものを見るかそれを見るのを拒むかの選択でもない。実存主義者は、自由であるということが、正しいか誤りかの基準を作り出すことであるのを知っている。つまり、人間にとって正しい様式が一つだけ存在するのではなく、多くの様式が発見されたり発明されたりしうるのである。全能の神が退けられたのは、単に母なる自然――あるいはダディ・ウォーバックスでもよいが――がその座につき、青写真を振り撒くようにするためではない。(Barnes, 1978, p. 133)

ではなぜ、実存主義的ヒューマニストは道徳的でありうるのだろうか。この問いについては第7章においてより十全に論じることになるが、ここでは少なくとも、サルトルが神の喪失や徹底的な自由がすなわち混沌や気まぐれを意味すると考えていたわけではないことに触れておく必要があるだろう。道徳的生活は、芸術作品のように、計画され、構成され、実行される。サルトルは、絵画になぞらえて語る。成功した芸術家に何か他の絵を描くべきだったなどと言わないように、道徳的生活においても「そこでなされるべきものをアプリオリに決定する」ことはできない(Sartre, 1977, pp. 55-56)。それぞれの人が選択しなければならず、しかし、その人はその選択に責任があり、それによって影響を受ける人々の目に映る通りの結果に誠実に向き合わなければならない。

実存主義と決定論の考え方は、相互に補正し合うものとして作用するのかもしれない。適度の実存主義は、自由主義的な決定論の見方に傾倒する人々に対して、その思考をより深めるように仕向けることだろう。実存主義者の文学――カミュ、ドストエフスキー、カフカ、そしてサルトル――に登場するヒーローやアンチヒーローは、生徒たちに人間の責任というものをより十分に理解させてくれるかもしれない。他方、実存主義がもたらす絶望や吐き気には、人々がより良い人生に向けて形作られるように、できる人が社会の状況を変えるべきだと主張する、ダロウやB・F・スキナーのような勤勉で情け深い決定論者の答弁が迎え撃つだろう。スキナーの『ウォールデン・ツー』は、決定論的宇宙におけるより良い生活の理論的な可能性を示している（Skinner, 1962）。同じように、オーウェルの『1984』は、人々が徹底的に制約された世界における完全なる悪の可能性を描き出している（Orwell, 1949）。

ヒューマニズムの発展

今日では、不信仰である自由を当たり前のように享受する人も多いが、実際のところ、不信仰が一般的に受け入れられるようになったのは、ここ百年余りのことにすぎない（J. Turner, 1985）。アメリカでは今でも、完全にヒューマニストの立場をとれば――神に対する不信仰を告白すれば――政治的な要職にはつけなくなってしまうだろう。不信仰者は常に存在してきたが、過去においては、長老教会派かカトリックかを選択するように不信仰を選択できたわけではなかった。

伝統的な信仰の形式にあえて異議を唱えた一九世紀の思想家たちは、その信念ゆえに大きな犠牲を払うことも多かった。先にも言及したように、ニーチェは、ダーフィト・フリードリッヒ・シュトラウスが自らの研究の論理的な帰結を受け入れることなく、不信仰という誠実な立場を保持しなかったことに対して、蔑みの言葉を重ねた。しかしシュトラウスは、著書『イエスの生涯』において、キリスト教や神への信仰を打ち壊そうとしたわけではなかった（Strauss, 1846）。彼はむしろ、両者の謎を解こうとしたのである。だがその反応は、伝統的なキリスト教徒からは非難され、ニーチェのような無神論者からは軽蔑されるという有様だった。シュトラウスは大学の職を追われ、学界での地位までも全て失ってしまった。一九世紀半ばのドイツでは、学問の自由などそれくらいのものだったのだ！

それでもシュトラウスは、様々なヒューマニズムの形式の中心に残り続けてきた考えを示唆している。彼は、神―人としてのイエスという教義を神話と断じ、神―人としての人間へと置き換えた。シュトラウスによれば、めったに起こらない受肉だけでなく、全ての人間が神であり、自らの運命に責任のある存在である。神―人として、人間は完全なものになりうるし、有限性の中に無限性を示すことができるという。先に見たように、これは、人間の本質をアプリオリに仮定しているという点においてサルトルが拒否したヒューマニズムのあり方である。これはまた、ラッセルにも拒否された。ラッセルは、宇宙において、人間以外の現象のほうがずっと重要に――あるいは少なくともより興味深く――見えるにもかかわらず、人間だけをそのように重視するということを危ぶんだのである。

一九世紀半ば以降、キリスト教に関する疑義が増すにつれて、ヒューマニズムへの関心が高まるようになった。そうした疑義の多くは、宗教的教義における残忍性が引き金となって出てきたものだった。人道主義《ヒューマニタリアニズム》が発展した時代には、三、四世代先まで悪事の罰を加え、大勢の魂を永遠の煉獄へと宣告するような神を信仰するのは、不道徳なことであると捉えられた。つまり、道徳に関して啓発され、不必要な痛みを許容できないという感覚に目覚めたことが、実際に信仰の妨げとなったのである。

シュトラウスが行ったような歴史的研究も、その疑義に貢献した。結局のところ、歴史の中に絶対者など見つけられようか。そして、もしキリストの復活のような出来事の歴史的事実が棄却されるなら、キリスト教には何が残るのだろうか（J. Turner, 1985）。地質学の研究や、ダーウィンの進化論が、そこへさらなる疑義を加えたのである。

興味深いことに、比較宗教論も、多くのキリスト教の思想家の信仰を揺さぶるのに大きな力を持った。これは、自分の信仰を他者の宗教に照らすとしばしば馬鹿げて見えるものだ、というマルクスの論点を支持することにもなる。

コーネル大学の学長、アンドリュー・ディクソン・ホワイトは、回想の中で、キリスト教の真実がそこに拠っているように見えたキリストの奇蹟が、一八五〇年代にイスラム教を学び、そこでも教義を補強するものとして同じ類の証拠が主張されているのを知って、もはや信じられなくなってしまったと述べている。また、「ユニテリアンの教皇」[*1]として知られるアンドリュー・ノートンの息子、チャールズ・エリオット・ノートンも、ウェストミンスター寺院の集会で異教徒が改宗するように祈っているのを見て、その皮肉に今にも笑い出しそうになってしまったという。

（J. Turner, 1985, p. 155）

前章までに、現代キリスト教の儀式や教義には、古代の「異教」的な宗教に由来したものが数多くあること、またユダヤ教は、教義の多くが過去の考えを翻しながら発展してきたことを率直に認めているということを見てきた。そのような暴露だけでも、一部の賢明な思想家たちを不信仰へと突き動かすには十分であるが、それでもその他の多くは宗教の普遍的な実践のうちに、より広い意味での聖なるものを見出している。後者の中には、理神論者や組織に属さない有神論者になる人もいるが、驚くほど多くの人が、神話的要素を取り除いたキリスト教、あるいは正統的でないユダヤ教というあたりに留まるのである。

現代では、マルクスやフロイトのヒューマニズム、またシュトラウスのそれにも信奉者はいなくなってしまったが、おそらくそのことが、宗教が経験しているように思われる復興運動に貢献しているのだろう（Stark & Bainbridge, 1985）。世界中で、原理主義が――明らかに全ての大宗教において――新たな趨勢《すうせい》を示している。これは、かつてのヒューマニストがキリスト教にとってそうだったのと同じくらい、ヒューマニストにとっては厄介なことである。教育者にとっても、この傾向はさらに厄介である。というのも、大抵のヒューマニズムが、問題の批判的な検討と自分の取る立場に対する意識的な責任とを促すのに対して、原理主義はそのような批判的な分析を罪深いものとして拒否するからである。アラン・ペシュキンは、ある原理主義派の首長の見解について次のように書いている。

> マッグロー［その派閥の首長］は「ヒューマニズムの五つの基本信条」を以下のように提示している。（1）無神論、（2）魂の不滅、（3）進化、（4）人間はしたいことを何でもできるという信念、（5）世界教会主義、と。
>
> （Peshkin, 1986, p. 77）

ヒューマニズムの評価としてこれが公平さを欠いているのは明らかである。ここに露呈されている無知は衝撃ですらある。知性的な信仰あるいは不信仰のための教育は、全ての宗教的観点に対して思いやりある受容的な検討を行うものではあるが、原理主義者の主義主張を脅かすことなく原理主義について論じることはできないだろう。人の信仰を批判的な分析にかけることが罪ならば、学校はどうしたらそのような分析を行うよう主張することができるというのか。この問題については、第8章でより深く掘り下げるので、ここでは次のことを結論として述べるにとどめよう。ヒューマニズムは――宗教的であろうとなかろうと――原理主義やそれに関連する宗教的態度よりも、教育と民主主義のいずれとも両立が可能であるように思われる、と。

ハロルド・ブルームは、無批判で、あまりに個人的な原理主義者の態度――彼が「アメリカ的宗教」と呼ぶ考え方――について酷評している。

> アメリカ的宗教の信者に共同体の必要を力説するのは無駄な試みである。イエスや神と出会う経験は、共同体の記憶には堪え難いほど圧倒的なものであり、その信者は、自己が高められ他者性が価値を失うような恍惚状態の淵から戻ってくる。［…］アメリカ的なスピリチュアリティは、我々のイデオロギーが何を言おうとも、正当であろうとして、信者を最終的により悪い市民に仕立て上げることを常に運命づけられているように思われるものであり、そんなものを我々はどう理解し、判断すればよいというのだろうか。
>
> (Bloom, 1992, p. 27)

ブルームはここで、アメリカ的宗教の極めて個人的な性格を指摘している——例えば、真のキリスト教徒なら誰でもイエスと直接会って、「イエス様は私を愛されている」と信じなければならない、といった主張である。ブルームは、その批判的な分析において、キリスト教の主流派については言及せず、彼らのスピリチュアルな活力の強さは（その社会的な活動力に反して）しばしば原理主義のそれに似通っていると述べるにとどまっている。この意味において、「アメリカ的宗教」は教条的で、個人的で、独善的なものに陥る傾向があり、その性格が国政にも影響しているという。ブルームは次のように述べる。

ジョージ・ブッシュ大統領は、他にも何らかの誉れが待ち受けているとしても、我々の国教の紋章——国旗と胎児、[*2] 我々の十字架と神の子——を最も深く刻み込んだアメリカのリーダーとして記憶される存在になることは間違いない。国旗と胎児は共にアメリカ的宗教を象徴しており、国家的な信仰を幾分隠してはいるが、抑制しているとはほとんどいえない。(Bloom, 1992, p. 45)

そのような全面的な告発を行うにはさらに多くの裏づけを挙げる必要があるものの、ブルームが特定の宗派に対して行った分析が与えている累積的な影響は——その影響が国家レベルではっきりと宣言されているわけではないとしても——驚くに値するものである。もし教育者が批判的知性の陶冶を信じているなら、それに向けて取り組む権利を主張し、至るところで育っているように見えるナンセンスに心忙しく挑んでいくほうがよいのではないだろうか。

第7章　宗教的倫理と非宗教的倫理

道徳的な生活は神に依存しており、特に子どもには、良い人間になるための宗教的な修練が必要である、と人はしばしば考える。実際に、世界の偉大な倫理的体系には信仰に根ざしたものが複数あり、神の喪失は――サルトルが述べていたように――人間という行為者に、自らが引き受けるべき道徳的価値を決定するという重い責任を課すことになる。信仰が道徳的生活にとって必要であるという一般的な考え方とは全く対照的に、一九世紀になると多くの思想家によって、信仰そのものが不道徳であると評価されるようになった（J. Turner, 1985）。聖書の多くの箇所に示される神の残酷さ、数々の宗教的教義における愚かしさ、真実に至る唯一の道であると謳う宗教や宗派の急増、宗教的な熱狂の結果生ずる殺戮や拷問――これらに触発されて、信仰を捨て、反対運動にさえ勢力的に取り組む人たちが出てきたのである。

キリスト教の時代におけるここ最近の二世紀までは、宗教が道徳教育をほとんど独占していた。神と、互いに影響を及ぼし合うであろう個々人と、信者の共同体と、世界全体とどのように関わるべきかを、宗教が人々に教えたのである。その後、理性が信仰に取って代わるようになり、非宗教的なヒューマニズムが選択肢になり始めた。道徳的生活に関心のある人々は、そのまま自分の宗教の命ずるところに従うこともできたし、あるいはアリストテレス的-共同体主義者《コミュニタリアン》的な倫理を復興することもできた（MacIntyre, 1984）し、神への信仰を失ったところで何一つ変わっていないと否定することもできたし、ニーチェやサルトルが勧めるように最初からやり直すこともできた。信仰か不信仰かによる違いは大きいため、本章では、宗教的倫理と非宗教的倫理の両方を見ていくことにしたい。まずは、宗教的倫理の中心にあって、非宗教的倫理においてはめったに触れられることのない道徳的生活の一側面——個人的道徳——から始めよう。そして、直接的なやりとりにおける道徳的主体、明確な共同体における道徳的生活、最後に倫理と社会的責任について、順に見ることにする。

個人的道徳

宗教的な道徳理論においては、常に個々の人間と神との関係に途方もない強調点が置かれてきた。神とともに正しくあることこそ、信仰者にとって第一にして最大の義務である。宗教や宗派によっては、他者（あるいは全ての生き物）に対して憐れみ深く、公平に振る舞うことによって、信仰者は功徳を得ることができるとするものもあれば、功徳などは一切ありえず、信仰者は信仰と恵みによってのみ義と認められるとするものもある。後者においても、善行には一定の地位がある。功徳こそ得られないが、その行いをした人が選民の一人である証と見なされることは多い。実践は決して無意味なものではないのだ。それは知性的な信仰あるいは不信仰を求めて励む人なら間違いなく誰でも考える要素である。

ハンス・キュングは、実践は神を本当に信じているかの唯一の判断基準ではないが、それでも信仰は「実践において証明される」と述べている。

> 神は真に人間らしい道に生きておられると信じる者は、その信仰に賛成であると主張しているに等しい。しかし逆もまた然りである。神は真に人間らしい道には生きておられないと信じる者は、その信仰に反対であると主張しているに等しい。
>
> (Kung, 1980. p. 326)

神への信仰を肯定的に反映するような、こうした真に人間らしい生き方を、我々はどのように思い描けばよいのだろうか。

これは、現代でも宗教的共同体を二分する問いである。原理主義者の集団は、個人的道徳や神との個人的関係を強調する傾向にある。他方――特に宗教的ヒューマニストたちであるが――、信仰者の社会的な行動にはるかに大きな強調を置く人々もいる。キリスト教においては、まさにこの問題をめぐっていくつかの主流の教会が分裂の憂き目に遭ってきた。

プロテスタントの集団には、社会的なものと聖なるものとの分離を主張してきたものが多い。この観点からすると、教会の主な仕事は、福音を伝え、人々が信仰を通じて神の救いと接触できるようにすることといえる。もしも一旦救いを得た人々が積極的な社会活動に取り組みたいと欲するとすれば、それはその人次第であり、あくまで教会の仕事は救済である――社会的あるいは政治的活動ではない。この問いに対するマルティン・ルターの立場について、アラスデア・マッキンタイアは次のように述べている。

我々はアリストテレスを遠ざけることができなかった。ルターによれば、アリストテレスは「教会を誤った方に導いてきた、かの道化師」である。個人の真の変容は、完全に内的なものであって、罪を許された罪人として、神の前に恐れと戦慄《せんりつ》をもって立つことこそが重要なのだ。[…]行いではなく信仰にのみ専心すべきであるとするルターの要求は、特定の行いに対する禁止を伴っている。彼は、農民の暴動を非難し、法律上の権威に反逆した農民の大虐殺を行った領主たちを擁護した。

(MacIntyre, 1966, p. 122)

個人と神との関係や個人の救済に専念する宗教は、それに伴って罪の概念に非常に大きな強調点を置く。罪とは神や神の法に背くことであり、その救済策は多岐にわたっていて、直接告白する、教会に取り次いでもらって告白する、懺悔する、など様々である。宗教を持たない倫理学者は、こうした強調の仕方に異議を唱えることが多い。なぜなら、道徳的主体の注意を、他者に迷惑をかけるような悪事や危害から逸らし、自分自身の救済の方に向けさせているからだ。例えば、宗教的道徳においては、殺してはいけないと教えられるのが通例である。「汝殺すことなかれ」が、神の掟の一つなのである。しかしもちろん、神は明らかに例外を設けており、信者たちはしばしば、何らかの偉大なる根拠の名の下に、それどころか神そのものの名の下に殺すことを命じられるのだ。宗教を持たない倫理学者からすれば、このことは信仰を捨てるに十分な理由となる。ただし、公平さを期すならば、宗教を持たない倫理学者たちとて、自らの基本原理に反する行動を正当化する理由を作り出しうるということを、彼らは認めなければならない。

罪に関する様々な教義に対してヒューマニズム的な観点から行われる反論には、その宗教が権威に頼り、それをさらに促進する点に向けられたものがある。人間は原罪を持って生まれてくるとの主張が、救済の必要を確立する。救済の必要ゆえに、今度は罪人たちに、教会の権威に服従するか、あるいは神との交信にほとんど強迫的なまでの時間を費やすかが命じられることになるのだ。前者の場合には、理性的な反省が妨げられやすいし、後者の場合には、この世的な楽しみも、この世的な義務さえも、通常に追求しづらくなりやすい。著名なフェミニスト、エリザベス・キャディ・スタントンは、彼女が解放運動の一つのあり方として、最終的にキリスト教の正統に反旗を翻すところに至ったことについて、次のように述べている。

> 誤った神学の暗黒と陰鬱の中で、私はスピリチュアルな束縛の鎖を、ゆっくりと引きちぎり始めていた。最初は、ロンドンで［ウィリアム・ロイド・］ガリソンと会った時だった。彼の真実の金槌に二、三度力強く叩かれ、私は自由になったのだ！　曖昧で漠然とした恐怖の暗い雲の下で一生を生きてきた人々にしか、疑り深い魂が突然にして理性と自由な思想の王国に生まれ出た喜びを享受することはできまい。私たちには鎖も、消えない爪痕も、疼《うず》く傷も、神のような精神の力全体の奥深い腐食も見えないのだから、聖職者たちに支配された鎖が、奴隷のそれよりも苦々しくないといえようか。
>
> (J. Turner, 1985, p. 210)

一九世紀になると、この手の証言が激増する。しかし他方で、新しく救われた人々からの証言もあるし、宗教的信仰に転じたことで人生によりよい影響があったという人の声が、現代でもなおフィクションや伝記で聞かれる。例えば、至るところで発生しているらしい一二ステッププログラムは、大抵がより高い力に対する信仰を、そしてしばしば伝統的な神の救いに対する信仰を含んでいる。

原罪という教義は、組織的な権威を支えただけでなく、魂は身体に優るということに注意を促した。肉体は崩れ去ること、人は死ぬ運命にあることに思考を向けさせたのである。主流の非宗教的倫理には、個々人の性的な振る舞いに対して、宗教的道徳ほどの強調は見られない。非宗教的倫理は、我々の性的な振る舞いによって他者に引き起こされるかもしれない危害や傷つきには関心を持つが、我々の行動のまさに本質的なところによって犯してしまう「罪」には目を向けない。身体的な快楽そのものを責めるようなものはないのである。それを追求することが明らかに道徳的義務を無視すると思われる限りにおいてしか、嫌疑をかけられないのではないだろうか。すでに見てきたように、原罪の教義は女性たちに多大なる危害を加えてきたものでもあった。楽園追放に関する教会の解釈によって、女性蔑視が正当化されたのである。全て合わせて、そのもたらした害は甚大であった。

宗教信仰のおかげで、多くの若者が他者に対する不健康な、不法な、あるいは有害な行為に手を染めずに済んでいるのは確かだが、彼らはまた、自分の信じる神の本質について深く省みることもしない。この領域こそ、学校が特別な義務を負っているところである。学校は信仰を持つことや持たないことを推奨するのではなく、生徒たちが偉大な思想家たちの雄弁な反論を耳にすることができるよう保証すべきだろう。スタントンは、宇宙が「優しく愛情豊かな父性的知性」によって導かれているとの考えを馬鹿げたものと捉えたし、ジョン・スチュアート・ミルは、少なくとも人間が互いに適用している基準に必要なものを神が満たさない以上、神を「善」とは呼べないとした。ジェイムズ・ターナーは、さらに次のように書いている。

> 信仰を持たないという宣言は、知性的な判断というよりは、道徳的意志から来る行動であるように聞こえることが多い。［ロバート・］インガーソルは、「途方もない残酷さ」を持つ「存在を崇拝することはできない」と述べている。ダーウィンは、自然淘汰の冷酷さにあまりに度肝を抜かれて、それ以上神を信じ続けることはできなかった。偶然性に対して起こる恐怖のほうがましだったのだ。あるいは、ヘンリー・アダムズに耳を傾けると、彼は姉の死にこのような反応をしている。「偶然に、それも常軌を逸した歪んだ気質でしかわからない手の込んだ残酷さで、何らかの人格神が一人の可哀想な女性を拷問にかけることに喜びや利益を見出しうるという考えは、一瞬たりとて受け入れることができなかった。神への純粋なる冒涜のために、それは純粋なる無神論を慰めとした」と。
>
> (J. Turner, 1985, p. 207)

こうした激しいジレンマこそ、知性的な信仰者や不信仰者であれば誰しもが扱わなければならないものである。もし神が個人的な神――我々が自分の体に対して行うこと、自分の体をもって行うことを気にかけ、我々の全ての歩みを見ていてくれるような神――であるならば、なぜこれほどの苦しみが存在するのだろうか。そして、もし我々には互いに愛し合い、苦しみを和らげるように命じるなら、なぜ神は自らの命令を意に介さないのか。ターナーが指摘しているように、キリスト教の内部から生じた人道主義《ヒューマニタリアニズム》は、翻ってキリスト教の神を批判するようになった（p. 207）。

一九世紀の教養豊かな不信仰者たち（ほとんどが信仰者として出発している）は、宗教――特に個人的な形での宗教――の終焉《しゅうえん》を予言していたが、次々に行われている調査によれば、今日もなお、ほとんどのアメリカ人が個人的な神を信じており、多くのキリスト教徒が「イエス様は私を愛している」と信じていると告白しているという（Bloom, 1992）。実際、世界の至るところで原理主義に与する人が増えており、それに伴って、個人的な神は神―人の関係に絶対的な信頼を示すよう各人に望まれているとする信仰が増加しているようである。

ユダヤ教においても、個人的な振る舞い――規律を守り、儀式を実践すること――を要請するような宗教形式への興味が増加しているらしい。キリスト教同様、ユダヤ教でも内部的な批判は行われている。解放の神学[*1]の提唱者たちが、社会全体が必死になって改革を必要としている時に、キリスト教会が個人の魂の救済ばかりを強調している点を批判してきたのと全く同じように、マルティン・ブーバーのようなユダヤ教の思想家たちは、ユダヤ教が規律や儀式にばかり集中している点を批判している。ブーバーは、神は人間を通して出会われるのだと主張した。

神の信仰とは別の形の宗教でも、個人的な道徳は強調されている。ヒンドゥー教と仏教はいずれも、苦しみの原因を無知にたどる。それゆえ、個々人の宗教的な探求においては、真実と自己に関する知が求められることになる。ヒンドゥー教では、真の自己は不滅であるとされる。人生は、後にも先にも永遠に続いている。ロドニー・テイラーは、クリシュナが戦士アルジュナに語る場面を引用している。アルジュナは、敵方に親戚がいるような場合には戦うべきでないと考えている。

「お前は弔われるべきでない者のことで嘆いている。［…］学びある者は、死者のためにも生者のためにも嘆かない。私が存在しなかったり、お前が存在しなかったり、その王たちが存在しなかったりした時は一切ありえない。この先も、我々が存在しない時は決してないだろう。」

（Taylor, 1989, p. 17）

不十分な教育しか受けていない人が東洋の宗教に惹かれた場合に、これらの言葉をいかに誤解し、殺人など大したことではないと考えてしまう可能性があるかが見て取れるだろう。第3章で見たように、チャールズ・マンソンはまさにそのような仕方ではっきりと影響を受けたのである。

ヒンドゥー教における宗教的な知の目的は、個に関する誤った感覚を克服し、真の自己とは宇宙全体であると理解することであるが、それでもなお、その探求自体は個人的なものである。道徳性は、カルマを中心として語られる。人は、来世での苦しみを増やさないように、また過去世で生じた負債を清算するために、他者に対して善い行いをしなければならない。キリスト教にも同様の形態が多々あるが、ヒンドゥー教の道徳には、健全な程度の自己関心が含まれているといえる。ただし、カルマがカースト制度を正当化するという――つまり、低い階級に生まれた人々は、前世でその低い地位を得たのだという――頑なな信念は批判の対象になりうるだろう。これはカルヴァン派の伝統的な信仰とよく似ている。カルヴァン派では、富や幸運を選民の証として、貧困や不運を罰せられた者の証として特徴づけている。いずれの態度も、非宗教的ヒューマニストが提出しているような人道主義の基準は通過しえないだろう。

仏教では、苦しみの原因を、現実の誤った見方というよりは貪欲さや欲望の内に見る。解決策はやはり知である。というのも、もし痛みというものがこの世の事物に執着している人全てに共通の運命なのだと知れば、執着を克服するよう努めることができるからだ。ここでも、強調点は個人の行動に置かれる。つまり、正見、正思惟、正語、正業、正命、正精進、正念、正定（八正道）である。仏教にはどこか、カント派哲学のようなところがある。人間は、最高知を通して、最高知に向かって行動する。個人的な傾向から行動するのではないのだ、と。

仏教もまた、宗教は人道主義的な関心にもっと注意を払うべきだという要求から免れえないだろう。菩薩像（先の救済の議論に登場した）は、偉大なる慈悲心の一つである。菩薩は、涅槃に必要な完全知をすでに獲得しているにもかかわらず、苦しむ人々が全てそこに到達するまでは涅槃に入ろうとしない。ただし、苦しみの解決が知であるがゆえに、菩薩は本来教師であって、痛みを直接取り除いてくれる存在ではない。

西洋の宗教では、苦しみを受け入れ、そこに意味を見出すよう信者に指導する。知ではなく、信仰こそが解決策なのだ。一九世紀に入ると、伝統的なキリスト教に対して大きな異議が示されるようになる。痛みも苦しみも神が我々のために考えてくださった偉大なる計画の一部である、という考えを受けつけない思想家が数多く現れたのである。オリバー・ウェンデル・ホームズ・ジュニアは、次のように述べている。

我々は、悪とは痛みであるという学説を学び、あらゆる形態の痛みに対する反感がますます大きく目立つようになっている。動物への残虐行為に反対する団体から社会主義に至るまで、我々は多くの方法で、苦しみは誤りであって、防ぐことができるし、防がなければならないとする考えを表明している。また、同情に関するありとあらゆる文献が次々と現れている。

（J. Turner, 1985, p. 206 における引用）

他者との個人的な関係

宗教的倫理はどれも、他の人間とどのように出会い、取り扱うべきであるかに関心を抱いている。一九世紀のヒューマニズムは、キリスト教やユダヤ教の神は人間自身に求められているほどには倫理的に善なる存在ではないという感覚から発展しており、そうした不満の多くは、宗教文学の批判的な検討から生じているといえる。しかし、思慮深く選択すれば、宗教的倫理は公正さと憐れみをもって他者を取り扱うよう命じているという主張を強く支持するものを見出すこともできる。果たして宗教的倫理は、この領域において非宗教的倫理が与えてくれないものを私たちにもたらしてくれるだろうか。

この問いに答えるにあたって、二つの可能性を見ることができるだろう。宗教的倫理は、より強力な正当性を、あるいはより強力な動機づけを与えるのではないか、と。このうち前者の可能性からはさほど多くを得られないが、後者にはより期待できそうなのは明らかなのではないかと思われる。

宗教的倫理は、しばしば神の命令として正当化される。もし、なぜ神の命令に従うべきなのかと問えば、二通りの答えが返ってくるだろう。一つ目は、大雑把に言って、神は神であって服従を命令しているから、二つ目は、神は善だから、というものである。二番目の回答は、「善なるもの」について記述することの難しさに私たちを引き戻してしまう。多くのヒューマニストが指摘しているように、何らかの定義で神が善であると示すのは困難であろう。したがって、一つ目の回答だけが、宗教に特有の倫理の正当化といえよう。神が、善とは何かを定義している。我々の課題は、後知恵であれこれ言うことではなく、それに従うことなのである、と。もちろん、ここで新たな問いが生ずる。命令にも様々あり、どれが本当に神の命令を表現しているかはどうすればわかるのか、と。一口に宗教と言っても、何教なのか何派なのかでこの問いへの答えは大きく異なっているため、普遍的に有無を言わさぬような回答は存在しない。なぜ神は、特定の教義や特定の人々——ユダヤ教、キリスト教、イスラム教など——を通して真実を語ることを選ばれたのだろうか。

ほとんどの哲学者や多くの神学者が、宗教的倫理には、その見解に対する正当性を一つだけ提供することはできないという点に同意を示すだろうが、一般の人々の間では、そのような正当化がありうるとの仮定が普及しているといえる。最近の例を一つ挙げよう。女性たちはなぜ、妊娠中絶を行うという選択を許されてはいけないのだろうか。人工妊娠中絶に反対する議論では、非宗教的なものでも宗教的なものでも、それが殺人と断定されるのが通例である。非宗教的な議論は、胎児の人格あるいは潜在的な人格に依拠する。宗教的な議論は、さらに推し進めて、中絶を（時には妊娠調節さえも）神の命令に背くものとする。この主張は、神を信じない人にとっても、神は別のことを命令していると信じてきた人にとっても、一切正当性を提供しているとはいえない。しかし、神の意志を主張することが持つ動機的な力は、未だに信仰者にとっては強大なものである。

人工妊娠中絶を殺人であると捉える人は、信仰を持っていてもいなくても、その被害者を守るための法律を要求しようと固く心に決めている。百年以上前の奴隷制に対する論争でも、信仰を持つ者と持たない者が一緒になってその行いを非難したが、そこで先頭に立ったのは信仰者のほうであった。神の意志に従うべきだとする彼らの主張はとてつもなく強大で、多くの信者を魅了したのである。同様に、神の名の下に妊娠中絶と戦う人々も、おそらく、非宗教的な議論を用いる人よりも大きな説得力を有するのだろう。後者の議論は、主義主張や、多くは合理的な論争に明け暮れており、それゆえ、絶対的な主張を確立するのが難しいのだ。

人工妊娠中絶に関する議論は、宗教あるいは宗教的倫理について話し合うことを抜きにしてはありえないのではないだろうか。例えばトーマス・リコーナは、中絶を含めた賛否の分かれる問題について教室内で話し合うためのガイドラインを提案しているが（Lickona, 1991）、ここで宗教的議論を省略すれば、道徳教育の長い歴史を無視することになってしまう。それは宗教組織が女性の身体性を統制しようとしてきた歴史を無視することだと言う人もいるだろう。そのような議論を行う場合、生徒たちには、リコーナが二つの短い反論で示したものよりずっと多くの情報が必要になる。特に、主唱者と反対者が問いにアプローチする際の情熱や、神が味方についていると一方の集団が主張する場合に生じる差異について、生徒たちが理解する必要があるだろう。宗教的倫理は動機づけを与えてくれる。正当性の主張さえもが、強力な動機になるのだ。

宗教を持たない倫理学者の中には、自然主義的な倫理を確立しようとしてきた人もいる。そうした倫理における正当性の大枠は結果主義であって、必ずしも功利主義ではない。自然主義的倫理は、あるパターンで振る舞った結果が別の行動パターンによって得られる結果よりも客観的に良いものであることを示そうとする。だからと言って、結果が好ましいかどうかを見るために、各人が可能性のある振る舞い——殺人や盗みまで——を全て試してみなければならないというわけではない。多くの行動の望ましさはずっと昔から決められているが、その結果がそれに関連する全ての人にとって受け入れられるものであるか、あるいは受け入れられない人がいるとしても、自分たちのできる最善のことをやってきたかという最終的な検証は未決定のまま残されている。自然主義者も実存主義者と同様に、責任というところに大きな強調点を置く。デューイによれば、道徳的な人間は、自分の選択した行動やその結果生み出された結果に対する責任を進んで受け入れなければならない。彼らはこう言わねばならないのだ。「私はＡをすればＸが起こるのを知っており、Ｘに対して責任があります」と。

善良なデューイ派であれば、（善良なカトリック信者のように）二重結果《ダブルエフェクト》論を持ち出して行動の弁明をすることはできないだろう。この説によれば、Ａを行うことによってＹの効果を生み出すつもりがあり、ＡがＹに影響すること、Ｙが道徳的に差し支えないものであると考えることが合理的であるならば、ここでＸもまた結果として起こりやすいこと——そしてＸが道徳的に望ましくないこと——を知っていたとしても、Ａを行うことは正当化されるだろうと考える。二重結果論は、例えば、軍事的な標的を破壊することのみを——一般市民の負傷者が出る可能性がわかっていたとしても——企図していた航空兵が、結果的に一般市民を殺害してしまったような場合の弁明に用いられてきた。それはまた、出産が困難な状況において、胎児を救うために母親が死ぬことを許容する際の正当化にも用いられてきた。この場合、中絶を行わないのは子どもの命を守るためであり、母親の死を意図していたわけではないから、この行為は人間的見地からは遺憾であるが、道徳的には正しいとされるのだ。ここで述べているのは、デューイ派にはAを行うことを正当化する理由を見つけられないということではなく、彼らは、二重結果論——意図だけに注目し、予測できる結果は見ない——のような議論を用いることはできないということにすぎない。

様々な行動の賛否について議論する時、生徒たちは、宗教的倫理と非宗教的倫理の間には、何をもって正しいとするか誤りとするかに大きな違いはないということに気づくだろう（Hauerwas, 1983）。実際、いずれの倫理も、直感を道徳的決定の最終根拠とすることを通例は拒否するにもかかわらず、特定の基本的な道徳的直感には従おうとする。例えば、宗教的倫理や非宗教的倫理の大半は嬰児殺しを誤りとするが、その評価に異なる理屈をつけているにすぎない。先に挙げた事例——一般市民の負傷や中絶の差し控え——では、非宗教的倫理でも二重結果論を受け入れる可能性があることに気づく。つまり、宗教的倫理の内容そのものには——他者に関する道徳的主体の行為に取り組んでいる限りにおいて——非宗教的倫理から明確に区別されるようなものはないのである。本章の最初の節で見たように、宗教的倫理は個人的道徳（行為の主体が自分の身体によって何を行うか、主体はいかにより高い力と関係を持つか）に関して違う意見を表明していることも多いが、ここでもその違いは絶対的あるいは普遍的なものではなく、違いのある点——例えば神への義務について——においても、その区分は必ずしも「道徳的」なものとは呼べない。

この手の議論は、必ずしも正式な倫理の授業に留めておく必要はない。我々はなぜAをすべきなのか、あるいはなぜBをしてしまうかもしれないのか、といった問いはいかなる場合にも生じうるものであり、教師たちは生徒がそれらに取り組めるよう手助けする準備をしておかなければならない。

賛否の分かれる道徳的問題について議論する際には、教育学的に中立であることが教師の課題となる（Vandenberg, 1983）。つまり教師には、その問題に対する重要な立場の全てを、それぞれに情熱を込めて、最も説得的な論拠をもって提示する義務があるのだ。だからと言って、教師は自分の信仰や取り組みを開示しなければならないということではなく（時にはすべきではないこともある）、常に**なぜ**その問題の賛否が分かれるのかが生徒にわかるように手を貸すべきなのである。もし解決されているようなことであったら、もし教師の信念が必ず正しかったのだとしたら、議論を呼ぶようなものなど何一つなかっただろう。宗教に深く傾倒している教師にとって、教育学的中立性を維持するのがとても難しいことになりうるのは明らかであるが、そうした教師には、教育学的中立性が倫理的中立性と同義ではないということを理解できるような助けが必要である。筆者の場合であれば、人工妊娠中絶は大抵道徳的に受け入れられるものだし、道徳的に義務づけられていることも多いと完全に確信しているが、対話としては、対立する立場の長所を提示し、自分の立場の弱点を晒すようなものを奨励するのである。そうすることで、筆者は教師特有の道徳的主張をすることになる。これで生徒は、どうやって、なぜ、どうして、と問うことを許され、励まされるに違いない（Scheffler, 1960）。

賛否の分かれる道徳的問いが生じた時に、教師には教育学的中立性を保つ道徳上の義務があるという点では意見が一致したとしても、そうした問いが生じてくるよう教師が仕向けるべきなのか、あるいは自然任せにすべきなのかという点では、まだ合意が得られないかもしれない。その話題が厳密には教科に含まれないとしても、教師はその議論を許すべきなのだろうか。この問い自体が賛否の分かれるものであり、教師教育の授業で十分に突き詰められなければならない。では、今、この問いは突き詰められなければならないと言ったことで、筆者はこの事例に偏見を与えていることになるだろうか。教室内に、「いいえ」とか「必ずしもそうではありません」という回答がまだ出てきうる限りは、そうでないといえるだろう。おそらくはもっと強く、こう主張することもできたかもしれない。ここで扱われている問題が教室内で生じることは避けられず、教師はそれに応えられるよう準備しておかなければならないのだから、この問いを論じないということは道徳的に非難されるべきである、と。

本節をまとめよう。道徳的主体がいかに抽象的な他者と出会い、取り扱うかに関しては、宗教的倫理と非宗教的倫理の間で大差はない。ある意味で、非宗教的楽観主義者は正しい。彼らは、神の喪失に伴って道徳も失われると恐れる必要はないと主張しているのだから。しかしもちろん、別の意味では誤っている。伝統的に用いられてきた究極の正当性がなくなってしまうということは、理論的には全てのものが再審査にかけられなければならないということを意味するのだから。最も悩ましい道徳的問題の多くは、宗教的倫理でも非宗教的倫理でもさして影響なく扱いうるが、私たちの教育に宗教的アプローチを含めることは絶対に欠かせない。生徒たちは、議論の内容だけでなく、その背後にある信仰の力も理解する必要があるのだ。

共同体における道徳的生活

第3章において、人はしばしば共同体が約束されるという点から宗教に引かれるということについて確認した。人間は、価値があると思われる組織や集団に所属したがるものである。宗教的倫理と非宗教的倫理が、道徳的主体がいかに他者を扱うべきかについて大体同じことを述べているとしても、参加集団の線に沿っているかいなかというところで実践的には違いがある。宗教的倫理のほうが、個々人の行動についてその人の魂という点から言うべきことが多くあるし、人を標準的な集団の内と外とで分けることも多い。この点こそが、宗教的倫理の長所であり、短所でもあるのかもしれない。

大抵の宗教集団の構成員は、必要な時には組織から手助けや援助をもらえるものと期待することができる。宗教集団のほうも、彼らを大切に思っていることを誇りにしている。しかし、宗教はまた、外部に嫌われ者を仕立て上げ、残虐行為に対して偽の正当性を喧伝する。アメリカ合衆国でも、ネイティブ・アメリカンに対する我々の残酷で不誠実で傲慢な態度は、自分たちが「不信心の野蛮人」を扱っているのだという信念によって助長されていた。第3章でも見たように、歴史上最も恐ろしい行為の多くも同様に、宗教上の理論的根拠によって煽《あお》られたり支えられたりしてきたのである。

今日では、共同体主義《コミユニタリアニズム》的な倫理が強調されるようになり、倫理に対するそうしたアプローチの長所と短所を両方見ることがとりわけ重要になってきている。一般的に、共同体主義者は、倫理的思考は共同体の生活において生じるものであり、人々が道徳的に振る舞うのは、共同体の期待を内面化しているためであると考えている。この記述だけを見ると、共同体主義者は正しいように見える。私たちの多くは確かに、共同体の期待を道徳的振る舞いの指針として用いている。しかし、この振る舞いが善いか悪いかは、共同体の規範の状況に依存しているといえる。彼らは善いのか、悪いのか。何世紀にもわたって自分たちの道徳的生活について検討に検討を重ね、自らの伝統を批判的に反省しているような集団に属しているのなら、その命令に従うことは正当化されてよいのかもしれない。しかし、何らかの教条的なカルト集団やストリートギャングに属しているのなら、より大きな社会が不道徳と考えるような振る舞いをしてしまうことになるかもしれない。このように、集団のルールは強力な動機づけにはなりうるが、自分たちが決めた倫理的振る舞いを自ら正当化することはできない。ここで、共同体主義的倫理の一形式であるところの宗教的倫理は、非宗教的倫理に比べて圧倒的な優位性を誇る。見たところ、それは究極の正当性——神——を持っているのだから。しかしながら、これまで述べてきたように、この優位性は見かけ上のものにすぎない。善とは何かという問いは未だ答えられていないからである。

哲学者たちは、正当性の問題に深い関心を抱いている。倫理的決定にとってのより確かな根拠を常に求めているのである。道徳教育においても、何が最も高度な道徳的論拠といえるのかについて、いや、そもそも論拠というものが倫理的生活にとって最重要の要素と見なされるべきなのかどうかについて議論が続いている。例えば、ローレンス・コールバーグの信奉者は、知識と理性——多かれ少なかれ、善を知ることとは善を為すことであるというプラトン的な考えに依拠している——に非常に大きな強調点を置く（Kohlberg, 1981）。他方で、理性にそこまで重きを置くことに強い疑念を抱く——高い水準で理性的に考えることが明らかにできるはずのたくさんの人が極悪非道な振る舞いをしていることを指摘する——人も多い。さらに、共同体の期待を背負って、道徳的に勇敢な振る舞いに至ったという人々の立派な例もある。例えば、サミュエル・オリナーとパール・オリナーは、ホロコーストの際に、多くの非ユダヤ人がユダヤ人を救い、——自ら大きな危険を背負いながら——慈しみ深く振る舞ったのは、仲間に慈悲の心を抱くよう期待する共同体に育ったためであると考えている（Oliner & Oliner, 1988）。このように、伝統自体を理論的に正当化することはできなくとも、共同体における個々人は、その伝統が倫理的に優れたものである限り、自らの行為をしっかりと伝統に根ざすことができるのである。

共同体主義的な倫理に反対する人が（同じく、支持者の中でも思慮深い多くの人々が）恐れているのは、集団の規範あるいは伝統の名の下に自分の行為を正当化する人は、その伝統を批判することができないか、もっと悪くすると権威による言葉や集団の絆が強く働いているような非道徳的集団の餌食になる可能性があることである。共同主義的倫理学者の多くがその危険を認識しており、それらを回避する、あるいは最小限にする方法を勧めている。

アリストテレスと孔子は、いずれも共同体主義的な形の倫理について記しているといえる。両者とも、道徳的手本――その共同体で最も高い徳を体現していると思われている人――の役割を非常に重視する。儒教における道徳の教育は、共同体の価値観を説き、徳を育み、一般的には人格の発達を奨励することから成っている。儒教では、様々な役割の適切な演じ分けと、その様々な人間関係を律すべき規律とに大きな注意を払う。道徳的主体として、人は、自分の振る舞いを正当化する社会的正義のような抽象原理を発動するのではなく、多くの場合、特定の個々人に関連する行為を律する個々の規律群を参照する。親、子ども、権威、他人、友人に対する義務はそれぞれ異なっており、それぞれ詳細にわたって記述されなければならないのだ。

儒教は、そのように特定の関係性に強調点を置く点において批判にも晒されてきた。儒教の性格は、現代思想家の一部が倫理的思考や振る舞いの特徴とすべきと主張する公平無私な類のものではない。普遍的な愛や慈悲に反対するわけではないが、儒教では、道徳的関係は家族において始まらなければならず、より親密な環境で関わり方を習熟させながら、さらに広い環境の中で気遣うこと、道徳的に振る舞うことを学ぶように教えるのである。ただし、かなり高い水準まで円熟し、道徳的に最も優れた賢者たちとなれば、親に対して負う義務は、言ってしまえば他人に対するものとは違うと認識しているが。

今日のフェミニスト倫理学者の多くは、儒教が「個‐対‐個性」とも訳しうるであろう「仁」を強調する点を好ましく見ている（Taylor, 1989, p. 24）。フェミニスト倫理の別のいくつかの形態の中にも、同じように個対個の直接的な関係性を強調するもの——ケアリング（Noddings, 1984）、対話的倫理（Benhabib, 1987）、母性的思考（Ruddick, 1980; 1989）がある。しかし、どのフェミニスト倫理も階層制度には異議があり、孔子やアリストテレスのような倫理体系が共同体の構成員を特定の機能と同一視する点を鋭く批判している。例えばケアの倫理においては、人を違ったように取り扱ってよいとすれば、それはその人が共同体において別の立場にあるからではなく、人はそれぞれが異なる必要性を持っており、またそうした必要性に向き合う能力は、個人的資質や、関係している人の期待によって異なるからである。ただし、伝統的倫理（アリストテレスや孔子のもの）と現代のフェミニスト倫理はいずれも、普遍的（抽象的）なものよりも特定の関係性を強調する点において批判を受けるものでもある。逆に、双方ともがこの強調点こそを大きな強みと見ており、普遍性を強調するのは、認識論的にも道徳的にも誤りであると考えている。

儒教的倫理は、その宗教的形態において、人間の慈悲の力に依拠している。そして、全ての宗教的倫理と同様に、究極には神に依拠する。この場合の神は、人間の行いに直接法を与えるのではなく、代わりに全ての人間に、他者の痛みや喜びを感じる力を注いでいるとされる。儒教的な道徳教育においては、この能力こそが育まれるべきものと考えられるのである。現代のケア論の論者も、根源的なケアの能力を強調するが、それを神からの最初の贈り物ではなく、実際にケアされた体験に由来するものと考える。

宗教的なものでも非宗教的なものでも、共同体主義的倫理には明らかに強みがある。彼らは確信を持って、人間が道徳的信念を獲得し、その通りに振る舞う方法を記述しており、その正当化の試みは、少なくとも個人主義的な倫理と同じような効果を持つ。神を最終的な審級として発動しない以上、共同体主義者は、普遍的に価値づけられているかに見える人間のつながりに、またこの価値が人間の行為をいかに動機づけているかの継続的な反省に依拠しなければならない。共同体主義者の倫理が最も良く働く場合には、共同体の価値を集約して強調するだけでなく、むしろ問いを呼び、欠点を指摘し、説明を要求し、人々が絶えず向上していくよう差し向けるだろう。

しかし、共同体主義者の倫理には欠点もあり、生徒たちにはそのことを強く意識してもらわなければならない。「共同体主義」という言葉を聞いたことがなかったとしても、生徒たち自身の倫理的見方の内には、どこかしら共同体主義的なものがあることだろう。彼らは立派な人を見習うし、同調圧力に非常に大きく影響される。校風、集団への忠誠心、愛国心、特定の宗教の信奉はどれも、無自覚な共同体主義に相当する。どれも排他的な思考――我ら－彼らの態度――の証である。

いかなる宗教的倫理も、普遍的な愛と排他的思考を同時に促進してきたといえる。あるレベルでは、信者に神の創造物全てを愛するよう説きながら、別のレベルでは、信仰しない者よりも信仰する者を愛するように奨励するということも多い。例えば、イスラム教の戒律においては、信者に、殺人を行ってはならないこと、また、できれば殺人を犯してしまった人を許すことさえ命じておきながら、こうも言われる。「信者を意図的に殺した者は、誰であろうと地獄の報いを受ける。その者は永久にそこに留まることになるだろう」と(Roberts, 1925, p. 82)。イスラム教の戒律のもとでは、信者でない者を殺しても、信者を殺すほどは厳しく罰せられない。キリスト教ではこのような基準が規律にまではされてこなかったものの、実際のところ、キリスト教徒がしばしば「異教徒」殺しを取るに足らないこと、あるいは必要なこととさえ考えていたのに対し、他のキリスト教徒に同じような犯罪を起こすことは非常に重い罪と捉えていたということを、歴史が鮮やかに示している。

生徒たちにとってここで最も重要な学びは、おそらくある種の自己理解ということだろう。集団への忠誠心を様々な形で示すことを誇りに思っているのなら、彼らはまた、自らに厳しい質問を問うことを、すなわち他者を、対立者を、敵を、そして単に違うというだけの人々をどう扱うかについて問うことをも学ばなければならない。そして自分の宗教の中に、憐れみ深く、他者をも包み込むような教義がないかを探求することも必要である。そうすれば、宗教の名の下に戦争や敵対の呼びかけが発せられる時に、「しかし私たちの言葉はこうも語っています……」と答えることができるはずだ。そして、他者に対する憐れみの規律を適用することも学ばなければならない。この人が私たちの一人だったらどうするだろうか、別の分け方をしたらどうなるだろうか、と自らに問うのである。現代において、この問題——排除の基準が宗教、人種、民族、ジェンダー、あるいはそれ以外の集団組織のいずれであっても——よりも知るべき重要な学びはありえないだろう。自分の属する特定の集団内で憐れみ深さや礼儀正しさを通して学んだものは、そこで終わりなのではなく、世界全体へと拡張していかねばならないのだ。

倫理と社会的責任

宗教的倫理を世界全体へと拡張しようとするには、おそらく内在的な困難があるだろう。アラスデア・マッキンタイアは、次のように書いている。

> キリスト教倫理が抱えるパラドックスとはまさに、それが常に、個々人あるいは小さな共同体に対して、自分たち以外の社会から距離をとるようにと言ってきた言葉から、社会全体に当てはまる規約体系を生み出そうとしてきた点にある。このことは、イエスの倫理にも聖パウロの倫理にも当てはまる。イエスも聖パウロも、神が最終的にメシアの王国を開き、歴史が終焉に至るまでの短い合間のために考えられた倫理を説いている。それゆえ、彼らが述べていることの中に、持続していく社会における生活の基盤を見つけられるとは期待できない。 (MacIntyre, 1966, p. 115)

特に、キリスト教におけるより穏やかなメッセージを、王国が実際にはまだ真近でないという認識が圧倒してしまうことはよくあった。例えば、反対側の頬を向けたり、自分を意地悪く扱った人に対して善を為したりできるのは、悪い秩序がやがて覆るであろうことを確信しているからこそである。つまり、終わりが見えない場合には、全く別のものになってしまうのだ。そうした尽きせぬかに見える悪に、今日、改宗の真似事をしているような人々をも数えるならば、なぜ宗教の信奉者たちがしばしば伝統の中でもより好戦的なメッセージに回帰していくのかを理解できるようになるだろう。

　しかし、すでに見てきたように、この一世紀半は宗教に慈悲心を求める動きが顕著になってきている。宗教的倫理も、苦痛や残酷さに対する反対運動において非宗教的倫理の水準に達する必要がある。慈悲心の要請は、一九世紀における社会的福音のような運動を支え、またキリスト教の根本としての慈善に対する関心の復興へとつながってきた。キリスト教の倫理は持続していく社会には役立たないとするマッキンタイアの主張に、誰もが賛同しているわけではない。グスタボ・グティエレスは、次のように書いている。

> 第一に、慈善はキリスト教的生活の中心として、実りある形で再発見された。これが、信仰を信頼の行為として、自己からの脱却として、神や隣人への献身として、他者との関係として見るという、より聖書的な観点へとつながった。聖パウロが、信仰は慈善を通して働くと我々に述べたのは、この意味においてであった。愛とは糧であり、信仰の極致であり、神という他者に、また変わることなく他者たちに自らを贈る行為である。これこそがキリスト教徒の実践の、歴史における彼らの活動のあり方の基盤にほかならない。聖書によれば、信仰とは、愛を通して守ってくださる神に対する人間の応答の全体をいう。これに照らせば、信仰を理解することとは、真実の

単なる肯定――ほとんど暗記のようなもの――ではなく、献身、全面的な態度、生に向けた特定の姿勢の理解であるように思われる。（Gutierrez, 1988, p. 6）

グティエレスの解放の神学は、信仰は実践において証明されるというキュングの発言とも響き合うものだが、それを――実践を第一、信仰や反省を第二に置いているという点で――さらに越え出ているといえる。すでに述べた通り、社会的実践を強調すると、宗教組織にとっては問題が生じる。組織が生き残っていけるかいなかは、そこで力を持っている政治や社会的倫理と協働できるかどうかにかかっているからである。宗教組織は構成員に、何であれ広く語られている因習的な道徳に沿って生活するように勧めることはできるが、これを越え出て何かを促すには大きな危険が伴う。グティエレスは、司教や修道士が社会を変えようと積極的に働くと破壊分子であると見なされることになると書いている。「司教や修道士による異議は［…］、とりわけ彼らが伝統的に演じてきた役割を考慮した場合、非常に危険なものに映る」と（p. 62）。

解放の神学は、社会的な破壊分子であるばかりでなく、――多くの神学用語に新たな意味を与えるという点で――神学的な破壊分子でもある。そこにおいて罪は人間的な用語で描かれる。「我々は不当な賃金、開発、兵糧攻めを、罪や悪の明確な現れとして非難する権利と義務を有していると感じている」などと表現されるのである（p. 64）。フェミニスト神学の論者であるシャロン・ウェルチは、さらに次のように説明している。

〔解放の神学が関心を抱くのは、〕普遍的な意味での罪ではなく、特別な意味での罪、結束の否定という罪である。キリスト教信仰の解放は、歴史における救済を求める闘いへの期待をもって、歴史的な堕落状態に取り組んでいる。解放の神学に基づく信仰は、本質的に歴史的で個別的なものであり、特定の抑圧の形式を弾劾し、変革することに向けられている。

(Welch, 1985, p. 27)

解放の神学においては、復活の考えにも新たな意味が与えられる。

最後の審判における復活は、最も暗号化された信仰の象徴であり、その暗号を解かれることを拒絶する。それは、生に対する究極の肯定である。〔…〕その象徴は、死さえも生の手段へと変容させる。この神秘は、時代によって別様に翻訳されようとするだろう。ブルジョワの神学がその神秘の個人の次元を強調したのに対し、新しい神学は〔…〕その社会的次元を強調することになる。それゆえ我々は、解放と復活とを一つにする。我々の最も深く求めているのは、個人の不死ではなく、全ての人間が、死までの生を生きることであるからだ。

(Soelle, 1978, p. 34; Welch, 1985, p. 45 における引用)

以上のように、解放の神学は、宗教的ヒューマニズムであるといえる。それは人間に責任を取ることを、行動することを、変容することを促そうとする。そして、神学に批判理論——ある時代の最も深いところにある不満足と、そうした不満足に対する信者の反応を分析するという一連の反省的思考

——の役割を割り当てるのである。グティエレスは、次のように書いている。

苦難、不正、開発に対する闘争を超えて——いやむしろ、この闘争を通じて——目指すべきは、新しい人間性の創造であるということを肝に銘じておくことが重要である。第二バチカン公会議は、こう宣言した。「我々は新しいヒューマニズムの誕生を目撃する。ここにおいて、人は何よりもまず、兄弟に対する、歴史に対する責任によって定義される」（*Gaudium et spes.* nc. 55）。新しい人間を創造しようというこの熱望こそ、ラテンアメリカで多くの者が取り組んできた闘争の奥にある、最も深い動機である。

（Gutierrez, 1988, p. 81）

ガンジーの宗教哲学もまた、社会活動へとつながるものであった。

彼の運動は、聖典の文学性を通して、自らの民俗文化の持つヒューマニズムや自らの宗教の精神性へと回帰しようとするものであった。聖典は詩的な文章でできていたため、ガンジーは現代の意味を込めて象徴的に読むことができたのだろう。サティヤーグラハ［非暴力の魂の力］自体が創造的《ポイエーシス》な行為であり、技法というよりは新しいアイディアを生み出す行為である。

（Inchausti, 1991, p. 29）

しかしながら、宗教における解放の教義は、ともすると独善的になったり、既定の方法をそう簡単に手放せない人々に対して不寛容になったりもしかねない。ガンジーはユダヤ人に対して、ナチスの残虐行為に服従し、愛と非暴力を通じて迫害者を改心させてはどうかと提案して、ユダヤ人思想家の怒りを買った。マルティン・ブーバーは、ガンジーを厳しく非難している。

さあマハトマよ、あなたは、強制収容所がどのようなところで、そこで何が行われているかをご存知なのか、それともご存知ないのか。[…]おそらくあなたは、ドイツにおけるユダヤ人が、あなたのするような演説を、殴り倒されることなく一言でも発せられるとお思いなのだろうか。[…]私自身が現体制下で過ごした五年間に、多くのユダヤ人に真のサティヤーグラハの例を見た。[…]しかしそのような行為が、彼らの敵対者にほんのかすかな影響すら及ぼさなかったのは明らかである。

(Friedman, 1991, p. 214 における引用)

このように、宗教的な社会理論に批判的な人は、時としてそれがあまりに柔軟性を欠き、非現実的にすぎると捉えるのかもしれない。他方、それらがあまりに人間の責任ばかりを強調しすぎて、神に十分な重きを置いていないという理由でたしなめる、あるいは責め立てさえするような批判もある。例えば、現代のキリスト教徒の著作の中には、より瞑想的で神秘的な態度を社会活動に反映させるものがある。個人的な献身の反映としての奉仕は、何よりもまず神の慈悲が奉仕する人間を通して働いている徴と見られる。そうした著述家たちが、自らの行為において、変革的な社会活動よりも奉仕や祈りを気高く強調することもある。

行為主義に陥らんとする絶えざる誘惑に対抗する最も重要な方策は、キリストにおいて全てが達成されているのを知ることである。この知は、知的な洞察としてではなく、信仰における理解として捉えられるべきである。世界の救済が我々にかかっているかのように行為し続ける限り、山をも動かせる信仰を欠いていることになる。キリストの中で、人間の苦しみや痛みはすでに受け入れられ、経験されているのである。[…]したがって、我々の行為は、すでに達成されたものを可視化するための訓練として理解されなければならない。

(McNeill, Morrison, & Nouwen, 1983, p. 122)

中高生にとって、社会的活動と個人のスピリチュアリティの間に長年続いてきた緊張関係について議論することは、少なくとも独りよがりのあり方に揺さぶりをかける役には立つだろう。自分たちのしてきた慣習的な慈善活動——「貧しい人への施し」など——が実際には、現状を全てそのままにした結果、支配関係を終わらせるための闘いを妨げることにもなりがちな抑圧的な行為とも見なされうると聞いて、生徒が驚くのももっともだろう。しかし、そのような議論の中で反省を行うことは、アメリカ合衆国の生活様式を思慮深く検討する機会にもなるかもしれない。常にもっともっと多くの物品を求めようとする利己主義、本当は私たちの良心が動揺し続けていなければならない時に宗教がそれを宥めにかかるようなあり方、そして、自分自身の個人的な快楽もスピリチュアルな快楽も進んで投げ打とうとする一握りの人が背負う非常に大きなリスクを。

第8章　学校でそのような授業は可能か

これまで七章にわたって書いてきたことは、今日の典型的な授業内容からはあまりにかけ離れているので、公立学校でそのような探求が可能なのかという問いが起こってくるのは自然なことだろう。共感的な読者でも、様々なことを不思議に思われるかもしれない。そのような教え方は合憲なのか。本書で議論してきた題材は正式のカリキュラムの中で扱うべきなのか。教師たちがこの題材を、感性を研ぎ澄ませて、自信を持って扱えるように準備することなどできるのだろうか。仮にそうした授業を奨励することにしたとしても、果たして学校に構造的変化の土壌があるのか。原理主義者からきっと生じるであろう反論に、教育者はいかに向き合えばよいのか。そして、そもそも、そのような授業は本当に道徳的に望ましいものなのだろうか。

憲法上の問題

合憲性の問題については、容易に解決されるはずである——実際に容易にできると言うべきではないが。宗教について教えることであれば、長年にわたって受け入れられてきた。本書で概観を示してきたアプローチの中心的問題は、宗教的あるいは形而上学的な問いはあらゆるところで生じうるということである。これまで提案してきたのは、問いが生じてきたならどんな場面でも――言わば数学や物理の授業でも――扱ってみるだけでなく、教師は、生徒たちがそのようなことを常に暗に問い続けていると推定し、そのような題材を含めるように授業を計画すべきであるということである。そのような計画に沿っていくことが意味するのは、生徒たちは宗教的な問いについて話し合うことから逃れられないということである。少なくとも、（たとえ議論に参加することを拒否したとしても）神、倫理、天地創造、宗教政策、神秘主義的な愛、無神論、フェミニズム、その他の多くの話題を耳にすることにはなるだろう。ここに、彼らが宗教に対する自らの態度を選択する自由を不当に侵すようなところはあるだろうか。

宗教的、形而上学的、実存的な問いが含まれるからといって、数学や文学の問いよりも侵入的であるとは限らない。実際、これまでに提案してきたアプローチは、その題材について生徒たちに試験を行ったり、議論への参加を学業的評価に含めたりといったことを推奨しているわけではないため、さほど侵入的とはいえないのではないだろうか。生徒と教師、いずれから発せられたにせよ、そのような議論は、人間の関心を――知性的な信仰あるいは不信仰を求める人が、自分の畏《おそ》れや疑い、不安、希望、知識、そして無知を共有するような仕方で――自由に交換し合う中に自然に織り込まれるはずだ。学校という場でそうした交換が行われるとすれば、それは、生徒たちが慈しみと理解をもって、また相応の高い論理水準を要求しながら、互いに応答し合うことを学ぶ機会にもなるだろう。

教育学的中立性という方法は、宗教的な問いを議論するにあたって非常に本質的なものといえる。特定の宗派の見方を支持するのは、明らかに違憲だろう。しかし、そのような見方をする人がおり、そうした見方が様々なケースで多大な影響力を持ってきたということを――現在の私たちのように――無視するのは、道徳的に非難すべきことである。そのような題材は大学まで持ち越せばよいと言うことは決してできない。大学に行けない生徒もいるし、大学に行ったからといって、事前の準備がなければ、少し前よりも批判的な立場を取りやすくなるわけでもない。全ての生徒が、強制的でない支持的な環境で、人生の中心的な問題に取り組む機会を得る資格があるはずだ。

教育学的中立性の立場をとる教師であれば、世界は二、三千年前からしか存在しないと両親に教わってきた生徒に、「それは間違いです」と言うことはしない。そうではなく、そのように信じてきた人々がいるという事実を認めつつ、多くの科学者が信じていることを提示するだろう。その過程で、進化論そのものの中にも矛盾する説が複数あるということを認めるべきである。科学にも、想像による飛躍や創意に富んだ補填があるのに気づかされるだろう。科学者の中に、わずか二、三千年前に世界が六日で創造されたと信じる人はいるだろうか。誠実に答えるなら、ほとんどいない、とするしかない。しかし、やはり誠実に、こうも付け加えられるかもしれない。創造については本当に多くの説がある――中には聖書よりもずっと奇妙なものもある――と。それらが文字通り真実であるかを問うべきなのだろうか。それとも、人間の意味の探求において別の役割を演じていると考えればよいのだろうか。あとで原理主義の扱い方に関する問題を考える際にこの例に戻ってくるつもりだが、さしあたりここでの目的は、教師が必ずしも「それは真実です」とか「私はこんなふうに信じています」などと述べる必要はないと示すことである。教師は、他の誰かがはっきりと表明している信念に言及するだけでよく、証言を比較検討するか、信仰を選んで意識的にそれを拒否するかは生徒たちに任せればよいのだ。

カリキュラムと教育

この信仰と不信仰についての極めて重要な問いが正式のカリキュラムに含まれていないということをここまでの議論で示唆してきた。これはおそらく正しい選択だろう。正式なカリキュラムに含まれるようになると、どんなものでもあまりに限定的で融通のきかないものになりがちである。かえって、迷惑なことに何らかの党派や宗派の人の目で審査されたり、生徒の達成度で測られたり、——これが最悪であるが——その教科に強い興味を持つ一握りの生徒を除いた全員にとって耐え難く退屈なものになってしまったりといったことが起きてしまうのだ。

そうした題材を、標準の話題を豊かにし、また補うような連想の束として導入するというのが、本書の提案である。そのようなものであれば、授業計画にメタレベルで含めることができるはずであり、それなら教師たちも、授業や単元を計画する際に考慮する気になるのではないだろうか。加えて、その連想は、特定の話題に結びついていればいるほど広がりを持ちやすい。例えば、グラフやデカルト座標の単元の時に、教師たちは、デカルトの生涯——彼の服の着こなし、当時の暮らしぶり、兵役の時のこと、神の存在証明の試み——について議論できるだろう。

教師がその題材を教えるとした場合、自動的に、容赦なく、必然的にそれを試験に出さなければならないのだろうか。筆者はなぜ、この領域で試験を行うことに気が進まないのか。宗教的な事柄に関する問いを——次の中から一つを選べ、といったように——選択肢として含めるのであれば、差し支えないのかもしれない。その手の選択であれば、生徒たちは自分の思考がどのように展開しているかを示すことができるし、少なくとも同じくらい重要なこととして、自分たちはその特殊な題材について考えてもよいのだと感じることができるだろう。そうした選択肢を与えることによって、私たちがその話題を真剣に捉えているのだということを、公式な仕方で示すこともできる。ただし、問題はたくさんある。試験のために作った設問は表面的なものになりがちであり、教師が教室内での議論で教育学的中立性を保っていたとしても、回答に対して教義的に判断してしまうこともありうる。生徒たちも、回答の中で中立的なあり方を示すことが求められるべきなのだろうか。そのようにできる能力を評価されるべきなのだろうか。そのような要求こそ、本当に侵入的であろうし、教師のような特別の道徳的義務を負わない人たちには過度な注文である。

さらに、教育においては、自由に贈与がなされるべきである。アリストテレスはかつて、教育とは、その全てを「友に対するように」行うことである、と述べた。宗教的、形而上学的、実存的な問いについて議論する際には、教師も生徒も同じく探求者である。教師は話を語り、議論の筋を導き、補足資料を挙げ、批判的思考と思いやりの模範となり、知性的な信仰あるいは不信仰を求めることが意味するところを胸襟を開いて示してみせる。生徒たちは先生がくれるそのような贈り物を待ちわびている。何年も前、筆者が高校の数学教師だった頃のこと、幾何学の授業でサイエンスフィクションの物語を読んで聞かせたことがある。この物語の主人公は数学者――正確には、位相数学者であった。話を終えると――生徒たちはかなり楽しんでいた様子であったが――最初に出た質問はこうだった。「これはテストに出ますか?」いいえ。「ああ、じゃあ、なんで……?」筆者の答えは(自分でも少々恥ずかしいが）このようなものだった。これは私のお気に入りの物語の一つで、あなたたちのことが好きだから、一緒に分かち合いたかったのです、と。生徒たちは明らかに嬉しそうだったが、同じくらい驚いてもいた。生徒のことを好きだと認める先生？　自分の好きなものを——贈り物として——分かち合おうとする先生？　それ以来筆者は、私たちはなぜもっとそのような活動に取り組まないのだろうと、しばしば不思議に感じるようになったのである。

今日、これまで示してきたような探求の指揮を取る構えのある教師はほとんどいない。しかし、できるはずである。中高の教師は、かつて「ルネサンス人」と呼ばれたものであるべきだ。すなわち、ふさわしい水準で、中学校・高校で教えられている教科の大半についていてたくさんのことを知っておくべきであり、加えて、関連する題材についてもかなり広範に慣れ親しんでおくべきであるということだ。このような幅の広さは、大学での教員養成が、真の意味で教師になる準備を目指したものであるならば、十分に達成されるはずである。

近年、影響力のあるいくつかの組織が、教師になる人にしっかりとした教養教育を施すことを推奨している（Carnegie Task Force, 1986; Holmes Group, 1986）。この背後にある思想は、素晴らしいものである。そうした教育主導者たちは、教師に幅広い学業的背景を持ってもらうことを望んでいる。しかし、全教師が標準の専攻科目に加えて、通常の大学の授業のあれこれを全て網羅するよう強いても、望んでいる目的を達成したことにはなるまい。まず、大学の専攻内容は、中高までの学校の授業とはほとんど関連がないといえるほど高度に専門化されている。第二に、「幅広さ」として要求されているものの多くは、他の専門分野を少しかじっただけのものになってしまうだろう。これまで探求してきたような深い問いと専攻内容とをつなげてくれるような機能を持つものはないと考えられる。

中高のレベルを教える準備をする人は、中高のカリキュラムを非常に深くまで勉強しておく必要がある。医者が解剖学を学び、法律家が不法行為を学ぶのと同じように、教師はカリキュラムを学ばなければならない。それが仕事を支える背骨となる。そして仕事の核心は、まさにこのカリキュラムに取り組まなければならない生徒たちである。教師と生徒は共に、このカリキュラムの中で、自分の人生の意味を求めて格闘するのだ。しかし、今の現実はといえば、数学教師の大半は自分のクラスの生徒の国語や歴史に手を貸せないし、国語教師の大半は数学の問題の話が出ると青ざめてしまう始末である。それゆえ中高も、大学に負けず劣らず、宗教的・実存的問いを探求するという人間的な責任を引き受けていない人々の寄せ集めになっている。

もはや、大学の専門的知識の水準にまで通じたルネサンスの学者たちを生み出すのは難しい。単純に習得すべき題材が多すぎるためだ。しかし、中高のレベルであれば可能である。実際、全ての生徒に特定の教科を取るように求めている以上、このくらいの専門的知識の水準には、いくらかなりとも近づけると想定しているということだろう。もし中高生が全員、決められた教科の組み合わせを取らなければならないのだとしたら、中高の教師が全員、この題材を十分に知っておくべきだと主張しても何ら不合理ではあるまい。つまり、今提案しているのは、教師になる人は、自らが中高生の時分に経験したものを、その後大学でもう一度、より高い観点から学び直すべきであるということだ。教えるということは、ルネサンスの学者になることが望ましいような専門職なのである。想像してほしい。もし学校にそのような人々が配属されたら、生徒たちが先生をどれだけ尊敬するであろうかを！

こんな反論があるかもしれない。大学に入る時点で教師になることを目標にしている必要があるではないか、と。確かにそうだ。しかし、工学に進む学生であっても、早めに自分の選択をすることは求められるのであり、それは教師に限ったことではない。それに、気持ちが変わったからといってどうだというのだ。そのような人は大勢いる。彼らはむしろ、優れた――ことによると、先に示したような専門性の断片としての教養よりも良いかもしれない――一般教育を受けたということになるだろう。心変わりをする人を心配して、現在の選択にまったく不適切なやり方で職業の「準備をした」気になっている人を心配しないのは奇妙なことだ。ここで提案する方法のもとでは、学生たちが自分の職業選択に直接関係する題材を学ぶことになるはずだ。その選択が変わったとしても、彼らは十分に取り組めたと――目標に向かって勉強し、選んだ職業の価値と尊厳を認める中で教わるところがあったと――感じるものを学んだことになるだろう。

ところで、数学教師は、大学院で数学を学ぼうとしている人ほどは数学について知らないかもしれない。確かに、実解析や位相学に関して同じだけの能力は持っていないだろう。ただし、駆け出しの数学者のほうは、その教師が習得しているであろう、伝記や歴史やその他との関連には通じていないに違いない。さらに言えば、今日の数学教師は、数学科の卒業生にふさわしい数学的能力も持っていないといえる。その手の数学は日々の仕事の中で用いることがないために忘れてしまっており、また今のところは、その欠落を本書で示唆してきたような知を得ることによって補うということもめったにないからである。もし教師たちが、ここで提案しているような準備をしていたら、「教師は、同じ科目の訓練を受けた人の知らないようなことを何か知っているのか」という永遠の問いに、「教育学的な」知識などというあるかないかわからないものを挙げる必要はなくなるだろう。彼らは他の人が一度も習得したことがない、あるいはとうの昔に忘れてしまったような、果てしない題材の広がりを知っているのだと言ってよいはずだ。

すでにある教員養成の一部にも、これまで議論してきたような宗教的・実存的な問いと標準的な教科とのつながりに充てられたものはあるだろう。他にも、職業倫理やレクリエーション、発達的な問題に向けたものもある（Noddings, 1992）。生徒たちと、その興味や欲求こそが、カリキュラムをいかに組織し、提示するかを左右することになる。教師が――ほんの一部分だけではなく――カリキュラム全体を確信を持って習得していなければならないのは明らかである。

全くの実用性の観点から教員養成に向き合うなら、以上の提案はほとんど実現しそうもないことがわかる。悲しいことに、中高の教師は、必修科目さえ網羅的に準備することはできないだろう（あるいは必修を減らすしかない。この選択肢はおそらく、これまでに概要を示してきたものよりさらに魅力的で弁護しやすいものであろうが。Noddings, 1992 を参照）。唯一の実践可能性は、先の章で論じてきた題材を教員養成に多く導入し、教師たちが自分独自の真に自由な教育を続けていけるように励ますことである。

養成プログラムでは、宗教的・実存的な問いについて学び、議論するのは正当なことであると、教師になる人にはっきりと伝えなければならない。そのような議論は倫理的な義務だとさえ言いたいところである。あらゆる水準において、あらゆる身近な人間の状況において、価値観を論じ合うことが重要なのだ。デイビット・パーペルは次のように述べている。

> 教育者としての［…］我々の責任は、何らかの観点を普及させることではなく、それについて問うていくことであり、単にそれについて学ぶだけでなく、それに対して批判的かつ洞察的であることである。［…］したがって我々は、教育的良心において、宗教や道徳にまつわる事柄をめぐる真剣で激しやすい議論を、それらが物議をかもし、複雑で、甚だしい混乱を招くからという理由で回避することはできない。全く逆に、それらが非常に重要であるからこそ、認識、理解、解明、洞察を請い願っているからこそ、それらは重要な教育的問いの中心をなすのだ。
>
> (Purpel, 1989, p. 68)

私たちの教育学的義務をそのように理解するなら、少なくとも「それをどう扱うか」を知っている教師を生徒たちにあてがうことができる。残念ながら、その内容の多くは、自分たちで見つけてもらわなければならないが。

もし教師が、教科間を横切って関連させ、人間に関する深い問いについてある程度高度な議論ができるような教育を受けていたら、それは大きな助けになるだろう。しかし、特定の内容について準備するよりも大切なのは、自分に最も深く関わる問いを私たちに探求させずにいるような禁忌から教師が解き放たれることである。日々テレビに映し出される暴力、猥雑な性、貪欲の影響からは目を逸らすわりに、賛否の分かれる問題を学校で自由に議論させたりしたら子どもたちが堕落するのではないかと心配するというのは奇妙な社会である。だからと言って、そのような議論に関心がないわけではないはずだ。関心は常にある。親たちはこうした議論に深く取り組むべきであり、それが起こるのを邪魔したり妨げたりすべきではない。

　親も生徒も、教師がそのような議論を導くことに信頼を置く必要があるし、その信頼は、ケアの関係性が構築されるにつれてゆっくりと育まれるものである。信頼は、当該の資格証明書を示されたからといって、自動的に付与されるものではない。親としては、教師が自分の子どもに本当に心から最高度の関心を持っていると確信できて初めて、その教師も信頼できるようになるという人がほとんどだろう。自分の子どもが知性的に、社会的に、道徳的に成長していくのを見るにつれ、信頼は深まっていく。そうなれば、信頼する教師がかなり繊細な議題を切り出すのを認める——励ましさえする——ことだろう。

　信頼の必要性という観点から、生徒と教師は、通常の一年よりももっと多くの時間を共に過ごすべきであることが示唆されるだろう。多くの私立学校が持つ大きな強みの一つは、まさにこの点——教師が何年にもわたって生徒に付き添い、生徒が十全に成長できるように重大な責任を負うということ——にある。理想的には、共に居続けるという選択は相互的なものであるべきである。というのも、強制された関係性では、教師への反感が信頼へと転ずるということが起こりづらいからだ。私たちは、私立学校の教員配置が持つ負の側面もよく知っている。そこでは、一人の教師（あるいは師匠）が一部の生徒の生活を何年にもわたって不幸にすることもありうるのである。ただし、その肯定的な可能性が、公立学校のコーチや教師たちに影響を与えていることもまた知っている。運動競技のコーチや音楽の教師が（運動競技や音楽を選択した）生徒たちと複数年にわたって関わるということはよくあるし、彼らであれば、他の教師たちが触れるのを恐れるような事柄について話し合えるだけの信頼関係を築くことができるだろう。

教師たちにより長い関係構築を求めたり、賛否の分かれる繊細な議論に生徒を取り組ませるよう期待したりすれば、彼らに多大なる責任を置くことになる。一方では、生徒というのは、自分が好きで信頼する人のためであればどんなことでもしようとするので、普段の授業が楽になるという面があるだろう。扱いにくい生徒にやる気を起こさせるために、常に派手な授業を乱れ打ちする必要はなくなる。他方、思慮の足りない、あるいは不道徳な教師が、生徒たちを馬鹿げた、堕落した、危険な、悲劇的でさえあるような行為に走らせてしまうこともありうるだろう。『西部戦線異常なし』で教師が若い生徒たちに、祖国のために戦って死ぬのは栄誉あることだと信じ込ませたのを思い出す読者もいることだろう。少年たちは、入隊のために一団となって教室を離れ、結局はほとんど全員が殺されることになったのである。しかし、信頼関係が育てられないような構造をこのまま受け入れたからといって、悲劇や愚かさを防ぐことはできないだろう。実存的な切望を、それがないふりをして満足させることはできない。子どもたちが最高の教師にめぐり合えたらそんな授業を認めてもいいけれど、などと言っていても、学校の中でそうした切望と出会う責任からは逃れられない。多くの子どもが「ほどよい」親で満足しなければならないように、私たちは「ほどよい」教師とやっていかなければならないだろう。自分の生徒のことを深く気遣い、絶え間ない質問にも喜んで取り組もうとし、教育学的中立性の立場を取ろうとする教師は、おそらくほどよい教師である。また、教師も生徒も、宗教的・倫理的な価値について十全に話し合うことを許す授業を通して、「ほどよい」ところからもっとずっとよいところまで成長していくこともありうるだろう。

学校で批判的分析は可能か

ここ数年、教育者たちは「価値教育」を導入しようという動きに繰り返し苛立ちを覚えてきた。大衆の反応は、しばしば否定的である。なぜなら、共同体のそれぞれの派閥が、別の集団の価値観が優勢になってしまうのではないかと恐れるからである。中には、自分たちの価値観を他者に押しつけることは望まないと、わざわざ独善的に宣言する者さえいる。しかし、数学を教えるのに暗記や反復練習で指導する必要がないのと同じように、価値の領域について教えるからといって必ずしも教条的になるとは限らない。「誰の価値観なのか」という厄介な問いへの答えは、次のようなものでなければならない。ある意味では、皆のものである、と。私たちは、批判的な吟味をすることなく、何らかの価値を意図的に教えるということはしない。問いながら、また探りながら、共有の価値観を実際に見つけていくのであり、そこにはきっと個々人の深い信念が見出されるに違いない。大切にされた信念を表明する価値観は、批判的かつ受容的に検討されることになる。私たちがこの共同体における何かを支持するとか、ある種の行為が許せないとか、別の行為に高い価値を置くとか言う時には、そのような信念を持つ者が、自分の信条や生き方を検討し、その価値観に従って生きることを決めたということを意味している――たとえ、その共同体に属す別の人たちが、裏側に、あるいは深層にある別の価値観を引き合いに出すとしても。そして、その深層の価値も見えている価値も、いつかは変化するかもしれないことを私たちの多くが認めているとしても。

そのような継続的な分析は、傾倒と疑念の両方を可能にする。それは、その共同体に属している上品で行儀の良い人は皆、共有している宗教的信念のおかげで上品で行儀が良いのだなどと尊大に推定するのでもなく、また、自らを偽の普遍性として打ち立てようとする宗教的方向づけが優勢になるのを無感覚に許すのでもない。マルティン・ブーバーは、ユダヤ人の生徒として経験した、毎朝のキリスト教の儀式に耐える苦痛を次のように表現している。

見知らぬ勤めの鳴り響く部屋に毎日義務的に立たされるのは、宗教的不寛容の行為が影響したであろうよりもひどく、私に悪い影響を及ぼした。自分の人格の一欠片も参加できない、あるいはするつもりもないような聖式の催しに、物として居合わせなければならない、否応なしの客。これが八年間、毎朝毎朝続くこと。それは少年の生命の実質に深く刻み込まれるものであった。(Buber, 1967, p. 8)

今日でさえ、この国には、古くからの朝の儀式——聖書朗読、祈祷、国旗掲揚——を残そうとしたがる人が大勢いる。私たちは、この要求に断固として立ち向かうべきである。信心深い信仰者は、祈りの家で、信仰者の共同体と一緒に勤めに取り組めばよい。信仰の異なる人が、自分とは関係のない、不快な儀式の不本意な参加者に、あるいはブーバーが自分の役割として描写したように、「物」にされてはならない。なぜいけないのか。どうしたら「私たち」はこの価値観を持てるようになるのか。私たちの中には、公立学校での祈りは違憲であるときちんと宣言されていると誠実に考える者もいれば、今は特定の宗派に属さない実践であっても明らかに宗派的なものへと急速に舵を取るかもしれないと恐れる者、また全ての子どもをブーバーが経験したような痛みから守りたいとひたすら願う者もいる。

価値教育がどんな形式のものであれ、自分自身の価値観を他者に押しつけるのを望まないからという理由で拒絶する教師や親は、自分の普段の行いを批判的に検討していないといえる。子どもたちに学校に行くようにとは言わないのだろうか。全ての授業に時間通りに出席するようにとか、締め切りまでに宿題を終わらせるようにとか、先生の言うことを聞く――あるいは、少なくとも、先生の話を邪魔しない――ようにとか、教室で人種差別的なあだ名や下品な言葉を口にしないようにとは言わないのだろうか。全ての規則は何らかの価値観に基づいているのであり、規則に従うということは、――たとえそれが、規則には従うものだという知性的に貧困な信念であったとしても――根底にある何らかの信念を示唆している。したがって、好むと好まざるとにかかわらず、私たちは私たちの価値観を若者や目下の人にまさに押しつけているのである。しかし、あまりに教条的になるのを避けることはできる。思考力を与え、問うことを励まし、批判的吟味に耐えないような規則を打ち捨てるようにするのだ。

知性的な信仰あるいは不信仰のための教育を最も大きく揺るがす障害は、おそらく原理主義と、暗にそれに関連するあらゆる言説である。例えば、教師が必修の題材を教える能力を持っていない可能性が取り沙汰されており、確かに現役の数学教師のかなり多くは、微積分を得意とする高校生の数学的能力を上回っているとはいえない。しかし、私たちは数学を教えることを諦めない。数学は重要であり（全員が代数学を必修とすべきというほど重要ではないまでも）、私たちは教育法とカリキュラムの両方を改善しようと、日夜努力を続けている。これと同じ努力が、知性的な信仰と不信仰の重要性を認める中にもなされるべきではないだろうか。現実問題として立ちはだかっているのは、一部の声高な人々が、宗教という事柄において知性を重視することを拒み、信仰に対して批判的な検討を行うことは罪の一種であると断じてさえいることである（Peshkin, 1986）。罪という概念は、もっぱら原理主義者の関心を占めている。ハロルド・ブルームは、ジミー・スワガートの定義する罪について次のように述べている。

「中絶、無神論、進化論、共産主義、自由主義、嬰児殺し、安楽死、男女平等憲法修正案、男性の同性愛、女性の同性愛、倒錯行為」。スワガートは明らかに、これら一一の「罪」とされるものの違いをわかっていない。彼がこれまでの遍歴で追い求めてきたのは、どうやら「自由主義」ではなかったらしい。

(Bloom, 1992, p. 178)

生徒たちにはぜひとも、スワガートがあまりに安易に「罪」とレッテル貼りしている概念を分析し、それぞれについて知性的な意見を組み立ててほしいものである。教育者は、勇気と慈悲の心をもって、議論を検閲したり削減したりしようとする反対運動に応えていく必要がある。賛否の分かれる問題について理性をもって話し合うことに、個々人の十全な成長だけでなく、私たちの健全な民主主義がかかっているのだ。エイミー・ガットマンはこう述べる。「意識的に社会を再生していくことが民主主義教育の第一の理想であるがゆえに、共同体が理性的熟考を抑えるために教育を用いることは断じて避けられなければならない」と（Gutmann, 1987, p. 45）。
今日のキリスト教原理主義は、恐るべきパラドックスを呈しているといえる。一方では絶対者に対する独自の理解を主張しながら、他方では、その確実さが、批判的吟味なしに受け入れられなければならないと主張する。さらに、一方では、教会の仕事は福音を説き、魂を救済することであると主張して、教会が社会的な任務を持つことに抵抗しながら、他方では、政治活動に盛んに取り組んできたし、国家を変えようと画策している。ジェイムズ・バーは、後者のパラドックスについて次のように書いている。

福音派の福音は人間の自己−確実性の内的な基盤を徹底的に問うものであるという主張は、その宗教が現存の社会秩序の正当性をイデオロギー的に保証するものになった途端にたちまち覆る。［…］この手の福音主義は、伝統的な、多かれ少なかれ中世的なキリスト教国を求めているように見える。神の敵に対して騎士道的な流儀で軍事力を振るうような、キリスト教的価値観に支配された国を。（Barr, 1977, p. 110）

バーはまた、多くの原理主義者が聖書をほとんど読まず、読んでいたとしても選択的でしかないにもかかわらず根拠に用いていることを指摘し、第一のパラドックスについても次のように述べている。

キリスト教会の問題とは、教会の生活や神学の主流から原理主義が恐ろしいほど乖離していることにあるといえる。［…］問題の根幹に横たわっているのは［…］その見解が教義的あるいは聖書的であるよりも、宗教的かつ実存的であるということである。すなわちこの問題は、原理主義者が持つ、自分たちの宗教のあり方こそが唯一絶対に正しいものだとする絶対的で思い上がった確信によって形作られている。

(Barr, 1977, p. 338)

バーが書いているように、原理主義は、その中に知性的なものが存在しない以上、知性の問題であるとはいえない。しかし、公立学校は、他の価値ある目標の中でも、とりわけ知性という目標を有しており、学校が宗教のような人生の領域に足を踏み入れるための唯一の正当な方法は、知性的であることにほかならない。原理主義ではない宗教のほとんどが、信仰は頭よりも心の問題であると主張しながらも、宗教における知性の要素を認めている。イドリース・シャーは、アリを引用して、スーフィズムの精神――全ての知性的な宗教実践の精神といってもいいだろう――を捉えている。

不信の只中にある信仰者であったとしても、あなたはおそらく自らを信仰者と見るだろう。しかし、あなたの立場に至るまでの過程を自覚するまで、本当は何も信じられないはずだ。それまでは、あなたの信仰が全て間違っているかもしれないことを、あなたが信仰だと思っているものが――あなたが感傷を抱いている先祖の遺産も含め――環境によって生じた単なる偏見の一種にすぎないかもしれないことを前提とする心構えがなければならない。

(Shah, 1970, p. 164)

学校での議論が促していくべきは、まさにこのような態度である。そしてもちろん、原理主義に真っ向から対立するのも、この態度にほかなるまい。

筆者は、宗教に対する批判的かつ受容的な考察が学校で行われるべきであると、またそれが必ずや大多数の生徒の役に立つはずであると主張することを厭わない。ただし、批判的な思考そのものが、原理主義者たちの宗教的プライバシーを侵害していないかどうかについては考える必要がある。そのような教育的努力は、原理主義者たちが自分の宗教を実践する権利を狭めてしまわないか。ここで勧めているような教育が、信仰を危険に晒してしまうことはないか。

教育は、たとえ宗教を明示的に扱わなくとも、常に盲目的な信仰を危うくするものではあるが、だからと言って必ずしも信仰を打ち壊すものではない。むしろそれを深めることもあるだろう。しかし、法廷では、学校教育が信仰に与える危険が認められてきたし、少なくともアーミッシュの事例のように、宗教的共同体がそこに暮らす子どもたちの教育を制限することも許されてきた。この決定が賢明なものかどうかについては、未だに議論が絶えない。では子どもたちから学校教育を剝奪すれば宗教は守られるのだろうか。この興味深い問いを探求しなくとも、アーミッシュの人々が、誰しも彼らの実践に従うべきだと主張しているわけでも、政治的活動を通して自分たちの価値を押しつけようとしているわけでもないことはわかる。もしそうであれば、私たちは、筆者が原理主義者に対して行わなければならないと考えているのと同じように、彼らにも然るべき応答をしなければならない。あなたには、自分の宗教を自分がふさわしいと思うように実践する自由があるが、公共の場所に入ったら、あなたの信念も勧告も知性という方法のもとに従わせなければならないし、そうすることになるだろう、公立学校はこの方法をとっており、あなたの子どもたちも必ずそれに出会うことになるだろう、と。

パーペルの言うように、私たちは「教育的良心」において、宗教や価値にまつわる事柄に批判的知性を適用することを避けられないが、その良心から、原理主義の生徒たちの信仰を貶めるように駆り立てられることがあってはならない。原理主義者の信仰のいくつか——神は私たち一人ひとりを愛されているといったようなもの——が宗教の主流でも広く受け入れられていることは認めるべきである。ただし同時に、広く疑義を呈されているということも。原理主義に属さない人が、アメリカ社会や私たちの道徳の語り方がいかに深く原理主義の影響を受けているかを知ったら、さぞや驚くことだろう(Bloom, 1992)。

知性という立場に照らし、原理主義を信奉する人への真の敬意と確固たる一貫性をもって、いかに原理主義を扱うべきかを考えるにあたって、先の創造と進化をめぐる議論に立ち返りたいと思う。参加者の一部が熱心に主張している意見は何であれ、その議論全体を検閲したり禁止したりすることは、明らかに知性的とはいえない。我々の起源についての問いに知性的にアプローチするためには、可能な限り物語の全体を語るべきだろう。どの文化にも創造物語がある。私たちがそれらを語ったり、見つけてきて話すよう生徒たちに促したりすることは、多文化教育の素晴らしい機会を提供することになるだろう。ここであれかこれかの二分法や他の厳密なカテゴリー分けを特別好む向きは、そういう物語を語るなら、——理科ではなく——国語あるいは歴史の授業で扱うべきだと主張することだろう。私たちの学びが、そうした恣意的な教科の区切りに沿って行われるのでなかったらどんなによいだろうか（Noddings, 1992）。しかし、そうである限りは、知性的な教育者が、進んでその境界を越えていかなければならない。理科の教師は、私たちの存在の謎を解きたいという人間の永遠の探求を認めるところから始めるべきである。彼らは理科教師として、現代の科学において最も広く受け入れられている信念を、それを支える根拠とともに生徒たちに伝えるという特別の義務を持っている。しかし、彼らはまた教育者として、人間の仲間が探求してきた解決策の全域を大いなる感受性をもって認め、提示するというさらに大きな責任を持っている。繰り返しになるが、そのような議論は「さあ、これが真実です」という言葉で終える必要はない。最高の教師であれば、信仰というスペクトルの全体だけでなく、人々が宗教的信仰と科学的信念とを調停しようとしてきた上手な辻褄合わせの方法の数々を見せる準備も整っていることだろう。

今日では、科学においても教育においても、事実——文脈や話者からもぎ取られたあの奇妙な言説——の脆さが理解されつつある。一連の命題について冷静に述べるよりも、「私たちにわかっているのはここまでです」と言えるほうがずっと賢明であるように思われる。さらに私たちは、「自分が」何者であるのか、今明らかにしているところのものをどうやって知ったか、問いに着手した時の目的が何であったかを説明しなければならない。教育においては、「良い物語と十分構築された議論」（Makler, 1991）が評価されるようになってきている。知性的な信仰あるいは不信仰のための教育を試みる際には、たくさんの物語を参照し、最も良い議論の方法を用いなければならない。目的は、論敵を言い負かすことではなく——もちろん他の人の信念を打ち砕くことではなく——物事を考え抜き、第5章に示したような永遠の対話に参加する機会を、全ての参加者に提供することである。そうした対話の中で、信仰者と不信仰者とは互いに密に引き合うはずだ。思慮深いキリスト教徒、ユダヤ教徒、儒教徒、スーフィー教徒、ヒューマニスト――彼らはいずれも、私たちが人間の善と慈悲の心に依っていることを認めている。スーフィーの教えに、次のようなものがある。「神に対する罪は一つだが、人間に対して罪を犯すことは一層悪い」(Shah, 1970, p. 163)。これを理解することこそ、知性的な信仰あるいは不信仰のための教育が、一つの大きな目的とするところにほかならない。

訳注

巻頭言

＊1「ヨハネによる福音書」一四章二節。「私の父の家には住まいがたくさんある」。

第1章

＊1 カント『純粋理性批判〈6〉』中山元訳、光文社、二〇一一年、九五–九六頁、一部改訳。

＊2 一九二五年、アメリカ合衆国テネシー州の高校教師ジョン・スコープス（Scopes, John Thomas）が、ダーウィンの進化論を教えたとして告発された裁判。一九二五年三月、プロテスタント原理主義信奉者の多いテネシー州では、聖書の天地創造説を否定する理論を教えることを違法としていた。ウィリアム・ブライアン（Bryan, William Jennings）が検察側の代表を、クラレンス・ダロー（Darrow, Clarence Seward）が弁護側の代表を務めた。スコープスには有罪判決が下され、罰金百ドルが科されたが、控訴審では無罪となった。一九六七年にテネシー州の反進化論法は廃止された。

＊3『神と自然』（Lindberg & Numbers, 1986）の表紙絵。

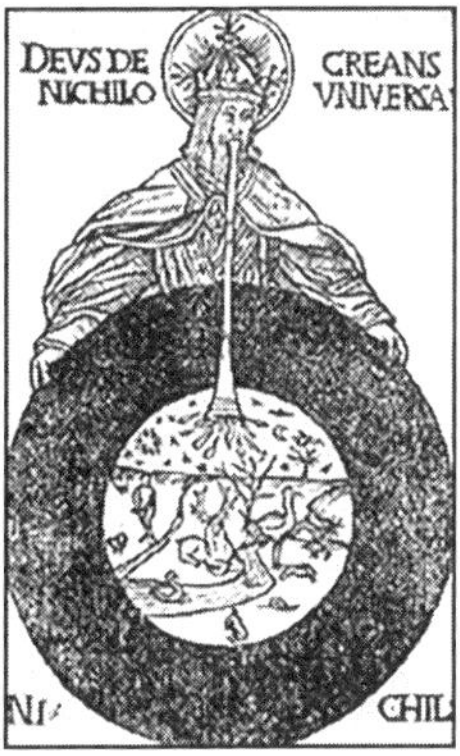

＊4　イギリスの哲学者ホワイトヘッド（Whitehead, Alfred North）のプロセス哲学に基づいて、アメリカの神学者グループが掲げた神学。ホワイトヘッドは、世界は常に変化している動的なものであって、生成こそが本質存在を含有しており、生成は神の属性であると考えた。チャールズ・ハートショーン（Hartshorne, Charles）は、この理念を神学へと発展させ、神もまた有限で時間的なものであり、プロセスそのものであると考えた。

＊5　原語Quo Vadisはラテン語で「どこへ行くのか」の意味。『新約聖書』「ヨハネによる福音書」一三章三六節にて、最後の晩餐においてペトロがイエスに投げかけた問い“Quo vadis, Domine（主よ、どこに行かれるのですか）”に由来する。

＊6　猫、鼠、鰐、がらがら蛇、錦蛇は、いずれもジェイムズ『宗教的経験の諸相』第六・七章「病める魂」からの引用。ジェイムズはここで捕食において生じるであろう動物たちの恐怖を、人間を取り囲む死の迫る恐怖になぞらえている。

第2章

＊1　ベルイマン（Bergman, Ingmar 1918-2007）はスウェーデンの映画監督、脚本家、舞台演出家。一九六〇年代には「神の沈黙」三部作と呼ばれる『鏡の中にある如く』、『冬の光』、『沈黙』を発表。アカデミー賞をはじめ数々の映画賞を幾度も受賞し、二〇世紀を代表する映画監督の一人と見なされているが、一九八二年には映画監督業を引退、その後は主にスウェーデン王立劇場の舞台演劇の制作に専念した。

＊2　トマス・ハーディ「ウェセックス詩集」『トマス・ハーディ全詩集〈1〉前期4集』森松健介訳、中央大学出版部、一九九五年、五六頁。

＊3　ロバート・フロスト「雪の夕べに森のそばに立つ」（安藤一郎訳）、『ディキンソン・フロスト・サンドバーグ詩集 世界詩人全集12』新倉俊一・安藤一郎訳編、新潮社、一九六八年、一六三頁。

＊4　英語のことわざ“Every cloud has a silver lining（どの雲にも銀の裏地がついている）”は、逆境における

希望の光を意味する。

＊5 アメリカの漫画家ギャリー・トゥルドー（Trudeau, Garretson Beekman 1948-）による風刺漫画。世界中でおよそ一四〇〇の新聞に配信されている。一九七五年、トゥルドーは漫画家として初めてのピューリッツァー賞を受賞した。

第3章

＊1 西田幾多郎『善の研究』岩波書店、二〇一二年、二二七頁。

＊2 キリスト教の賛美歌"Praise, My Soul, the King of Heaven"の歌詞からの引用。この曲は、英国国教会の聖職者ヘンリー・フランシス・ライト（Lyte, Henry Francis）が詩篇一〇三篇をもとに作詞したもので、イギリスの教会ではよく歌われるという。

＊3 二世紀のローマで活躍したシノペのマルキオン（Marcion 100?-160?）の思想を支持した一派。イエスの人間性を拒否し、旧約の怒れる神とイエスが示した慈愛の神とが別のものであるとして、「聖書正典」を掲げた。

＊4 「箴言」三章一一節。

＊5 一六世紀頃よりインドに存在した暗殺集団。女神カーリーへの供物として信者に殺人を義務づけた。スカーフによる絞殺を主な殺害手段とし、一九世紀半ばまでに少なくとも二〇〇万人が殺害されたといわれる。

＊6 ギリシャ語のνήπιοςは、話すことができない、の意。幼児、年端の行かない子ども、無教養で幼いことを指す。『新約聖書』に複数回出てくる。

＊7 「ルカによる福音書」二章三五節。

第6章

＊1　ユニテリアン主義はプロテスタントの一派で、三位一体説に反してイエスの神格を否定し、神の唯一性を主張した。イエスの奇蹟物語の信憑性については、ユニテリアン主義の中でも意見が分かれている。

＊2　第四一代アメリカ大統領ジョージ・ブッシュ（Bush, George Herbert Walker）は、就任後まもなく、アメリカの星条旗を合衆国の自由な精神と平和を具現化したものであり、神聖にして不可侵なものと宣言している。また、胎児の人権を擁護するプロライフ派を支持し、任期中に起きた中絶反対の過激派による中絶クリニック襲撃事件では、連邦裁判所の判決ではなく、過激派の主張を一部認めたということもある。ハロルド・ブルームは、十字架と神の子とそれぞれ結びつく「国旗と胎児」に対するブッシュの熱心な擁護を「共和党グノーシズム」と呼び、ポスト・プロテスタント、ポスト・キリスト教ともいえるアメリカ的宗教を代表するものと評した（Bloom, H., New Heyday of Gnostic Heresies, The New York Times, April 26, 1992）。

第7章

＊1　グスタボ・グティエレス（Gutiérrez Merino, Gustavo）らラテンアメリカのカトリック司祭を中心に興った二〇世紀の神学運動。キリスト教社会主義の一形態とされ、聖書の中でもイエスの解放者としての側面に焦点を当てる。実践を重視し、社会的抑圧や貧困、人権の問題に対する積極的な社会改革を志向する傾向を持つ。

訳者あとがき

本書の著者ネル・ノディングズは、長年スタンフォード大学の教授をつとめ、ケアリング理論の主導的役割を担ってきた現代アメリカを代表する教育哲学者である。ケアする側の一方的行為としてケアリングを把捉するのではなく、ケアする側とケアされる側の呼応関係を重視する彼女の理論は、倫理学・教育学の世界に大きなインパクトを与えた。ケアリング理論はわが国でも注目を集め、ノディングズの主要著作は『ケアリング——倫理と道徳の教育　女性の観点から』（一九九七年）を皮切りに次々と翻訳されてきた（『教育の哲学——ソクラテスから〈ケアリング〉まで』（二〇〇六年）、『学校におけるケアの挑戦——もう一つの教育を求めて』（二〇〇七年）、『幸せのための教育』（二〇〇八年））。

さて、本書原著の出版は一九九三年。今から四半世紀以上も前のことである。だが、本書におけるノディングズの主張は、歳月を経て色褪せるどころか、わが国の教育をめぐる現状に対して極めてアクチュアルな問いを内包しているように思われる。とりわけ、わが国における今後の道徳教育のあり方を検討するうえで、本書の問題提起は看過することができない。

生きる意味とは何なのか。死んだあと私たちはどこへ行くのか。神は存在するのか。生命はどこから来たのか——。

中学・高校時代の授業を思い出してほしい。誰しも一度は思いを馳せたであろうこれらの問いが、教室で取り上げられる機会はあっただろうか。教師が答えを知っているわけではない。考えても答えは出ない。当然、試験に出ることもない。だから好奇心をくすぐる魅力的な問いではあるけれど、学校という場では扱われない。それが暗黙のルールとなっているように思われる。

本書でノディングズが提案するのは、学校の外部へと追いやられた実存的問いを公教育（とりわけ公立学校）のカリキュラムに招き入れるというアイディアである。単にそれらの問いに居場所を与えるというだけではない。国語、数学、理科、社会など、あらゆる教科の中で、また、あらゆる教科をまたいで積極的に議論していこうというのだ。神は存在するか、神々は存在するかといった問題を数学の授業で扱い、私はどこから来たか、宇宙はどのようにして始まったかを理科で話し合う。そのような問いを主軸に据えることで、学校における学びのあり方を根本から変革することをノディングズは目指している。彼女ははっきりと次のように述べる。

> 実存的な問いこそ、カリキュラムの屋台骨を成すべきであり、そのあらゆる場所にふさわしいものであるはずだ。各教科間に厳格な境界を設けることにこだわれば、学習からその本来の豊かさを奪ってしまうことになりかねない。伝統的な教科編成は、学びを断片化し、――あえて言おう――退屈にし、人生の中心的な問題から必要以上に切り離されたものにしているのだ。（三六頁）

実存的な問いを土台に据えることで、学校における学びの景色はガラリと変わることになる。「人生の中心的な問題」が学びの起点となり、断片的な教科編成が組み替えられるのだ。本書から一例を引用しよう。試みに数学の授業でＳＦの古典『平面の国』を取り上げてみると、生徒たちは数学的なテーマだけでなく、一九世紀の女性蔑視や貴族崇拝、あるいは政治的、宗教的な抑圧の問題へと導かれることとなる。生徒たちの好奇心を刺激し、彼らを探究へと誘うこのような物語を与えれば、生徒からはきっと、ひっきりなしに質問の声が上がることになるだろう。本書において、ノディングズは多分野への展開可能性を孕んだ具体的事例をこれでもかと言わんばかりに提示している。「つながりや意味に焦がれる生徒たちの思いを認め、数学の思想家や思想の生き生きしたところを示し、旧態依然とした時間割の退屈さから逃れてはどうか」（三二頁）、ノディングズはそのように呼びかける。

そして、この構想において鍵を握るのは、現在の学校教育においては周辺に追いやられている領域、すなわち「宗教」である。ノディングズは、西田幾多郎の『善の研究』の一節を引用しながら、宗教は「形而上学的かつ実存的な最も深い問題に取り組む領域」（九七頁）であり、それと向き合うことで、人が生きるうえでの根源的な問いに出会うことのできる探究の宝庫であると述べる。「宗教」は生きることと不即不離の関係にある。ゆえに宗教と無縁でいられる者など存在しないはずである。宗教が向き合ってきた諸問題を学校で取り扱うことは、誰にとっても重要な問いについて皆で吟味できるまたとない機会になりうるというのだ。

当然ながら、本書が目指すのは、ある特定の宗教のための宗教教育（宗派教育＝特定の宗教の教理や儀礼を通じて子どもの人間形成を目指す教育）ではない。周知の通り、わが国でも日本国憲法第二〇条、および教育基本法第一五条で宗教と教育に関して次のような規定がある。日本国憲法第二〇条第三項では、「国及びその機関は、宗教教育その他いかなる宗教的活動もしてはならない」と定められ、教育基本法第一五条第二項では「国及び地方公共団体が設置する学校は、特定の宗教のための宗教教育その他宗教的活動をしてはならない」と記されている。ノディングズが目指すのはそうした宗派教育ではない。

また、本書の構想は生徒たちが宗教についての客観的知識を獲得することを目指すものでもない。比較宗教論のカリキュラムを組むことが訴えられているわけでも、宗教美術や宗教音楽、宗教建築、また各宗教の信仰者数や地理的な分布について議論することが示されているわけでもない。あくまで宗教的な議論を通じて、自らの生や世界との関わりをめぐる本質的な問いに向き合うきっかけを得ることが目指されているのだ。

高校の倫理の授業を想起してみよう。倫理においては哲学や宗教についての知が扱われるが、そこにおける知は教科書のうちにパッケージ化され、毒にも薬にもならない単なる「情報」となっている。大学入試の設問はそのことを端的に示している。「下線部ｈに関して、仏教の実践としての慈悲の説明として最も適当なものを、次の①～④のうちから一つ選べ」（二〇一九年度大学入試センター試験「倫理」）。クイズ形式の選択問題として処理されることで、宗教のもつアクチュアリティは失われる。

ノディングズが目指すのは、宗教に関する情報を生徒たちに提供することではない。刺激的でアクティブな問いに満ちた宗教との出会いこそが、本書では大切にされている。だが、生徒たちとともに実存的問いの深みへと降りてゆくためには、教師も生徒も共にそのための作法を身につける必要がある。教師と生徒の姿勢そのものが厳しく問われることとなり、すべからく知性的であることが求められる。単に教師が生徒たちを実存的問いに開けば済む話ではないのだ。教師たちは、問いの提示の方法や探究の仕方そのものに対して細心の注意を払う必要があり、そこには絶えざるリフレクションが不可欠となる。実存的問いは劇薬である。取り扱いを誤れば、生徒も教師も大火傷を負う可能性がある。

ここでとりわけ重要となるのが批判的思考（critical thinking）である。ノディングズは「教育にとって絶対に欠くことのできない使命は、生徒が証拠を集め、議論を検証し、出典を洗い出し、反論を組み立て、異議を唱える手助けをすることである」（三五頁）と述べ、「批判的かつ受容的な知性を促すこと、自己学習やグループ学習で理解を深めること、調べたり関連づけたりする方法を学ぶこと」（六六頁）を求めている。「批判的思考」の必要性については、今日至るところで指摘されているため、この二文を読む限りでは目新しい主張とは思われないかもしれない。しかし注目すべきは、その奥にあるノディングズの問題意識である。

> 私たちは、批判的思考を教えることについて年中話しているが、あまりに話しすぎるせいか、批判的思考を（強力ではあるかもしれないが）面白味のない一連の技術として示すに甘んじている。批判的《クリティカル》思考というものが、肝心要《クリティカル》の問題——自分自身に深く関わる問題——に取り組んではじめて引き起こされるということを忘れているのだ。　（四〇―四一頁）

批判的《クリティカル》思考は肝心要《クリティカル》の問題に向き合うことではじめて引き起こされる。肝心要の問題とはすなわち「自分自身に深く関わる問題」である。授業で扱われる問いがいかに地球規模の重要課題であっても、生徒がそれを対岸の火事と見なすならば肝心要とはいえない。私にとって肝心要でなければ、「批判的思考」の育成にはつながらないというのだ。ノディングズが本書で実存的問いから出発する意図はまさしくこの点にあるといえる。実存的問いは、全ての生徒にとって肝心要の問題であるはずだからである。

一〇代で実存的な問いに向き合うことの意義はいくら強調してもしすぎることはない。試みに、幼児期の子どものうちに生じる問いと一〇代で生じるそれとを分けて考えてみよう。それぞれの場合において、親や教師に求められる態度は決定的に異なる。

実存的な問いは、物心がつく前の子どもによってしばしば発せられる。「うまれるまえ、ぼくはどこにいたの？」「にんげんはしんだらどうなるの？」……幼児は世界と自分をめぐって沸き起こる不思議をひっきりなしに口にする。もちろん、そうした問いは子どもにとっては切実な問題である。だが、そこにおいて大人に求められるのは、諸説を並べて、どの考え方が説得的かを客観的に検討することではないはずだ。必要なのは、問いの批判的考察ではなく、物語（ファンタジー）の提示であろう。子どもの素朴な疑問を大切にして、それに優しく寄り添うことが求められるのだ。

対して中高生の実存的問いに向き合う際に、大人に求められる態度は幼児期の場合とは質的に異なる。「なぜ生きなければならないのか」「死んだらどうなるのか」……思春期に生じる、二度目の問いは、社会化の過程でしばしば無視されてしまう。規範や常識を身につける経験を繰り返す中で、生徒たちは実存的な問いに対し口をつぐみ、問うても仕方のないこととして抑圧することに次第に慣れてゆく。ノディングズはそうした事態から実存的な問いを救い出そうと提案しているのだ。二度目の問いとの対峙は、生徒たちが世界や自らの人生に関する理解を深めてゆくまたとないチャンスとみるべきであり、親や教師にはそれを正面から受け止める姿勢が求められるのである。

実存的な問いに向き合う際に必要とされるのは、当事者的な視点や問いとの内在的な関わりである。ほかならぬ私が考えるべき問いかどうか、そこが重要なのである。だが、ただ単にコミットすればよいというだけでなく、同時に考察対象から距離をとることも不可欠となる。問いに巻き込まれつつ、距離をとる。距離をとってはまた巻き込まれる。その繰り返しの過程で「批判的思考」が働くのである。親や教師の役目は、若者たちに答えを与えることではない。必要なのは答えを導き出すための「手助けをする」ことである。そして、「手助けをする」者に求められるのは、生徒と同じく、探求者であり続けることである。

実存的な問いに取り組む中で、生徒たちは哲学者、思想家、数学者など様々なジャンルの偉人たちから生きた言葉で語りかけられることになる。それは教科書の限られた紙幅に閉じ込められ、暗記の対象とされている無味乾燥な記号とは異なるものである。読者は本書を通じて、多ジャンルにわたる膨大な数の哲学者・思想家・作家たちの瑞々しい言葉に遭遇するだろう。

もっとも、生徒たちが触れるべきなのは、耳に心地よい言葉だけではない。

生徒たちは、出来事や人生に関する極端で敵意ある記述を読み、批評しなければならない。狂信的な排他主義者の演説に真実の欠片を、宗教的英雄の燦然《さんぜん》と輝く物語に偽りの塊を探し出す機会が必要なのだ。それをいずれかでも無視してしまえば、無知を、そして悪くすれば独善を通して、宗教的不寛容を促進していくことになるだろう。

(六四頁)

実存をめぐる問いと向き合うにあたっては、矛盾を孕んだままの状態でそれらをまるごと引き受ける勇気が必要だ。たとえば、一神教について、ノディングズは次のように述べている。「一神教のなしてきた偉大な貢献と、その恐ろしい害悪とを両方含むような、バランスの取れた議論が求められよう。最も重要なのは、この議論が好奇心と反省的思考に力を与えるものでなければならないということだ」（六七頁）。生徒たちはしばしば、整理して理解することのできない、図式化不能の問題に直面するだろう。そこではわからなさ、理解し難さに踏み留まることこそが求められる。問いに対してスマートな答えを導き出すことが目的ではないのだ。「目的は、論敵を言い負かすことではなく――もちろん他の人の信念を打ち砕くことではなく……――物事を考え抜き、……永遠の対話に参加する機会を、全ての参加者に提供することである」（二七三頁）。

さて、本書で提起されているノディングズのアイディアを現代日本の文脈でどのように引き取ればよいのであろうか。

あらゆる授業の中で実存的問いを扱うという彼女の構想を、すぐに実行に移せるかといえば、話はそれほど容易ではない。第一、本書のアイディアを実現するには教師の力量が問われるため、教員養成のあり方そのものを問い直してゆく必要がある。この点に関するノディングズの現状批判は実に手厳しい。「今の現実はといえば、数学教師の大半は自分のクラスの生徒の国語や歴史に手を貸せないし、国語教師の大半は数学の問題の話が出ると青ざめてしまう始末である。それゆえ中高も、大学に負けず劣らず、宗教的・実存的問いを探求するという人間的な責任を引き受けていない人々の寄せ集めになっている」(二五九頁)。

本書の構想を実現するには、中高の教師が「ルネサンス人」(二五八頁)と呼ばれる者であらねばならない。「ふさわしい水準で、中学校・高校で教えられている教科の大半についてたくさんのことを知っておくべきであり、加えて、関連する題材についてもかなり広範に慣れ親しんでおくべきであるということだ」(同前)。教師たるもの中高で扱われるあらゆるテーマに精通しているべきだというノディングズの提案は、教員養成の現状に鑑みるならば、理想的ではあっても、現実的ではないようにも思われる。

しかし果たして彼女のアイディアは実現不可能な夢にすぎないのだろうか。筆者は本書における提案を学校教育の中にそのまま導入できなくとも(ノディングズ自身も示唆している通り)実存的問いをメタレベルで授業計画に含めるだけでも十分に意味があると考えている。すなわち、教師一人ひとりが本書における提案を常に頭の片隅に置いておくことで、教育実践に臨む際の姿勢は確実に変化するように思われるのだ。まずもって必要なのは、「自分に最も深く関わる問いを私たちに探求させずにいるような禁忌から教師が解き放たれることである」(二六二頁)。授業のうちに実存的問いを忍ばせるというオプションを教師が持っておくだけでも、授業に少なからぬ変化がもたらされるのではないか。

とりわけ、ノディングズの提案は、わが国の道徳教育のあり方を考えるうえで、一つの魅力ある指標を提示しているように感じられる。わが国において道徳教育はまさに今、大きな転換期を迎えており、道徳は二〇一八年度から「特別の教科」となった。これに伴い、教科書や記述式評価の導入など、道徳教育をめぐる状況はガラリと変わった。教師からの一方向的な価値観の押しつけにならぬよう、子どもたちが自ら「考え、議論する」教科となることが目指されているのだ。

ところが、道徳教育には依然として規範教育的な意味合いも根強く、きまりやルールを学ぶことの必要性に力点が置かれがちである。筆者は大学の教員養成課程で「道徳教育」の指導法に関する講義を行っているが、個人的な印象としては道徳の授業に対してポジティブなイメージを持っている学生は決して多くない。そもそも「何をやったか覚えていない」という答えすら返ってくる。小中学校時代、「優等生」だったと自認するある学生は、道徳を「先生が求めている答えを先生の期待通りに答える授業」と見なしていたという。頭の良い生徒からすれば、先生が求める答えは透けて見えている。

道徳教育をめぐる現状において、「考え、議論する道徳」の実現にあたり、子どもたち一人ひとりにとって肝心要《クリティカル》の問題（「自分自身に深く関わる問題」）＝実存的な問いから出発することで、そのありようは変化していくように思われる。また、本書のアイディアを参照するなかで、道徳的な価値観そのものを問い直すような授業への姿勢が見出されるに違いない。「私たちは、批判的な吟味をすることなく、何らかの価値を意図的に教えるということはしない。問いながら、また探りながら、共有の価値観を実際に見つけていくのであり、そこにはきっと個々人の深い信念が見出されるに違いない」（二六五頁）。

カリキュラムのベースに実存的テーマが響いていれば、それが各教科を結びつける役目も果たすだろう。そうした発想は、高校の授業においては「総合的な探究の時間」を設計する際にも活用できるはずだ。自己のあり方、生き方を考えながら課題解決を図ってゆく力は人生の意味を問う教室の中で育まれることになろう。ノディングズが本書で提案する授業において、それぞれの教科は呼応し合い、響き合っている。ある教科において実存的問いが検討される場合、問いを深化させてゆくうちに、生徒たちは科目名としての数学や理科、社会などに分化する前の生きた知に導かれてゆくことになる。それは知を小分けにし、断片化して伝える方法とは根本的に設計が違う。知は本来つながり合っている。そのことが実存的問いを出発点に置くことによって明確になるのである。ノディングズは、もともと有機的に結びついている知を裁断することなく、生きたまま子どもに伝えてゆくためのアイディアを提案しているといえる。

ノディングズは、ケアリング理論の主導的存在であるが、彼女の著した本書において、「ケアリング」をめぐる問題が直接的に検討されることはない。だが、本書のテーマは、真の意味で自己をケアし、他者をケアするという課題に直結することになるだろう（本書とほぼ同時期に刊行された『学校におけるケアの挑戦――もう一つの教育を求めて』を参照のこと）。実存的問いを大切にすることは、生徒が自らの存在のみならず、価値観や考え方の異なる他者の存在をケアする姿勢を育むことにつながるはずだ。

極めて個人的な内容で恐縮ではあるが、本書を締めくくるにあたり、本書と筆者の出会いについて申し添えたい。筆者が本書をはじめて手に取ったのは、今からおよそ二〇年前。まだ二〇歳そこそこの学生時代のことだった。図書館で何気なく手に取った本書になぜか心引かれ、大学院入試のための試験勉強もかねて本書を一冊まるごと訳してみることにした。当時の自分には本書の意味や意義は十分理解できていなかったものの、その問題提起の重要性に対する確信は揺るがず、一年以上かけて全文をどうにか訳し終えることができた。そんな中、偶然にもそのタイミングでノディングズ来日の情報が耳に入った。東京大学本郷キャンパスで講演会が開かれるというのだ。「あのノディングズに会える」。それは当時の私にとって、ルソーやニーチェに会えるというのと同じくらい非現実的な出来事のように感じられた。拙いながらも思いを込めて手紙を書き、会場でご本人に手渡した。どこの馬の骨ともわからぬ異国の青年からの手紙を、彼女は笑顔で受け取ってくれた。手紙には「いつの日か、本書の翻訳を出版して日本の読者に届けたい」と書き記したのだが、あれから二〇年、妻・小木曽由佳との共訳により、その約束を何とか果たすことができた。

最後になったが春風社の石橋幸子さんと横山奈央さんにこの場を借りて心より感謝を申し述べたい。スケジュールが大幅に遅れ、お二人には多大なるご心配、ご迷惑をおかけしたが、企画当初から本書の意義をお認めいただき、辛抱強く見守っていただいた。お二人の存在なくして、本書を送り出すことはできなかった。心よりお礼を申し上げる。

教育が大きな転換期を迎える今日、本書が教育をめぐる新たな地平を切り開くための一つの問題提起となることを願ってやまない。

二〇二〇年二月

井藤元

人名索引

【た】

【な】

【や】

【ら】

事項索引

引用文献

Abbott, Edwin A. (1952). *Flatland.* New York: Dover. (Original work published 1884) ＝アボット『フラットランド――たくさんの次元のものがたり』竹内薫訳、講談社、2017 年

Albanese, Catherine L. (1991). *Nature religion in America: From the Algonkian Indians to the new age.* Chicago and London: University of Chicago Press.

Aries, Philippe. (1981). *The hour of our death.* New York: Alfred A. Knopf. ＝アリエス『死を前にした人間』成瀬駒男訳、みすず書房、1990 年

Bain, F. W. (1911). *The ashes of a God.* New York: G. P. Putnam's Sons.

Baldwin, James. (1953). *Go tell it on the mountain.* New York: Dell.

Barnes, Hazel E. (1974). *The meddling gods.* Lincoln: University of Nebraska Press.

Barnes, Hazel E. (1978). *An existentialist ethics.* Chicago: University of Chicago Press.

Barr, James. (1977). *Fundamentalism.* Philadelphia: Westminster Press. ＝バー『ファンダメンタリズム――その聖書解釈と教理』、喜田川信ほか訳、ヨルダン社、1982 年

Barrett, William. (1962). *Irrational man: A study in existential philosophy.* Garden City, NY: Anchor Books.

Baudrillard, Jean. (1990). *Fatal strategies* (P. Beitchman & W. G. J. Niesluchowski, Trans.; J. Fleming, Ed.). New York: Semiotext(e). ＝ボードリヤール『宿命の戦略』竹原あき子訳、法政大学出版局、1990 年

Becher, Jeanne. (Ed.). (1990). *Women, religion and sexuality.* Philadelphia: Trinity Press International.

Bell, E. T. (1965). *Men of mathematics.* New York: Simon & Schuster. (Original work published 1937) ＝ベル『数学をつくった人びと　上・下』田中勇・銀林浩訳、東京図書、1997 年

Bellah, Robert N., Madsen, Richard, Sullivan, William M., Swidler, Ann, & Tipton, Steven M. (1985). *Habits of the heart.* Berkeley and Los Angeles: University of California Press. ＝ベラーほか『心の習慣――アメリカ個人主義のゆくえ』島薗進・中村圭志共訳、みすず書房、1991 年

Benhabib, Seyla. (1987). The generalized and the concrete other. In S. Benhabib &

D. Cornell (Eds.), *Feminism as critique* (pp. 77-95). Minneapolis: University of Minnesota Press.

Bird, Phyllis. (1974). Images of women in the Old Testament. In R. R. Ruether (Ed.), *Religion and sexism* (pp. 41-88). New York: Simon & Schuster.

Bleeker, C. J. (1963). Isis as saviour goddess. In S. G. F. Brandon (Ed.), *The saviour God: Comparative studies in the concept of salvation* (pp. 1-16). Manchester, England: University of Manchester Press.

Bloom, Harold. (1992). *The American religion: The emergence of the post-Christiannation.* New York: Simon & Schuster.

Brandon, S. G. F. (1963). The ritual technique of salvation in the ancient Near East. In S. G. F. Brandon (Ed.), *The saviour God: Comparative studies in the concept of salvation* (pp. 17-36). Manchester, England: University of Manchester Press.

Braunthal, Alfred. (1979). *Salvation and the perfect society.* Amherst: University of Massachusetts Press.

Buber, Martin. (1967). Autobiographical fragments. In P. Schilpp & M. Friedman (Eds.), *The philosophy of Martin Buber* (pp. 3-39). LaSalle, IL: Open Court. ＝ブーバー『出会い――自伝的断片』（実存主義叢書 13）児島洋訳、理想社、1968 年

Buck, Pearl S. (1936). *The exile.* New York: Triangle. ＝バック『母の肖像』村岡花子訳、新潮社、1994 年

Butterworth, Hezekiah. (1875). *The story of the hymns.* New York: American Tract Society.

Carnegie Task Force on Teaching as a Profession. (1986). *A nation prepared.* New York: Carnegie Forum on Education and the Economy.

Cave, Floyd A. (1946). Religion and politics. In J. S. Roucek (Ed.), *20th century political thought* (pp. 171-196). New York: Philosophical Library.

Chomsky, Noam. (1972). *Language and mind.* New York: Harcourt Brace Jovanovich. ＝チョムスキー『言語と精神』町田健訳、河出書房新社、2011 年

Christ, Carol P. (1982). Why women need the goddess: Phenomenological, psychological, and political reflections. In C. Spretnak (Ed.), *The politics of women's spirituality* (pp. 71-86). Garden City, NY: Anchor Books.

Cooey, Paula M., Farmer, Sharon A., & Ross, Mary Ellen (Eds.). (1987). *Embodied love: Sensuality and relationship as feminist values.* San Francisco: Harper &

Row.
Daly, Mary. (1974). *Beyond God the father.* Boston: Beacon Press.
Daly, Mary. (1984). *Pure lust.* Boston: Beacon Press.
Davies, Paul. (1983). *God and the new physics.* London: J. M. Dent & Sons, Ltd. ＝デイヴィス『神と新しい物理学』戸田盛和訳、岩波書店、1994 年
Dewey, John. (1934). *A common faith.* New Haven: Yale University Press. ＝デューイ『人類共通の信仰』栗田修訳、晃洋書房、2011 年
Dijkstra, Bram. (1986). *Idols of perversity: Fantasies of feminine evil in fin-de-siecle culture.* New York and Oxford: Oxford University Press. ＝ダイクストラ『倒錯の偶像——世紀末幻想としての女性悪』富士川義之ほか訳、パピルス、1994 年
Downing, Christine. (1984). *The goddess.* New York: Crossroad.
DuBois, W. E. B. (1978). *On sociology and the black community* (D. S. Green & E. D. Driver, Eds.). Chicago: University of Chicago Press.
Ehrenreich, Barbara. (1989). Religious values undermine democracy. In J. S. Bach & T. Modl (Eds.), *Religion in America* (pp. 77-85). San Diego: Greenhaven.
Farley, Wendy. (1990). *Tragic vision and divine compassion: A contemporary theodicy.* Louisville, KY: Westminster/John Knox Press.
Fosdick, Harry Emerson. (1961). Old and new ideas of God. In *In Search of God and immortality* (pp. 72-90). Boston: Beacon Press.
Fowler, James W. (1991). *Weaving the new creation: Stages of faith and the public church.* San Francisco: Harper.
Freud, Sigmund. (1939). *Moses and monotheism.* New York: Vintage Books. ＝フロイト『モーセと一神教』中山元訳、光文社、2020 年
Friedman, Maurice. (1991). *Encounter on the narrow ridge: A life of Martin Buber.* New York: Paragon House. ＝フリードマン『評伝マルティン・ブーバー——狭い尾根での出会い　上・下』黒沼凱夫・河合一充訳、ミルトス、2000 年
Gardner, Martin. (1983). *The whys of a philosophical scrivener.* New York: Quill.
Gibson, Arthur. (1969). *The silence of God: Creative response to the films of Ingmar Bergman.* New York: Harper & Row.
Greene, Maxine. (1978). *Landscapes of learning.* New York: Teachers College Press.
Grenier, Richard. (1983). *The Gandhi nobody knows.* Nashville: Thomas Nelson.

Griffin, David Lee. (1991). *Evil revisited.* Albany: State University of New York Press.

Grimshaw, Patricia. (1983). ‘Christian woman, pious wife, faithful mother, devoted missionary’: Conflicts in roles of American missionary women in nineteenth-century Hawaii. *Feminist Studies,* 9(3), 489-522.

Gutierrez, Gustavo. (1988). *A theology of liberation.* Maryknoll, NY: Orbis Books. ＝グティエレス『解放の神学』関望・山田経三訳、岩波書店、2000 年

Gutmann, Amy. (1987). *Democratic education.* Princeton: Princeton University Press. ＝ガットマン『民主教育論――民主主義社会における教育と政治』神山正弘訳、同時代社、2004 年

Harding, M. Esther. (1976). *Woman's mysteries.* New York: Harper Colophon Books. ＝ハーディング『女性の神秘――月の神話と女性原理』（ユング心理学選書 8）樋口和彦・武田憲道訳、創元社、1985 年

Hassan, Riffat. (1990). An Islamic perspective. In J. Becher (Ed.), *Women, religion and sexuality* (pp. 93-128). Philadelphia: Trinity Press International.

Hauerwas, Stanley. (1983). On keeping theological ethics theological. In S. Hauerwas & A. MacIntyre (Eds.), *Revisions: Changing perspectives in moral philosophy* (pp. 16-42). Notre Dame, IN: University of Notre Dame Press.

Hauerwas, Stanley, & MacIntyre, Alasdair. (Eds.). (1983). *Revisions: Changing perspectives in moral philosophy.* Notre Dame, IN: University of Notre Dame Press.

Haught, James A. (1990). *Holy horrors.* Buffalo, NY: Prometheus Press.

Heard, Gerald. (1961). Death and consciousness. In *In search of God and immortality* (pp. 45-71). Boston: Beacon Press.

Hentoff, N. (1992, June). Letter to the editor. *Village Voice.*

Hick, John. (1966). *Evil and the God of love.* London: Macmillan.

Hoffer, Eric. (1951). *The true believer.* New York: Harper & Row. ＝ホッファー『大衆運動』高根正昭訳、紀伊國屋書店、2003 年

Hofstadter, Douglas R. (1979). *Gödel, Escher, Bach: An eternal golden braid.* New York: Basic Books. ＝ホフスタッター『ゲーデル、エッシャー、バッハ――あるいは不思議の環』野崎昭弘・はやしはじめ・柳瀬尚紀訳、白揚社、2005 年

Hofstadter, Douglas R. (1985). *Metamagical themes: Questing for the essence of mind*

and pattern. New York: Basic Books. ＝ホフスタッター『メタマジック・ゲーム——科学と芸術のジグソーパズル』竹内郁雄・斉藤康己・片桐恭弘訳、白揚社、2005 年

Holmes Group. (1986). *Tomorrow's teachers.* East Lansing, MI: Author.

Hook, Sidney. (1961). Conflicting conceptions of God. In *In search of God and immortality* (pp. 120-141). Boston: Beacon Press.

Hubbard, Ruth. (1979). Have only men evolved? In R. Hubbard, M. S. Henefin, & B. Fried (Eds.), *Women look at biology looking at women* (pp. 17-46). Cambridge, MA:

Schenkman. Inchausti, Robert. (1991). *The ignorant perfection of ordinary people.* Albany: State University of New York Press.

James, William. (1899). *The will to believe: And other essays in popular philosophy.* New York: Longman Green. ＝ジェイムズ『信ずる意志』（W・ジェイムズ著作集　2）福鎌達夫訳、日本教文社、2015 年

James, William. (1958). *The varieties of religious experience.* New York: Mentor. (Original work published 1902) ＝ジェイムズ『宗教的経験の諸相　上・下』桝田啓三郎訳、岩波書店、1969 年 -1970 年

Jung, Carl G. (1969). "A Psychological Approach to the Dogma of the Trinity," *Collected works* (Vol. 11, 2nd ed.). Princeton: Princeton University Press. ＝ユング「三位一体の教義にたいする心理学的解釈の試み」『心理学と宗教』村本詔司訳、人文書院、1989 年

Jung, Carl G. (1973). *Answer to Job.* (R. F. C. Hull, Trans.). Princeton: Princeton University Press. ＝ユング『ヨブへの答え』林道義訳、みすず書房、1988 年

Kant, Immanuel. (1966). *Critique of pure reason.* (F. M. Muller, Trans.). New York: Doubleday Anchor Books. (Original work published 1781) ＝カント『純粋理性批判』熊野純彦訳、作品社、2012 年

Keller, Evelyn Fox. (1983). *A feeling for the organism: The life and work of Barbara McClintock.* New York: Freeman & Co. ＝ケラー『動く遺伝子——トウモロコシとノーベル賞』石館三枝子・石館康平訳、晶文社、1987 年

Keller, Evelyn Fox. (1985). *Reflections on gender and science.* New Haven: Yale University Press. ＝ケラー『ジェンダーと科学——プラトン、ベーコンからマクリントックへ』幾島幸子・川島慶子訳、工作舎、1993 年

Kinsley, David. (1989). *The goddesses' mirror.* Albany: State University of New York Press.

Kirk, Russell. (1989). Religious values pressure democracy. In J. S. Bach & T. ModI (Eds.), *Religion in America* (pp. 69-76). San Diego: Greenhaven.

Klaits, Joseph. (1985). *Servants of satan.* Bloomington: Indiana University Press.

Kohlberg, Lawrence. (1981). *The philosophy of moral development.* San Francisco: Harper & Row.

Kung, Hans. (1980). *Does God exist?* Garden City, NY: Doubleday. Kung, Hans. (1990). *Theology for the third millennium.* New York: Doubleday/ Anchor.

Kushner, Harold. (1981). *When bad things happen to good people.* New York: Schocken Books. ＝クシュナー『なぜ私だけが苦しむのか――現代のヨブ記』斎藤武訳、岩波書店、2008 年

Lara, Adair. (1992, March 3). Death comes to dinner. *San Francisco Chronicle,* p. E-10.

Levy, Leonard W. (1986). *The establishment clause: Religion and the first amendment.* New York: Macmillan.

Lewis, C. S. (1976). *A grief observed.* Toronto: Bantam. ＝ルイス『悲しみをみつめて』（C.S. ルイス宗教著作集 6）西村徹訳、新教出版社、1994 年

Lickona, Thomas. (1991). *Educating for character: How our schools can teach respect and responsibility.* New York: Bantam Books. ＝リコーナ『人格の教育 ――新しい徳の教え方学び方』水野修次郎監訳・編集、北樹出版、2001 年

Lindberg, David c., & Numbers, Ronald L. (Eds.). (1986). *God & nature.* Berkeley: University of California Press. ＝リンドバーグ＆ナンバーズ編『神と自然――歴史における科学とキリスト教』渡辺正雄監訳、みすず書房、1994 年

MacIntyre, Alasdair. (1966). *A short history of ethics.* New York: Macmillan. ＝マッキンタイアー『西洋倫理思想史』菅豊彦ほか訳、九州大学出版会、1985 年

MacIntyre, Alasdair. (1984). *After virtue.* Notre Dame, IN: University of Notre Dame Press. ＝マッキンタイア『美徳なき時代』篠崎榮訳、みすず書房、1993 年

Makler, Andra. (1991). Imagining history: "A good story and a wellformed argument." In C. Witherell & N. Noddings (Eds.), *Stories lives tell* (pp. 29-47). New York: Teachers College Press.

McLaughlin, Eleanor Commo. (1974). Equality of souls, inequality of sexes: Women in medieval theology. In R. R. Ruether (Ed.), *Religion and sexism* (pp. 213-266). New York: Simon & Schuster.
McNeill, Donald P., Morrison, Douglas A., & Nouwen, Henry J. M. (1983). *Compassion: A reflection on the Christian life.* Garden City, NY: Doubleday/Image.
Mead, Margaret. (1961). Differing concepts of immortality. In *In search of God and immortality* (pp. 91-99). Boston: Beacon Press.
Midgley, Mary. (1984). *Wickedness.* London: Routledge & Kegan Paul.
Miller, Alice. (1983). *For your own good.* (H. Hannun & H. Hannun, Trans.). New York: Farrar-Strauss-Giroux.
Miller, Arthur. (1987). *Timebends.* New York: Grove Press. ＝ミラー『アーサー・ミラー自伝　上・下』倉橋健訳、早川書房、1996 年
Nathanson, Jerome. (1963). Sixty-six million Americans do not belong in any church: What do they believe? In L. Rosten (Ed.), *Religions in America* (pp. 212-218). New York: Simon & Schuster.
Neuman, Abraham A. (1961). A Jewish viewpoint. In *In search of God and immortality* (pp. 1-26). Boston: Beacon Press.
Nietzsche, Friedrich. (1956). *The birth of tragedy.* (F. Golffing, Trans.). Garden City, NY: Doubleday. ＝ニーチェ『悲劇の誕生』秋山英夫訳、岩波書店、2010 年
Nishida, Kitarō. (1990). *An inquiry into the good.* (M. Abe & C. Ives, Trans.). New Haven: Yale University Press. ＝西田幾多郎『善の研究』、岩波書店、2012 年
Noddings, Nel. (1984). *Caring: A feminine approach to ethics and moral education.* Berkeley: University of California Press. ＝ノディングズ『ケアリング―倫理と道徳の教育　女性の観点から』立山善康ほか訳、晃洋書房、1997 年
Noddings, Nel. (1989). *Women and evil.* Berkeley: University of California Press.
Noddings, Nel. (1992). *The challenge to care in schools.* New York: Teachers College Press. ＝ノディングズ『学校におけるケアの挑戦――もう一つの教育を求めて』佐藤学監訳　飯塚立人・吉良直・斎藤直子訳、ゆみる出版、2007 年
Novak, Michael. (1965). *Belief and unbelief.* New York: Macmillan.

Numbers, Ronald L. (1986). The creationists. In D. C. Lindberg & R. L. Numbers (Eds.), *God & nature.* Berkeley: University of California Press.

Nussbaum, Martha C. (1986). *The fragility of goodness.* Cambridge: Cambridge University Press.

Oakley, Mary Ann B. (1972). *Elizabeth Cady Stanton.* Brooklyn, NY: Feminist Press.

Oliner, Samuel P., & Oliner, Pearl M. (1988). *The altruistic personality: Rescuers of Jews in Nazi Europe.* New York: Free Press.

Orwell, George. (1949). *Nineteen eighty-four.* New York: Harcourt, Brace and World. ＝オーウェル『一九八四年［新訳版］』高橋和久訳、早川書房、2009 年

Pascal, Blaise. (1966). *Pensees.* (A. J. Krailsheimer, Trans.). Baltimore: Penguin Books. (Original work published 1662) ＝パスカル『パンセ』前田陽一・由木康訳、中央公論新社、2018 年

Payne, Robert. (1969). *The life and death of Mahatma Gandhi.* New York: E. P. Dutton.

Peck, M. S. (1983). *People of the lie.* New York: Simon & Schuster. ＝ペック『平気でうそをつく人たち――虚偽と邪悪の心理学』森英明訳、草思社、2011 年

Peshkin, Alan. (1986). *God's choice: The total world of a fundamentalist Christian school.* Chicago: University of Chicago Press.

Phillips, John Anthony. (1984). *Eve: The history of an idea.* San Francisco: Harper & Row. ＝フィリップス『イヴ / その理念の歴史』小池和子訳、勁草書房、1987 年

Poincare, Henri. (1956). Mathematical creation. In J. R. Newman (Ed.), *The world of mathematics* (pp. 2041-2050). New York: Simon & Schuster.

Purpel, David E. (1989). *The moral and spiritual crisis in education.* New York: Bergin & Garvey.

Rawls, John. (1971). *A theory of justice.* Cambridge, MA: Harvard University Press. ＝ロールズ『正義論』川本隆史・福間聡・神島裕子訳、紀伊國屋書店、2010 年

Ricoeur, Paul. (1969). *The symbolism of evil.* Boston: Beacon Press. ＝リクール『悪の神話』一戸とおるほか訳、渓声社、1980 年

Roberts,Robert. (1925). *The social laws of the Qoran.* London: Williams and Norgate, Ltd.

Robinson, Henry Morton. (1952). *The cardinal.* New York: Pocket Books Cardinal Edition.

Rodger, Alex R. (1982). *Education and faith in an open society.* Edinburgh: Hardsel Press.

Rorty, Richard. (1989). *Contingency, irony, and solidarity.* Cambridge: Cambridge University Press. ＝ローティ『偶然性・アイロニー・連帯――リベラル・ユートピアの可能性』齋藤純一・山岡龍一・大川正彦訳、岩波書店、2000年

Rosten, Leo. (Ed.). (1963). *Religions in America.* New York: Simon & Schuster.

Rucker, Rudy. (1982). *Infinity and the mind.* Boston: Birkhauser. ＝ラッカー『無限と心――無限の科学と哲学』好田順治訳、現代数学社、1986年

Ruddick, Sara. (1980). Maternal thinking. *Feminist studies,* 6(2), 342-367.

Ruddick, Sara. (1989). *Maternal thinking: Toward a politics of peace.* Boston: Beacon Press.

Ruether, Rosemary Radford. (1974). Misogynism and virginal feminism in the fathers of the church. In R. R. Ruether (Ed.), *Religion and sexism* (pp. 150-183). New York: Simon & Schuster.

Ruland, Vernon. (1985). *Eight sacred horizons: The religious imagination East and West.* New York: Macmillan.

Russell, Bertrand. (1957). *Why I am not a Christian, and other essays on religion and related subjects.* New York: Simon & Schuster. ＝ラッセル『宗教は必要か』大竹勝訳、荒地出版社、1975年

Russell, Bertrand. (1963). What is an agnostic? In L. Rosten (Ed.), *Religions in America* (pp. 195-203). New York: Simon & Schuster.

Sagan, Eli. (1988). *Freud, women, and morality: The psychology of good and evil.* New York: Basic Books.

Sartre, Jean-Paul. (1977). *Essays in existentialism.* (W. Baskin, Ed.). Secaucus, NJ: Citadel Press.

Scheffler, Israel. (1960). *The language of education.* Springfield, IL: Charles C. Thomas. ＝シェフラー『教育のことば――その哲学的分析』村井実監訳、東洋館出版社、1987年

Schilpp, Paul, & Friedman, Maurice. (Eds.). (1967). *The philosophy of Martin Buber.* LaSalle, IL: Open Court.

Schopenhauer, Arthur. (1976). On the suffering in the world. In T. B. Saunders (Ed.

and Trans.). *Studies in pessimism.* London: Swan Sonnenschein. (Original work published 1893)
Shah, Idries. (1970). *The way of the Sufi.* New York: E. P. Dutton.
Silber, John. (1989). *Straight shooting: What's wrong with America and how to fix it.* New York: Harper & Row. ＝シルバー『何がアメリカを衰退させたか——哲学者が見た「病める社会」』鵜川昇監訳、イースト・プレス、1993 年
Skinner, B. F. (1962). *Walden two.* New York: Macmillan. ＝スキナー『ウォールデン・ツー　森の生活——心理学的ユートピア』宇津木保・うつきただし訳、誠信書房、1983 年
Skinner, Tom. (1970). *How black is the gospel?* Philadelphia & New York: J. B. Lippincott.
Smith, D. Howard. (1963). Saviour gods in Chinese religion. In S. G. F. Brandon (Ed.), *The saviour God: Comparative studies in the concept of salvation* (pp. 174-190). Manchester, England: University of Manchester Press.
Smith, Page. (1984). *The rise of industrial America.* New York: McGraw-Hill.
Soelle, Dorothee. (1978). *Beyond mere dialogue: On being Christian and socialist.* Detroit: American Christians Toward Socialism.
Spencer, Herbert. (1909). *First principles of a new system of philosophy.* New York: D. Appleton. (Original work published 1873)
Spender, Dale. (1980). *Man made language.* London: Routledge & Kegan Paul. ＝スペンダー『ことばは男が支配する——言語と性差』れいのるず・秋葉かつえ訳、勁草書房、1987 年
Spretnak, Charlene (Ed.). (1982). *The politics of women's spirituality.* Garden City, NY: Anchor Books.
Starhawk. (1982). Witchcraft as goddess religion. In C. Spretnak (Ed.), *The politics of women's spirituality* (pp. 49-56). Garden City, NY: Anchor Books.
Stark, Rodney, & Bainbridge, William Sims. (1985). *The future of religion.* Berkeley: University of California Press.
Stone, Merlin. (1976). *When God was a woman.* New York: Dial Press.
Strauss, David Friedrich. (1846). *The life of Jesus critically examined.* London: Chapman Brothers.
Swidler, Leonard. (1974). Is sexism a sign of decadence in religion? In J. Plaskow & J. Arnold (Eds.), *Women and religion* (pp. 166-175). Missoula, MT: Scholars

Press.

Taylor, Rodney L. (1989). Compassion, caring, and the religious response to suffering. In R. Taylor & W. Watson (Eds.), *They shall not hurt* (pp. 11- 32). Boulder: Colorado Associated University Press.

Tierney, Kevin. (1979). *Darrow: A biography.* New York: Thomas Y. Crowell.

Tillich, Paul. (1952). *The courage to be.* New Haven: Yale University Press. ＝ティリッヒ『生きる勇気』大木英夫訳、平凡社、1995 年

Tolstaya, Tatyana. (1991, April 11). In cannibalistic times [Review of *The great turn: A reassessment* by Robert Conquest]. *The New York Review of Books,* pp.3-6.

Turner, Frederick. (1991). *Rebirth of value: Meditations on beauty, ecology, religion, and education.* Albany: State University of New York Press.

Turner, James. (1985). *Without God, without creed.* Baltimore: Johns Hopkins University Press.

Twain, Mark. (1982). *Mississippi writings.* New York: Literary Classics of the United States. (Original work published 1885)

Unamuno, Miguel De. (1954): *Tragic sense of life.* (J. E. C. Flitch, Trans.). New York: Dover.

Vandenberg, Donald. (1983). *Human rights in education.* New York: Philosophical Library.

Vogt, Carl. (1969). *Lectures on man: His place in creation, and in the history of the earth.* (J. Hunt, Ed.). London: Longman Green. (Original work published 1864)

Warner, Marina. (1976). *Alone of all her sex.* New York: Alfred A. Knopf.

Welch, Sharon D. (1985). *Communities of resistance and solidarity.* Maryknoll, NY: Orbis Books.

Wiesel, Elie. (1960). *Night.* (S. Rodway, Trans.). New York: Hill and Wang.

Wilson, A. N. (1991). *Against religion.* London: Chatto & Winders.

Wittgenstein, Ludwig. (1971). *Tractatus logico-philosophicus.* London: Routledge & Kegan Paul. (Original work published 1922) ＝ウィトゲンシュタイン『論理哲学論考』野矢茂樹訳、岩波書店、2003 年

Zaehner, R. C. (1974). *Our savage god: The perverse use of eastern thought.* New York: Sheed and Ward.

【著者紹介】

ネル・ノディングズ（Nel Noddings）

1929年生まれ。タトガース大学で数学の修士号を取得。小学校教師、ハイスクールの数学教師、教育行政官を勤めた後、スタンフォード大学において教育哲学で博士号取得。アメリカ教育哲学会会長、デューイ学会会長、全米科学アカデミー会長などを歴任。スタンフォード大学名誉教授。著書は『ケアリング――倫理と道徳の教育　女性の観点から』（晃洋書房）、『教育の哲学――ソクラテスから〈ケアリング〉まで』（世界思想社）、『学校におけるケアの挑戦――もう一つの教育を求めて』（ゆみる出版）、『幸せのための教育』（知泉書館）など多数。

【訳者紹介】

井藤元（いとう・げん）

1980年生まれ。京都大学大学院教育学研究科博士課程修了。博士（教育学）。現在、東京理科大学教育支援機構教職教育センター准教授。沖縄シュタイナー教育実践研究会顧問。著書『シュタイナー「自由」への遍歴――ゲーテ・シラー・ニーチェとの邂逅』（京都大学学術出版会）、『マンガでやさしくわかるシュタイナー教育』（日本能率協会マネジメントセンター）、『シュタイナー学校の道徳教育』（イザラ書房）、監修『笑育――「笑い」で育む21世紀型能力』（毎日新聞出版）、編著『ワークで学ぶ教育学 増補改訂版』『ワークで学ぶ道徳教育 増補改訂版』『ワークで学ぶ教職概論』（ナカニシヤ出版）など。

小木曽由佳（おぎそ・ゆか）

1983年生まれ。京都大学大学院教育学研究科博士課程修了。博士（教育学）。臨床心理士、公認心理師。現在、同志社大学ウェルビーイング研究センター研究員。著書『ユングとジェイムズ――個と普遍をめぐる探求』（創元社）、共著*Analytical Psychology in a Changing World: The Search for Self, Identity and Community*（Routledge）、*Jungian Perspectives on Indeterminate States: Betwixt and Between Borders*（Routledge）、訳書『危機介入の箱庭療法』（創元社）、『分析心理学セミナー1925　――ユング心理学のはじまり』（創元社）、『死にゆく人と共にあること――マインドフルネスによる終末期ケア』（春秋社）、『ユングの神経症概念』（創元社）など。

人生《じんせい》の意味《いみ》を問《と》う教室《きょうしつ》——知性的《ちせいてき》な信仰《しんこう》あるいは不信仰《ふしんこう》のための教育《きょういく》

二〇二〇年六月五日　初版発行
二〇二二年三月五日　二刷発行

著者　ネル・ノディングズ
訳者　井藤元　小木曽由佳

発行者　三浦衛
発行所　春風社　*Shumpusha Publishing Co.,Ltd.*
横浜市西区紅葉ヶ丘五三　横浜市教育会館三階
〈電話〉〇四五・二六一・三一六八　〈FAX〉〇四五・二六一・三一六九
〈振替〉〇〇二〇〇・一・三七五二四
http://www.shumpu.com　⊠ info@shumpu.com

装丁　長田年伸
印刷・製本　シナノ書籍印刷株式会社

ISBN 978-4-86110-668-2 C0037 ¥3000E